Hans Höffmann

Und dennoch

AF198554

Hans Höffmann

Und dennoch

Autobiographie

Mit einem Nachwort von
Professor Dr. Egon Spiegel

HERDER

FREIBURG · BASEL · WIEN

MIX
Papier aus verantwor-
tungsvollen Quellen
FSC® C083411

3., erweiterte Auflage 2020

© Verlag Herder GmbH, Freiburg im Breisgau 2012
Alle Rechte vorbehalten
www.herder.de

Covergestaltung: Christian Langohr, Freiburg
Coverfoto: Daniel Ohlhoff
Bilddokumente: Daniel Ohlhoff,
L'Osservatore Romano und Familienarchiv Höffmann
Foto Rückseite: © L'Osservatore Romano

Satz: Barbara Herrmann, Freiburg
Herstellung: CPI books GmbH, Leck

Printed in Germany

ISBN 978-3-451-38807-1

Voller Dankbarkeit für alles,
was ich empfangen habe,
widme ich dieses Buch meinen Eltern
Julius und Josefa Höffmann
sowie meinem Sohn Thomas Maria Höffmann.
Ganz besonders schließe ich in meinen Dank
den Heiligen Vater Papst Johannes Paul II. ein.

1

Es ist sehr heiß im Süden Italiens, und Wälder stehen in Flammen. In der Ferne sehen wir brennende Berghänge und während des Tages immer wieder große Löschflugzeuge. Der Kampf gegen das Feuer ist hart. In dieser Nacht regnet es sogar Asche.

Unsere Feriengemeinschaft lebt in Sicherheit, und gemeinsam gestalten wir tolle Programmpunkte. Die Jugendlichen spüren die Anstrengungen des Tages nicht, ich dagegen deutlich. Zurzeit läuft die Singleparty und alle auf den Beinen, für mich scheint dieser Abend nicht der Höhepunkt des Sommers zu werden, und so sitze ich gegen 23 Uhr vor meiner Hütte. Ein bisschen Ruhe, eine kurze Erholungspause, dann geht es wieder in die Lagerrunde.

Sechs Ferienlager stehen in diesem Jahr in meinem Terminkalender, zurzeit läuft das dritte.

1320 junge Menschen besuchen in diesen Tagen mit uns den Mittelmeerstrand: am Golf von Gaeta in Italien. Alle sind wohlauf, die Stimmung ist gut und die Abendveranstaltung unter dem Sternenzelt des Südens erreicht bis Mitternacht ihren Höhepunkt; dann werde ich wieder auf der Bühne sein.

Mein Handy klingelt, am anderen Ende der Leitung höre ich die Stimme des besorgten Einsatzleiters einer Berufsfeuerwehr.

Er steht in 113 Metern Höhe auf einer Brücke, und

mit ihm stehen dort Polizei und Notarzt, Sanitäter und weitere Wehrleute.

Über ihnen thront im Baugerüst der Brücke ein junger Mann von 17 Jahren. Ein geliebtes Kind seiner Eltern, ihr Lebensinhalt – wie in vielen Familien. Er möchte nicht mehr leben, in 113 Metern Tiefe soll sein Ende sein!

„Sind Sie der Mann, der die Ferienlager in Italien leitet?", fragt mich der Einsatzleiter aus fast 2000 km Entfernung.

„Ja!"

„Ein junger Mann steht hier im Baunetz einer 113 Meter hohen Brücke und möchte nicht mehr leben. Er möchte gerne mit Ihnen sprechen! Sind Sie bereit zu einem Gespräch?"

„Ja!"

Ich höre das Rauschen des Windes und plötzlich eine schüchterne Stimme.

„Hans?"

„Ja?"

„Hier ist Marvin!"

„Ja! Was ist los? Was ist passiert?"

„Ich spring hier runter, ich …!"

Ich kenne diesen Jungen, während unseres zweiten Ferienlagers habe ich ihn hier auf dem Campingplatz in Italien vor wenigen Tagen kennengelernt. Wir haben miteinander gesprochen. Ich kenne seine Probleme. Eigentlich sind es, soweit er mir davon erzählt hat, normale Entwicklungsprobleme, die ihn quälen: Schule, Elternhaus, Beziehungen. Aber er ist voller Enttäuschung und Ratlosigkeit.

Jetzt hängt er, im wahrsten Sinne des Wortes, in den Seilen, und die kleinste Unachtsamkeit, egal von welcher Seite, kann ihn sein überaus kostbares Leben kosten.

Ich weiß nicht, was ich sagen soll, aber ich höre mich reden. Ich finde Zugang zu dem Jungen, wir sprechen miteinander. Meine Nerven sind angespannt, ich schwitze und rede. Meine Gedanken und Worte werden geführt. Mein Körper scheint zu kollabieren, aber mein Geist ist hellwach.

Unser Campingplatz befindet sich in einem Funkloch. Eigentlich bricht jedes Handygespräch innerhalb von zwei Minuten dreimal zusammen, aber jetzt steht die Leitung. Irgendjemand hält sie zusammen.

Die Zeit schreitet voran und ich frage mich: „Wie lange reicht die physische Kraft des Jungen? Wie lange kann Marvin sich noch im Baunetz halten?" Jeder Augenblick kann der letzte sein, eine Tragödie!

Ich erzähle aus meinem Leben, von den Höhen und Tiefen, von den Augenblicken und der Entwicklung, von den Niederlagen und Erfolgen, von den Enttäuschungen und Erfüllungen, von den Verletzungen und Hoffnungen – und von meiner Überzeugung, dass Marvins Leben noch prächtig verlaufen wird.

Marvin hat Schmerz und Verlust, Einsamkeit und Verzweiflung, Verletzungen und Enttäuschungen erfahren;

dadurch wird er in Zukunft Menschen, die Gleiches oder Vergleichbares erleben, besonders gut verstehen. So wird er zum Salz der Erde.

Um 23.20 Uhr hat unser Gespräch begonnen, jetzt, um 0.40 Uhr, haben wir es beendet!

Unser Gespräch ist vorbei. Ich sitze stumm vor meiner Hütte, ich bin durchnässt von Schweiß und fühle mich leer, ich spüre Bauchschmerzen. Mein Handy klingelt, am anderen Ende ist wieder der Einsatzleiter der Feuerwehr. „Marvin ist in unserer Obhut, danke!" Es ist vorbei, Gott sei Dank!

Am nächsten Tag verlasse ich zum ersten Mal innerhalb von 39 Jahren mein Ferienlager und fliege – von fast allen unbemerkt – für einige Stunden nach Deutschland. Ich besuche Marvin in der Klinik, ich habe es ihm am Abend versprochen.

Lieber Marvin, ich danke dir für dein Vertrauen. Ich danke allen für den glücklichen Verlauf dieser schweren Stunden. Fast 40 Jahre ist es her, dass ich in vergleichbarer Situation Hilfe von anderen erfuhr; nun durfte und konnte ich selbst jemandem helfen.

Für dich und für alle, die in schweren Stunden Trost und Hoffnung suchen, erzähle ich jetzt aus meinem Leben. Ich habe erfahren, dass jede auch noch so ausweglos erscheinende Situation auch ein Gewinn sein kann! Ein Geschenk Gottes! Glaube mir, nicht jeder Sturz endet in der Tiefe!

2

Am 1. Mai bin ich geboren. Es war ein warmer Freitagmorgen, dieser 1. Mai 1953, der bereits einen heißen „Tag der Arbeit" andeutete. Seit Wochen litt Deutschland in diesem Jahr unter einer Hitzewelle, die erst abrupt Ende Mai mit Blitz, Regen und Überschwemmungen enden sollte.

Meine Mutter hatte Angst vor dieser Geburt, es war bereits die vierte. Drei Geschwister warteten schon auf mich.

In der Stadt hatte das Kolping-Blasorchester mit dem Frühjahrswecken begonnen, mit ihren dicken Posaunen und lauten Trompeten spielten die Musiker in ihren weißen Hosen und roten Jacken an diesem 1. Mai das Lied „Freut euch des Lebens".

Ein gutes Omen sollte es sein.

Wenige Stunden später, und ich erblickte das Licht der Welt in diesem niedersächsischen Teil zwischen Ammerland und Emsland.

„Es ist ein Junge!"

Noch im Krankenhaus gab man mir den Namen Hans Julius. Zwei Tage später allerdings gab es eine leichte Verwirrung, die mein Leben lang anhalten sollte; denn ich wurde ganz offiziell kirchlich auf den Namen Johannes Julius getauft. Durch dieses Versehen hatte ich letztlich drei Namen erhalten. Bei der Kommune werde ich als Hans Julius geführt und bei der Kirche als

Johannes Julius. Das bereitet aber nur hin und wieder kleine Schwierigkeiten. Den Namen Julius erhielt ich aus Tradition, weil mein Vater, der bei meiner Geburt bestimmt wieder voller Aufregung und Unruhe zu Hause den Milchbrei für meine drei hungrigen kleinen Geschwister anrührte, so hieß.

Die Angst meiner Mutter war berechtigt gewesen, denn meine Geburt verlief äußerst kompliziert und meine Mutter hatte dabei viel Blut verloren, so viel, dass sie fast gestorben wäre. Aber sie wäre nicht meine Mutter gewesen, wenn sie nicht durchgehalten hätte, wie sie immer durchhielt.

Ich war das vierte Kind in unserer großen Familie und fünf weitere sollten in den Jahren noch dazukommen. Also waren wir letztlich neun Kinder zu Hause, fünf Jungen und vier Mädchen.

Meine Kindheit begann also an diesem schönen Maifeiertag voller Musik und Licht und voller glücklicher Menschen, da sie ja alle am „Tag der Arbeit" freihatten.

Die politische Lage war entspannter denn je; im März hatte Bundeskanzler Konrad Adenauer das erste Mal offiziell die USA und den gerade gewählten Präsidenten Eisenhower besucht, im feindlichen Lager war drei Tage später der verstorbene schreckliche sowjetische Staatstyrann Josef Stalin an der Seite von Lenin beerdigt worden. Ein Aufatmen ging durch die Welt, trotz des Eisernen Vorhangs.

Noch war der Aufstand des 17. Juni in der DDR in wenigen Wochen undenkbar. Eine schöne Welt, damals, 1953.

Eine sehr wichtige Rolle, wenn nicht sogar die wichtigste Rolle in meinem Leben, spielte mein Vater. Spielte? Eher durchlitt. Im Jahre 1920 wurde er zusammen mit seinem Zwillingsbruder in einer kleinen katholischen Landgemeinde unehelich geboren. Sein Zwillingsbruder starb bei der Geburt. Papa hatte aber noch einen anderen Bruder, Bernd, der anderthalb Jahre älter war als er.

Die Mutter meines Vaters, also meine Oma, versuchte mühselig, für sich und ihre Kinder den Lebensunterhalt zu bestreiten. Das war schwer genug. Denn von dem Vater ihrer Kinder bekam sie nichts. Nach und nach hatte dieser seinen großen Hof und die Mühle versoffen.

Was haben diese beiden Jungen wohl für eine Kindheit gehabt? Haben sie darunter gelitten, dass sie vaterlos aufwachsen mussten?? Haben sie darunter gelitten, dass ihr leiblicher Vater nie für sie da war?? Bestimmt.

Wie sind sie in der Schule zurechtgekommen? Sie waren begabte und intelligente Jungen. Mit an Sicherheit grenzender Wahrscheinlichkeit haben sie die vielen Schattenseiten ihres Lebens von früh an immer wieder gespürt. Sie waren katholisch getauft und gefirmt, besuchten die katholische Volksschule im Ort und gingen zur ersten heiligen Kommunion.

Wie – so habe ich mich oft gefragt – haben sie wohl in der Pubertät den Umstand, dass ihre Mutter eine angeblich unsittliche Frau war, verkraftet? Sicher haben sie in ihren stillen Stunden unter den Umständen ihres Lebens sehr gelitten. Andere haben die scheinbare Schwäche der Jungen für sich ausgenutzt und sie damit gedemütigt. Sie waren sozusagen mit einem erheblichen Makel geboren worden.

Hätte meine Oma in aller Stille abgetrieben, wäre die heile Welt dieses hochmoralischen Dorfes erhalten geblieben. Aber sie hatte den Mut besessen und die Kinder geboren. Mut?? Ich denke, es gab für sie keine Alternative! Ihre Liebe zu ihren Kindern war groß und unerschütterlich. Sie sorgte für sie bei Tag und bei Nacht.

In den Wintermonaten übernahm meine Oma Näharbeiten und im heißen Sommer kroch sie schon morgens um 4 Uhr durchs Moor, um das Nötigste zu verdienen. Auch als ihre Söhne bereits erwachsene Männer waren, gab sie alles, um ihnen auf ihre Art zur Seite zu stehen.

Wenn mein Vater sie später hin und wieder besuchte, gab es in steter Wiederholung das gleiche Ritual. In Omas guter Stube tagte die „Philosophenrunde". Und jeder hatte stets wichtige Beiträge zu leisten. Man sprach über Gott und die Welt und über die Probleme der Menschheit.

Sie kannten den Weg zu jeder Lösung, aber sie gingen ihn nicht. Sie gaben Ratschläge, selber aber befolgten sie sie nicht. Sie gaben Schuld, selber aber hatten sie keine. Sie sprachen von Mut, waren aber feige. Sie prahlten von Stärke, waren aber labil. Sie verurteilten ihre Welt, sich selbst aber nicht. Sie sprachen von Pflichten, Verantwortung und Treue, waren aber oftmals zu schwach, um diese selbst zu erfüllen.

Mein Onkel Bernd entwickelte sich so, wie man sich einen gescheiterten Menschen vorstellt. Er trank viel und oft, gab seine Arbeit auf, löste seine Freundschaft und Verlobung auf und begab sich am Ende wieder in den Schoß seiner Mutter zurück. Sie nahm ihn auf. Sie sorgte für ihn, er trank; und wenn er völlig betrunken war, dann randalierte er.

Er bedrohte seine Mutter, und meine Oma versteckte sich dann draußen im Wald oder verbrachte die Nacht im Torfschuppen. Sie teilte mit ihm ihr Haus, und bevor die Sonne aufging, fuhr sie mit ihrem klapprigen Fahrrad ins nahe gelegene Moor, um mit der Torfarbeit für sich und ihn den Unterhalt zu verdienen.

Sie opferte sich auf für ihren Sohn, der seinerseits den Tag damit verbrachte, für Bürger des Dorfes die Schreibarbeiten und behördlichen Angelegenheiten zu erledigen und mit seinen Saufkumpanen die Zeit totzuschlagen. Wenn Oma dann von der Arbeit nach Hause kam, ließ er seine Unzufriedenheit an ihr aus. Wenn er sich endlich ausgenüchtert und beruhigt hatte, kochte sie für ihn wieder fürsorglich das Essen.

Er war alkoholkrank und starb irgendwann im Delirium. Er hat sich wahrlich zu Tode gesoffen.

Mein Vater entwickelte sich anders. Er heiratete eine junge Frau, die von einem großen Bauernhof kam und in ihrer Persönlichkeit sehr gefestigt war. Sie stammte aus demselben Dorf wie er, und ihre Erziehung, die sie hauptsächlich durch ihren vorbildlichen Vater erhalten hatte, verbot es ihr, meinen Vater merken zu lassen, aus welch schwierigen Verhältnissen er kam.

Sie hatte gelernt, mit ernsten Situationen fertig zu werden. Ihre Mutter starb mit dem achten Kind im Wochenbett, und ihr Vater, ein angesehener Bauer des Dorfes, war stark und charakterfest. In ihm hatte sie ein leuchtendes Vorbild. Er hatte sich nicht unterkriegen lassen und bewiesen, dass es möglich ist, auch harte Zeiten durchzustehen. Mit ihren sechs Geschwistern wuchs sie auf dem elterlichen Bauernhof auf. Nach ihrer Schulzeit fand sie eine Anstellung bei einer Bank im Nachbarort.

Als junges Mädchen einen Beruf auszuüben und so ein eigenes Auskommen zu haben, bedeutete in der damaligen Zeit etwas absolut Außergewöhnliches und Besonderes. Selbstverständlich war es das auch für sie. Sie war stolz darauf, zu den wenigen Mädchen mit eigenem Einkommen zu gehören.

Bei der Bank lernte meine Mutter den peniblen Umgang mit Geld – ein Umstand, der ihr später sehr zugutekommen sollte.

Sie lernte aber auch den Umgang mit fremden Menschen. Vertrauen war eine Ehrensache und Disziplin ebenso. Ausschweifungen und Gefühlsausbrüche waren, so der strenge Kodex, gefälligst zu unterbinden. Die junge Frau wurde in besonderer Weise diszipliniert, wie das bei den Banken damals so üblich war. Sie genoss dieses Leben, sie tat ihre Arbeit und fühlte sich wohl.

Sie kam aus einem guten Elternhaus und war ein angesehenes und bestimmt auch ein begehrtes junges Mädchen. In der Schule hatte sie stets auf dem ersten Platz gesessen, der damals den Klassenbesten vorbehalten war. Sie hatte langes schwarzes Haar und die Jungen aus ihrer Bauernsiedlung trugen am Morgen auf dem Weg zur Schule ihren großen bunten Ball.

Wenn jemand in der Schule aus festlichem Anlass ein Gedicht vortragen sollte, durfte und musste sie es tun. Bei den Prozessionen der katholischen Kirche kniete sie als Engelchen am geschmückten Außenaltar. Ein Mädchen, das trotz des frühen Verlustes der Mutter eine gute Kindheit gehabt hatte und sich von seiner gesamten Umwelt bestätigt fühlte. Mein Vater heiratete dieses Mädchen, es bot ihm Halt und Widerstand.

In den ersten Ehejahren hatten meine Eltern in einer Dienstwohnung in der Stadt gewohnt. Jetzt, nach meiner Geburt, zogen sie wieder zurück in ihren Heimatort, aufs Land. Sie hatten zwar nicht viel Geld, aber immerhin hatte mein Vater als Beamter ein festes Einkommen, und so konnte man die Zukunft sicher berechnen. Sie hatten sich entschlossen, ein Haus zu bauen.

Kaum war die nackte Rohbauphase überwunden, zogen wir auch schon ein. Eine Heimat der Improvisation, ein Triumph der Bescheidenheit. Es gab keine Heizung und keinen Teppichboden. Kein Bad und kein WC. Keinen alltäglichen Komfort des Notwendigen. Nichts war mit dem Maßstab von heute zu vergleichen. Es gab, und allein das zählte, die eigenen vier Wände. Ein kleiner Stall, in dem wir einige Hühner, drei Schweine und eine Kuh halten konnten, gehörte dazu; ebenso unser Plumpsklo im Stall.

Gemeinsam wuchsen meine Geschwister und ich in diesem Elternhaus auf. Weihnachten, Ostern, Pfingsten und Silvester waren bei uns immer große Feste. Der Höhepunkt des Jahres war Heiligabend, wenn das Christkind kam. Es gab nicht viele Geschenke, aber jedes einzelne wurde von uns ausgepackt und stets mit einem lauten Allotria aller Anwesenden bejubelt. Die Bescherung am Heiligabend dauerte bei uns stets lange und wurde das Erlebnis meiner Kindheit schlechthin.

So schön das Weihnachtsfest für uns Kinder immer war, so grausam war dagegen der 5. Dezember eines jeden Jahres, denn am Abend vor dem Nikolausfest kamen bei uns der Nikolaus und sein Knecht Ruprecht. Eigentlich sollte es ja ein Fest der Freude und der tollen Überraschungen sein, aber ich hatte vor dem Ruprecht immer tierische Angst. Er trug einen Sack, und böse Kinder kamen da hinein. Oftmals war ich an diesem Abend krank und konnte vom Schlafzimmer meiner Eltern aus durch das Schlüsselloch die Szenen in unserem angrenzenden Wohnzimmer verfolgen.

Aus dem Rucksack des Knecht Ruprecht hingen die Beine eines Kindes. Unendlich leid tat mir dieses Kind. Was hatte es wohl Böses getan?

Und dann, einige Tage (oder gar Wochen) später, war ich bei unserem Dorffriseur – und da sah ich den Rucksack. Er lag in der Ecke und die Kinderbeine baumelten immer noch aus ihm heraus. Es war grausam! Ich mochte mich nicht mehr bewegen, immer dachte ich, gleich schneidet mir dieser Friseur auch noch die Kehle durch. Warum sollte er mich verschonen?

Es war ein großes Elend und eine riesige Enttäuschung für mich. Für solche Erlebnisse war ich nicht zu gebrauchen. Mein Gerechtigkeitssinn zwang mich zu handeln, meine Angst dagegen zur Zurückhaltung! Wieder einmal war ich im Zwiespalt meiner Gefühle. Warum war das Kind noch in diesem Sack? Was hatte es denn sooo Böses getan? Warum machen erwachsene Menschen so schlimme Sachen mit so kleinen Kindern? – Ich hatte immer Angst vor diesen Erwachsenen.

Viele Erinnerungen an meine frühe Kindheit habe ich nicht, aber einiges hat sich fest in mir verankert.

Einmal war ich mit meinen Eltern auf einer Hochzeitsfeier, meine Tante heiratete, und es wurde kräftig auf der Diele des Bauernhofes gefeiert. Links und rechts standen Birkenbäume und dahinter standen die Kühe, sie nahmen auch an der Hochzeitsfeier teil. Eine Tatsache, die mich faszinierte.

Ich kann mich auch noch daran erinnern, dass ich einmal als kleiner Junge unsere Kuh gemolken habe. So flink zupften und rupften meine Finger an den Zitzen des prallen Euters und so gleichmäßig zischte die Milch in den Melkeimer, dass meine Eltern, die dazu kamen und dann vor der Kuh standen, vor Stolz bald platzten.

Meine Eltern standen vor der Kuh und äußerten sich lobend über mich und meine Arbeit, und ich war darüber so glücklich. Ich hätte die Kuh wohl stundenlang melken können.

Ein andermal saß ich vorne auf der Fahrradstange, um mit meinem Vater zur Oma zu fahren. Unterwegs entdeckten wir, dass unsere Kuh auf der Weide ein Kalb bekommen hatte. Natürlich hielten wir sofort an, der Besuch bei der Oma war gestrichen, und wir brachten gemeinsam das Kalb nach Hause.

Ich hätte es gern behalten. Aber meine Mutter verkaufte es, denn sie brauchte das Geld dringend. Davon hatten wir ohnehin immer zu wenig.

Mutter hat uns oft erzählt, wie schwer es war, die Familie zu ernähren und gleichzeitig mit dem Hausalltag zurechtzukommen. Aber wir kamen immer irgendwie hin, und auch in der Not gab es kleine Oasen.

So kauften wir unseren Lebensmittelbedarf mit dem „Buch" ein, konnten also anschreiben lassen und benötigten nicht immer sofort bares Geld, wenn wir einkaufen gingen. Doch wenn der Monat dann vorbei war, kam natürlich das dicke Ende. Dann musste alles auf einmal bezahlt werden. Oft wusste meine Mutter nicht, wie sie den Wechsel, mit dem sie die Finanzierung des Hauses gesichert hatte, einlösen sollte.

Später, als die Kinder alle zur Schule gingen, wurde es noch schwerer. Die Bücher und die Kleidung der schnell aus den Größen wachsenden Kinder – nichts konnte warten und alles kostete Geld. Mutter kratzte und hielt das Geld zusammen.

Mama hielt das Geld zusammen, aber Papa war in der Lage, in wenigen Stunden vieles davon zu vertrinken. In der Nacht, wenn er volltrunken nach Hause kam, zitterten die Wände, er tobte und schrie, was die Lunge hergeben wollte.

Mama versteckte sich, oft im Garten hinter den Stachelbeerbüschen. Drinnen saßen wir Kinder auf den Betten und meine jüngeren Geschwister hatten Todesangst. Die Kleinen flehten in solchen Augenblicken zu Gott: „Hilf Mama, dass Papa sie nicht totschlägt."

Die Großen versuchten, ihn in Schach zu halten, damit er in einer solchen Nacht nicht noch mehr ausrastete. Manchmal kam es vor, dass er die Stühle, von denen wir ohnehin nur wenige hatten, auf dem Tisch kurz und klein schlug, und wenn er sich sehr kräftig fühlte, hob er sogar die Türen aus den Angeln. Er tobte gegen Mama und gegen uns ältere Kinder.

Für uns Kinder war es ein immer wiederkehrender Spagat der Gefühle, denn wenn er nach Stunden wieder nüchtern war, war er auf einmal der liebste

Mensch, wo er zuvor im Vollrausch noch ein tobendes Ungeheuer gewesen war, das Schrecken und Grauen verbreitete.

Er hat uns das Fürchten gelehrt und unsere Kindheitsträume brutal zerschlagen.

Kannst du dir vorstellen, was in einer solchen Nacht bei uns los war? Es war schrecklich, und wenn er am Wochenende gesoffen hatte, spielten sich die Szenen auch am Tag ab. Dann war besonders viel los, weil vor allem die Nachbarn auch noch einbezogen wurden. Oft kam einer, um uns zu helfen und unseren Vater zu beruhigen. Das verschlimmerte aber höchstens noch alles.

Er ließ sich nicht kleinkriegen. Wenn er besoffen war, war er der stärkste Mann der Welt. Und wenn er dann am nächsten Morgen aufstand, saß er oft am Küchentisch und weinte, meine Mutter kochte für ihn den Kaffee und tat so, als ob nichts geschehen wäre. Auch wenn er sich sonntagmittags besoffen und ausgetobt hatte, ging meine Mutter schon am späten Nachmittag wieder mit ihm spazieren.

Viele Menschen aus unserem Dorf bewunderten meine Mutter, wie sie das alles durchhielt und dennoch treu zu ihrem Mann stand. Bei uns Kindern waren die Gefühle unterschiedlich. Ich hasste ihn, diesen Tyrannen. Ich schwor mir, ihn eines Tages totzuschlagen!

Ich verstand das alles nicht. Erwachsene Menschen waren für mich große, perfekte, fehlerlose Menschen. Er war erwachsen und hatte meines Erachtens so viele

Möglichkeiten. Aber er nutzte sie nicht. Wir waren doch seine Kinder, aber …

Ich fühlte mich von ihm nie angenommen. Er hatte, wenn er betrunken war, eine große Klappe, doch umsetzen konnte er davon nichts. Ich verstand ihn damals nicht und habe ihn auch später nie verstanden.

Ich liebte ihn nicht, aber heute um so mehr. Wie sehr hat er wohl an den Lebensumständen getragen? Wie gerne wäre er bestimmt ein anderer Mensch gewesen? Wie sehr hätte es ihm gefallen, etwas von dem zu sein, was er zu sein vorgab? Unter wie vielen Entbehrungen hatte er in seinem Leben gelitten? Was hatte der grausame Krieg in ihm angerichtet?

Unschuldige Jungen, für den Bartwuchs zu jung, aber alt genug, um zu morden. Welcher „Vater-Staat" hat das verschuldet? Was für ein Wahnsinn!? Vernichtung und Missbrauch der eigenen Kinder durch den „Vater-Staat"! Und wo warst du, „Mutter-Kirche", was hast du deinen Kindern gesagt?

Wie viel Einsamkeit und Verzweiflung hatte sich bei ihm zementiert. Und dann dieser Alkohol. Er machte ihn kaputt und riss ihn immer wieder zu Boden. Er lebte wie ein Stehaufmännchen und richtete sich und vieles dabei zugrunde. Ein armer Mensch.

Als ich 14 Jahre alt war, habe ich meinen Vater bezwungen. Es war wieder einmal so weit. Er hatte den ganzen Abend getrunken und jetzt, in der Nacht, tobte er in der Küche. Mama war wieder einmal nach draußen geflüchtet und hinter den Stachelbeerbüschen in eine Decke eingehüllt. Drinnen weinten die Kleinen und bangten um das Leben unserer Mutter. Besonders meine beiden jüngsten Schwestern waren immer von diesen grausigen Gedanken erfasst. Sie erlitten in solchen Stunden Todesängste.

In dieser Nacht musste eine von ihnen auf die Toilette. Dazu musste sie durch die Küche in den Stall. In der Küche aber tobte der Vater, voller Angst huschte sie an ihm, dem wütendem Vater, vorbei und saß nun im kalten Stall. Der Weg zurück war der gleiche. Sie hatte panische Angst, aber sie nahm ihre letzte Kraft zusammen und wagte den Rückzug. Sie war klein und zierlich, schüchtern und ängstlich, kränklich und nervös.

Auch jetzt ging es ihr schlecht und ihre Kräfte waren schon auf halbem Wege aufgezehrt. Im Flur brach sie zusammen und verlor ihr Bewusstsein. „Die Mutter muss kommen. Passt auf, dass Papa nichts merkt!"

Wir holten Mama heimlich von draußen durch die Flurtür in das Haus. Der Vater wütete nebenan in der Küche. Uns allen war eines klar: Wenn er gewusst hätte, was sich im Flur abspielte, hätte er bestimmt seine „Vaterpflichten" erfüllt und für Ordnung gesorgt. Für eine Ordnung, die allerdings seinem Zustand gleichkam. Er durfte also nichts merken.

Wir hatten den Krankenwagen gerufen und wenig später fuhr dieser in die Straße ein. Im Flur wurde es unruhig. Ich hielt mich schön in der Nähe von Papa auf und versuchte ihn abzulenken. Er musste ja in Schach gehalten werden, denn der Arzt und das Personal vom Roten Kreuz brauchten ja nicht unbedingt das Schauspiel unseres „treu sorgenden" Vaters zu erleben.

Irgendwie muss sein Geist in dieser Nacht noch gearbeitet haben, denn plötzlich blieb er stehen, legte den Kopf in den Nacken, hob den rechen Zeigefinger und rief: „Halt!!" Das war ein deutliches Zeichen. Er hatte etwas gehört und wahrgenommen. Er fühlte sich plötzlich auf den Plan gerufen. Aber genau das galt es jetzt zu verhindern.

„Bleib stehen, da kannst du jetzt nicht hin!"

Er stieß mich zur Seite.

Es kam zu einem Handgemenge zwischen ihm und mir, ich wollte ihn festhalten, er sich wütend losreißen. Auf einmal lagen wir in der Küche auf dem Fußboden, neben uns zerbrochene Stuhlteile und zerrissene Teile seines Oberhemds. Auch seine Dienstmütze hatte er in dieser Nacht zerfetzt.

Wir lagen zwischen diesen zerstörten Sachen. Er war unten und ich hockte oben auf ihm drauf. Mit aller Kraft drückte ich ihm mein rechtes Knie in den Bauch, er rang nach Luft und röchelte. Er wollte kämpfen, gab aber doch auf.

Ich fühlte mich stolz und ging mit aller Härte vor. Kein Erbarmen, kein Nachgeben, diese Stunde gehörte mir. Endlich hatte ich ihn im Griff, und das auch noch mit einer edlen Begründung. Ich wollte Mama und meine kleine Schwester schützen. Ich fand mein Verhalten absolut bewundernswert. Er spürte in dieser Nacht deutlich, dass er keine Chance hatte.

Er sagte nicht mehr viel, in dieser Nacht gab er auf. Einer seiner Söhne hatte gegen ihn die Hand erhoben. Eine abgrundtiefe Enttäuschung, die ihn wie ein heißer Blitz getroffen hatte.

Und ich, der Sieger, der Retter, der Triumphator? Ja, du sollst Vater und Mutter ehren, auf dass es dir wohlergehe und du lange lebest auf Erden, so heißt es im vierten der Zehn Gebote – aber manchmal wird es dir schwer gemacht, dieses Gebot zu erfüllen, sehr schwer sogar!

So stolz ich damals über meinen Sieg war, so traurig bin ich heute darüber. Ein solches Vater-Sohn-Verhältnis hatte er sich bestimmt nicht vorgestellt und aus der heutigen Sicht hätte ich es ihm auch gerne erspart.

Einige Jahre später stand ich an seinem Totenbett. Da lag er nun, ruhig und still, die Hände gefaltet, die Augen geschlossen. In dieser Stunde habe ich mich gesehnt nach ihm. Sein Tod hatte alles neutralisiert, nur meine Gefühle nicht.

Wie leid tat mir in diesem Augenblick die nächtliche Attacke. Wie gerne hätte ich sie mir noch von ihm verzeihen lassen. Doch es war vorbei. Keine Geste der Verzeihung, keine Mimik der Vergebung, kein Signal der Versöhnung konnten mehr ausgetauscht werden. Die absolute Trennung von Liebe und Zuneigung war vollzogen.

Mein Vater war tot.

3

Ich habe mich als Kind in dieser Familie nicht wohlgefühlt. Oft habe ich sogar geglaubt, in Wirklichkeit gar nicht zu dieser Familie zu gehören. Ich fühlte mich fremd, war klein und dick und immer etwas zu blöd. Ganz anders meine Geschwister: Sie waren schlank und zart, wurden groß und größer und gehörten zu den Schlauen dieser Welt.

Nach der vierten Volksschulklasse konnte man zum Gymnasium oder zur Realschule wechseln. Wenn man allerdings noch ein weiteres Jahr die Volksschule besuchen wollte, so war auch das möglich. Ganz entscheidend war die Empfehlung des Klassenlehrers.

Als sich das Ende des vierten Schuljahres näherte, ging meine Mutter zur Schule und holte sich den Rat der Lehrer über mich und meine weitere schulische Zukunft ein. Natürlich waren meine acht Geschwister schlau genug, um das Gymnasium zu besuchen, Und, auch klar, ich war zu dumm dazu.

Das hatte Tradition. Schon in der ersten Klasse schimpfte mein Fräulein immer mit mir. Mein Pech: Sie hatte vorher einen meiner Brüder in der Klasse gehabt und war durch seine Leistungen verwöhnt worden. Ich konnte ihr nichts recht machen.

„Oh, dein Bruder früher, dein Bruder früher …"

Ja, mein Bruder früher, der konnte alles besser. Schon immer. Wenn wir im Moor waren, durfte er die Nachbarmädchen küssen und mit ihnen hinter den Torfdünen liegen. Wir mussten dann seine Arbeit mit erledigen. Wie gerne hätte ich ihn nur einmal verpfiffen. Aber nein, Schweigen war schließlich Ehrensache. Das gehörte sich nicht. Uns verpfiff ja auch keiner.

Aber mich brauchte auch keiner zu verpfeifen, ich wurde auch so erwischt. Wir spielten gerade unser „Doktorspiel", und ich untersuchte voller Interesse und Verantwortung meine jüngere Schwester. Ganz vertieft, hörten wir nicht, dass unsere Mutter die Treppe hochkam.

Na ja.

Das Ergebnis meiner Studien war eine ordentliche Tracht Prügel mit der Kohlenschippe.

Die Schule war mir immer zutiefst zuwider. Und natürlich bekam ich keine Empfehlung für das Gymnasium. Meine Leistungen überzeugten nicht und ein weiteres Argument kam hinzu: Seit meinem neunten Lebensjahr litt ich unter epileptischen Anfällen. Und wer wollte in diesem Zusammenhang der These meiner Lehrerin widersprechen, dass ein epileptischer Anfall im Dorf zu Hause besser sei als draußen in der großen Stadt.

Die Lehrerin hatte ja so Recht. Ach ja, Recht hatten sie immer! Das war irgendwie verwunderlich, die hatten immer Recht, ich nie! Eigentlich komisch, aber was soll's, es ging ja um nichts, es ging ja nur um mich.

Einmal, es war in der großen Pause, spielten wir auf dem Schulhof. Dort gab es ein altes kleines Kettenkarussell. Ein paar von uns und auch ich hingen daran und schwebten durch die Lüfte. Plötzlich ließ sich einer von der Kette los und fiel zu Boden. Um sich zu schützen, riss er die Beine hoch. Ich flog natürlich schön schwebend hinein, seine Füße stießen voll in meinen Bauch. Nach Luft ringend lag ich auf dem Boden. Viele Mitschüler versammelten sich um mich herum und die Aufsicht führenden Lehrer nahmen Notiz davon. Sofort waren sie zur Stelle.

Als sie nun mich dort liegen sahen, war die Aufregung nicht mehr ganz so groß, es war klar: „Hans hatte einen epileptischen Anfall." Also, nichts Besonderes mehr. Dass es ein böser Tritt in den Unterleib gewesen war, kam ihnen trotz der aufgeregten Erzählungen meiner Mitschüler nicht in den Sinn.

Man trug mich in die Pausenhalle, ein Lehrer holte sein Auto und brachte mich nach Hause.

„Er hatte einen Anfall", sagte er zu meiner erschrockenen Mutter und legte mich auf das Sofa in unserer Küche. Meine Mutter bedankte sich dafür, dass der Lehrer sich so fürsorglich um mich gekümmert hatte, und begleitete ihn hinaus.

Als sie zurück in die Küche kam, setzte es erst einmal ordentlich Schimpfe, denn dass ich keinen Anfall gehabt hatte, hatte sie sofort gesehen. Dass ich einen schmerzhaften Tritt zwischen die Beine bekommen hatte, mochte ich ihr nicht erzählen. Für sie stand fest: Ich wollte nur den Unterricht schwänzen!

Strafe muss sein, was wollte ich mich auch an diesem Karussell vergnügen. Das Leben drehte sich auch ohne Karussell schnell genug.

Meine epileptischen Anfälle machten mir die Jahre meiner Kindheit zusätzlich schwer. Zu Anfang hatte ich immer wahnsinnige Kopfschmerzen und zugleich träumte ich in regelmäßigen Abständen von einem Jungen, der keine Hände hatte. Dieses Bild war für mich so grausam, dass ich mich noch im Schlaf übergeben musste.

Wenn ich dann erwachte, war ich regelrecht krank. Ich konnte den Kopf vor Schmerzen nicht bewegen. Immer wieder musste ich würgen, bis zur grünen Galle. In einer solchen Situation durfte ich dann in Mamas Bett. Das war der kleine Kinderhimmel in unserem Haus. Alle, die irgendwie mal krank waren, kamen in Mamas Bett. Hier wurden alle Kinder wieder gesund.

Der Arzt meinte, ich hätte einen nervösen Magen, und verschrieb mir Beruhigungsmittel. Aber es änderte sich nichts, im Gegenteil, meine Krankheit entwickelte sich. Das war der Zeitpunkt, als die ersten epileptischen Anfälle hinzukamen.

Wieder wurde der Arzt konsultiert. Seine neue Diagnose: Gehirntumor!

Mich ergriff panische Angst. Bislang war ich immer

davon überzeugt gewesen, ein normaler Mensch zu sein. Und diesen Glauben an mich hatte ich bisher, wenn auch mit Blessuren, gegen meine Geschwister, die mich für völlig bekloppt hielten, verteidigt.

Aber ich war normal, das wusste ich.

Wenn freilich jetzt ein Tumor in mein Gehirn eindringen würde, könnte ich wirklich verrückt werden. Dann hätten sie gewonnen, das durfte nicht sein. Ich wollte, ich musste normal bleiben; diese verdammten Krankheiten, ich konnte es nicht mehr aushalten.

An einem Wochentag fuhren meine Eltern mit mir in die Stadt zu einem Spezialisten. Der untersuchte mich gründlich und wollte in einem Test feststellen, wie es tatsächlich um meine Zurechnungsfähigkeit bestellt war. Dazu erzählte er mir eine Geschichte, die ich ihm wiedererzählen sollte.

Das tat ich, und zwar Wort für Wort, mit der gleichen Mimik und gleichen Gestik, wie er es getan hatte. Er war erstaunt, nein, er war perplex. Damit hatte er nicht gerechnet. Aber ich!

Ich ließ mich doch nicht offiziell für verrückt erklären!

Dann legte er mit hölzernen Bauklötzen ein Bild zusammen. Ich sollte es mir gut anschauen und versuchen, es nach der Auflösung in der gleichen Reihenfolge wieder herzustellen. Das tat ich, und ich war wieder einmal perfekt! Der Arzt war begeistert und meine Eltern schauten sich sprachlos an.

Doch die medizinische Wissenschaft hatte trotzdem kein Ergebnis und keine Erklärung für meine Erkrankung! Die Untersuchungen gingen weiter. Aber weder Blutuntersuchungen noch Röntgenaufnahmen brachten irgendwelche Erkenntnisse. Nun wollte man mich operieren, mir den Kopf aufmeißeln.

Ich hatte solche Angst davor – nur das nicht! Und zum Glück ließ man diesen Plan fallen, ich wurde nicht operiert. Stattdessen wurde mein Gehirn punktiert. Sie bliesen mir Luft in den Kopf und zogen mit vielen Spritzen durch meine Wirbelsäule das Hirnwasser aus meinen Schädel. Anschließend hängten sie mich auf, mit dem Kopf nach unten. So verbrachte ich einige Tage.

Es war die schmerzhafteste und schlimmste Untersuchung, die ich in meiner Kindheit aushalten musste. Aber am Ende war klar: Ich hatte keinen Hirntumor!

Noch viele Jahre litt ich unter diesen schrecklichen Träumen und den epileptischen Anfällen. Doch irgendwann war es vorbei. Erst verließen mich die Angstträume und viele Jahre später die epileptischen Anfälle.

Aber nicht einfach so und von ungefähr, sondern ich war eines Tages nicht mehr bereit, die epileptischen Anfälle noch länger auszuhalten. Diese verdammten Krankheiten und alles, was damit verbunden war, ich wollte nicht mehr. Ich wollte nicht länger ihr Opfer sein! In einer scheinbar ausweglosen Situation habe ich alle meine Medikamente weggeworfen und mich von dem ganzen Elend innerlich und äußerlich befreit.

Du glaubst es nicht, aber tatsächlich waren die Anfälle vorbei. Ich hatte weder einen Gehirntumor noch sonst einen kranken Kopf. Ich litt auch nicht mehr unter Epilepsie, ich war gesund!

Das Wunder – oder war es gar kein Wunder?

Ich wollte leben! Ich! Und glaube mir, du hast viel über dich selbst zu sagen. Natürlich bist du auch ein Produkt deiner Gene und der Umstände, aber in erster Linie bist du ein Produkt deiner selbst.

Lebe!

Meine Geschwister hatten keine Beschwerden, sie waren in der Schule fleißig, und wenn sie mal schlecht zufrieden waren oder sich gar vor Angst in die Hose machten, schwiegen sie dazu. Sie waren quasi schon in jungen Jahren tapfer und ganz groß.

Einer meiner Brüder, mit dem ich eine Zeit lang das Bett teilte, war Bettnässer, und jeden Morgen war ich angepisst. Aber das trocknete ja während des Tages wieder. Also, alles kein Problem!

Ich machte zwar nicht ins Bett, aber artig war ich, im Gegensatz zu meinen Geschwistern, auch nicht. Unser Vater schlug in der Nacht die Stühle kaputt. Und ich warf die Teller an die Wand. Wenn ich es gar nicht mehr aushalten konnte, dann tobte auch ich. Ich ließ es mir nicht gefallen. Ich wollte diese Zucht und diese Ordnung nicht länger. Ich wurde aufmüpfig. In solchen Situationen habe ich meiner Mutter das Leben schwer gemacht. Wenn sie die Geduld verlor, gab es Schläge.

4

Ich wurde immer unzufriedener und meine Mutter war davon überzeugt, dass ich etwas zu tun haben müsste. „Müßiggang ist aller Laster Anfang", sagte sie immer und brachte mich eines Tages zu einem Bauern aus ihrer früheren Nachbarschaft. Dort sollte ich meine Kräfte entfalten und dafür sorgen, dass ich abends rechtschaffen müde war.

Gut, zum Bauern wollte ich wohl. Dort konnte ich Trecker fahren und Kühe melken. Dort durfte ich sogar Auto fahren und mit dem riesigen, ja monströsen gelben Mähdrescher arbeiten. Auf dem Bauernhof war es toll.

Das gefiel mir gut. Natürlich gab es auch andere Arbeiten, wie zum Beispiel die Ställe ausmisten oder Gülle fahren. Diese Arbeit verrichtete ich selbstverständlich ebenfalls. Die Folgen dieser Arbeit konnten meine Geschwister am Abend riechen.

Wenn ich nach Hause kam, flippten meine sauberen Geschwister total aus. „Der Stinker kommt", hieß es, und schon wurde Front gemacht. „Geh hier raus, du stinkst, mach dass du wegkommst!"

Ihre Luft war sauber! Doch eigentlich hätten meine Geschwister diesen typischen Landgeruch kennen müssen, denn zu Hause hatten wir ja auch Haustiere: eine Kuh, drei Schweine und Hühner.

Aber die lebten natürlich draußen oder im Stall. Und so blieb die Luft daheim sauber.

Ich selber hatte immer Kaninchen gehabt, nicht nur so aus Spaß und zum Kraulen, sondern richtig zur Zucht. Das klappte so gut, dass ich mich einmal entschloss, an einer Kleintierausstellung teilzunehmen. In einer langen Prozedur wurden die ausgestellten und vorgeführten Tiere von einer kritischen Jury bewertet.

Als wir nach der Bewertung zur Box meines Kaninchens zurückkamen, hing dort ein weißer Zettel mit der Aufschrift „NB", was eigentlich heißt: „Nicht befriedigend". Aber meine Geschwister lästerten und meinten: „Schau, das ist ja toll! Du hast das NB – das Niedersachsenband gewonnen!" Das machte mich zornig, aber wer gewinnen will, muss lernen, Niederlagen einzustecken. Ich lernte es!

Also, in der Zucht war ich wirklich nicht sehr erfolgreich, das muss ich gestehen, aber als Schlachtkaninchen waren meine Tiere bestens geeignet. Das war mein Geschäft!

Ich zog die Kaninchen auf, fütterte sie fett, schlachtete sie, machte sie sauber und verkaufte sie im Dorf. Ich habe immer gute Preise erzielt, denn die Leute, die mir die Kaninchen abnahmen, gaben mir stets gutes Geld dafür. Natürlich erhielten sie dafür erstklassige Qualität, aber sie wussten auch wohl, dass wir das Geld gut gebrauchen konnten.

Ja, Geld konnten wir immer gut gebrauchen, davon hatten wir stets zu wenig. Doch dann kam der Durchbruch! Meine Eltern meldeten ein Gewerbe an und gründeten einen Sprudelverkauf, und fortan standen bei uns im Keller die Kisten mit Limonade, die wir gerne selber leer getrunken hätten. Aber nein, wir mussten sie ja gewinnbringend verkaufen.

Bestimmt, so glaubte ich, hatten meine Eltern an jeder Flasche sehr viel Geld übrig, sonst hätten sie es sich und uns nicht angetan. Es musste sich schon lohnen, davon war ich überzeugt. Dass meine Eltern sich dieses Elend auch noch an den Hals holten, verstehe ich bis heute noch nicht. Nun, in der Not frisst der Teufel Fliegen. Aber ich glaube, er trinkt keine Limonade.

Der Reichtum blieb aus, obwohl die Nachbarn zu uns ins Haus kamen, um mal drei Flaschen Limonade zu holen. Wenn sie dann sogar mal großzügigerweise fünf Flaschen auf einmal kauften, waren wir ganz glücklich.

Aber wir erlebten auch, dass der Kunde König ist. Ihm gegenüber mussten wir immer höflich sein – egal, mit welcher Herrschermentalität diese „Könige" uns entgegentraten. Ich hätte diesen Königen am liebsten mal welche reingehauen! Aber nein, lächeln, schließlich vermehrten sie ja durch ihren Sprudelkauf unseren Reichtum.

5

Dieser Reichtum in kleiner Münze kam in die Sprudel-
kasse. Und die Sprudelkasse stand bei Mama unterm
Bett. Es näherte sich der Tag, an dem bei uns im Dorf
Kirmes war. Das war immer am 1. Mai, also an meinem
Geburtstag. Meine Geschwister erhielten jeweils fünfzig
Pfennige für die Kirmes. Ich bekam die fünfzig Pfennige
zum Geburtstag und zur Kirmes gleichzeitig. Heilige
Ungerechtigkeit!

Hätte ich an einem anderen Tag Geburtstag gehabt,
hätte ich die fünfzig Pfennige für die Kirmes auch bekommen und zum Geburtstag bestimmt auch noch etwas. Ich tröstete mich damit, dass ich ja noch Glück gehabt hatte, denn schlimmer wäre es gewesen, wenn ich
Heiligabend Geburtstag gehabt hätte.

In meinen jungen Jahren war ich nicht unbedingt
„Hans im Glück". Schon bei meiner Erstkommunion
war ich „betrogen" worden. Meine Eltern hatten meinen
Brüdern den Kommunionanzug gekauft, und der Tauf-
pate war am Tag der ersten heiligen Kommunion gekommen und hatte meinen älteren Geschwistern schöne
Geschenke gemacht. Bei mir war das anders. Einige
Wochen vor der heiligen Kommunion kam mein Tauf-
pate zu uns nach Hause. Er setzte sich in die Küche
und sagte mit einer unverblümten Frechheit:

„Sefa, den Anzug für den Jungen betoale ick."

Das also war sein Geschenk für mich. Der Anzug

war sein Geschenk und nichts sonst. Sefa, so nannte er meine Mutter, freute sich, denn das war für sie natürlich eine große finanzielle Entlastung. Aber ich, das Patenkind, hätte ihn wohl erwürgen wollen. Aber als Kommunionkind durfte man das ja nicht.

Wie es auch war, jetzt näherte sich wieder der Tag, an dem beide Feste zusammenfielen. Mein Geburtstag und das Kirmesfest. Ich wollte mal so richtig ausgelassen feiern. Rechtzeitig besorgte ich mir das Geld dafür. Immer ein wenig, aber dennoch beständig in der Verfolgung meiner Ziele. Ich hatte eine wahrhaft „sprudelnde" Quelle – ich stibitzte der Mutter das Geld aus der Sprudelkasse.

In einer kleinen Dreiecksvase, die im Schlafzimmer an der Wand vor dem Muttergottesbild hing, hortete ich mein Vermögen. Die Muttergottes passte gut darauf auf. Doch meine Mama auch. Sie bemerkte bald, dass die Sprudelkasse geplündert wurde, sie wusste nur nicht, von wem.

Beim Mittagessen sprach sie uns Kinder darauf an und versprach, dass derjenige, der das Geld genommen hatte, keine Schläge bekommen würde, wenn er oder sie es zurückgeben würde. Denkste! Das tat ich nicht, sie würde mich auch nie erwischen.

Wie sollte sie wissen, dass ich das Geld genommen hatte. Am nächsten Tag sprach sie uns wieder auf dieses Thema an. Jetzt fragte sie jedes einzelne Kind direkt. Natürlich auch mich.

„Warst Du bei der Sprudelkasse?"

Ich spürte eine erste Unsicherheit.

„Ich? – Nein! – Überhaupt nicht!"

Es wurde brenzlig. Irgendwie musste ich mich wohl verraten haben, denn sie schaute mich an und sagte:

„Wirklich nicht?"

„Nein."

Sie ging nach draußen und holte aus der großen Hecke einen langen Stock. Mit diesem Stock in der Hand sagte sie zu mir:

„Wenn du zugibst, dass du geklaut hast, gibt es keine Schläge. Wenn du immer noch behauptest, dass du es nicht gewesen bist, bekommst du welche."

„Ich war es nicht!"

Aber sie wollte es einfach nicht glauben. Sie nahm mich mit ins Kinderzimmer. Meine Geschwister fingen an zu weinen, alle zusammen. Sie heulten mal wieder im Chor. Ich war cool und hielt durch.

„Du bekommst keine Strafe, wenn du zugibst, dass du es gewesen bist. Gibst du es nicht zu, bekommst du welche mit der Peitsche."

Aber was sollte ich denn zugeben? Ich war es doch nicht gewesen. Sollte ich etwas gestehen, was ich nicht getan hatte? Sollte ich lügen, nur weil Mama wollte, dass ich es gewesen war? Das durfte man doch nicht. Ich hätte es doch längst zugegeben.

Ich konnte nichts gestehen und beschwerte mich bei Mama über ihr Misstrauen. Aber sie wollte unbedingt, dass ich es gewesen war. Sie bestand darauf. Es sind halt komische Erwachsene.

Sie fasste mit ihrer linken Hand meine linke Hand. Ich lief wie ein Pony im Kreis, und meine Mutter drehte sich dabei. In der Küche heulte der Kinderchor, und im Kinderzimmer „tanzte" ich.

Als wir fertig waren, war die Peitsche in vielen kleinen Stücken auf dem Fußboden verstreut. Ich war wieder einmal um eine Erfahrung reicher und um einige fünfzig Pfennige ärmer. Ich hatte gestanden und Mama hatte wieder einmal gewonnen.

Doch meine finanzielle Situation verbesserte sich und ich brauchte auch nicht mehr an Mutters Limo-Kasse. Im Gegensatz zu meinen Geschwistern hatte ich immer etwas Knete. Ich trug Zeitungen aus und bekam dafür am Monatsende Geld.

Das Austragen der Zeitung war auch noch aus einem anderen Grund ganz gut. Regelmäßig kam ich so auch zu alten Leuten, die sich immer freuten, wenn ich ihnen etwas vorsang. Sie gaben mir Kekse und Limonade und ich sang ihnen etwas aus der Totenliturgie vor. So konnten sie sich schon etwas daran gewöhnen und sich auf das Finale ihres Lebens vorbereiten.

So ganz recht war es den alten Leute nicht immer, aber diese Liturgie kannte ich am besten, denn bei den Beerdigungen war ich immer als Messdiener dabei. Diese Beerdigungen waren meist morgens um 10 Uhr, und wir konnten als Messdiener in solchen Fällen die

Schule schwänzen. Wenn wir bei Hochzeiten dienen durften, bekamen wir anschließend von den Trauzeugen sogar etwas Taschengeld, aber bei den Beerdigungen lernte ich die Lieder.

6

Meine hauptsächliche Einnahme hatte ich aber immer noch durch meine Kaninchenschlachterei. Einmal hatte ich sogar so viel Geld, dass ich mir ein Schwein kaufen konnte. Eine Sau sollte es sein. Sie sollte Ferkel bekommen und ich wollte eine Schweinezucht beginnen. Die Kaninchen wurden geschlachtet und gewinnbringend verkauft, ich erzielte eine Gesamteinnahme von 500 DM. Jetzt konnte ich mir eine Sau kaufen!

Nach dem Schulunterricht fuhr ich mit dem Fahrrad zu einem Schweinehändler. Dort wollte ich eine Sau kaufen. Eine Sau, die bereits tragend war und die auch schon bald ferkeln musste. Mein Glück – eine solche Sau lag bei ihm im Stall. Sie hatte bereits in ihrem Euter Milch und sollte jeden Augenblick ihre Ferkel werfen. 630 Mark sollte die Sau kosten. Ich hatte aber nur 500 Mark. Den Rest wollte ich später bezahlen. Der Züchter war einverstanden. Wir trieben das Tier auf den Viehanhänger, und ich gesellte mich mit dem Fahrrad dazu. So kamen wir wenige Zeit später zu Haus an.

Ich warf das Fahrrad in den Garten und lief in die Küche: „Mama, ich habe ein Sau gekauft", rief ich durch das Haus und begann damit, das Schwein abzuladen. Zum Glück war unser alter Schweinestall leer.

Bei uns wurden sonst immer drei Schweine mit den Abfällen gefüttert. Wenn sie fett waren, wurde das eine Schwein verkauft und mit dem Geld wurde dann das Futter bezahlt, das zweite Schwein wurde verkauft und mit dem Erlös wurden drei neue Ferkel gekauft, das dritte Schwein wurde geschlachtet und von uns im Laufe der Zeit aufgegessen!

Unsere kleine „Schweinezucht" war ein wiederkehrender Kreislauf und unserer Mutter in der Ernährung ihrer Familie eine äußerst große Hilfe.

Nun hatte ich selber eine eigene tragende Sau. Die Zucht konnte beginnen und der Wohlstand konnte sich mehren. Stunden nach meinem Schweinekauf war es so weit. Das erste Ferkel wurde geboren. Selbstverständlich war ich bei der Sau im Stall; jedes Mal, wenn man die Sau am Hintern kitzelte, kam ein Ferkel – echt toll.

Insgesamt warf sie neun Ferkel.

Jetzt konnte ich mir meinen Gewinn ausrechnen. Für jedes Ferkel würde ich, wenn sie sechs Wochen alt waren, 90 Mark bekommen. Das waren 810 Mark insgesamt.

Zehn Sack Mehl hatte ich mir von der Genossenschaft kommen lassen. Ich konnte die zwar nicht bar bezahlen, aber man stundete mir den Betrag. Ein Sack kostete 23 Mark, das machte zusammen 230 Mark. Mit diesen zehn Sack Mehl konnte ich in den nächsten sechs Wochen auskommen. Wenn ich 810 Mark einnehmen würde und dann die 230 Mark abzog, hatte ich 580 Mark übrig. Fast so viel Geld, wie die Sau gekostet hatte.

Meine Rechnung ging zwar nicht ganz auf. Ich bekam nur 89 Mark für jedes Ferkel und für den Tierarzt musste ich auch noch neun Mark ausgeben. Aber mein Geschäft lohnte sich dennoch. Als ich die Ferkel verkauft hatte, war ich der gemachte Mann. Ich bezahlte meine Schulden bei der Genossenschaft und den Restbetrag beim Schweinehändler. Jetzt hatte ich eine Sau und über 400 Mark.

Ich wollte meinen Betrieb vergrößern.

Ich verkaufte die alte Sau, und mit dem Erlös und dem Überschuss von den Ferkeleinnahmen kaufte ich mir drei Jungsauen. Beim Bahnhof, der bei uns ganz in der Nähe war, mietete ich die Apfelweide. Dorthin trieb ich meine drei Sauen durch die Siedlung. Jetzt war ich wahrlich „Hans im Glück"! Schade, dass wir keinen Fotoapparat hatten, heute hätte ich gerne Bilder davon. Es muss wirklich interessant ausgesehen haben.

Doch die Schweine fühlten sich in der Apfelweide beim Bahnhof nicht wohl. Sie rissen den Zaun kaputt, brachen immer wieder aus und liefen sogar auf die Gleise und in die Gärten. Ständig gab es Ärger und dauernd beschwerten sich die Anwohner.

Davon hatte ich bald genug. Ich verkaufte meine Sauen. Mit dem Geld kaufte ich dann für meine Mama eine elektrische Waschmaschine. Mein Gott, hat die gestaunt. Das waren Momente, in denen ich ganz stolz war. „Hans, der Stinker" wurde so für einen kurzen Augenblick „Helfer in der Not".

Meine erfolgreiche Schweinerei war damit beendet. Die Schweine waren verkauft und wenig später mussten wir auch unsere Kuh verkaufen. Das war schlimm, denn durch sie hatten wir nicht nur täglich genügend frische Milch für uns, auch von der Molkerei bekamen wir für die abgelieferte übrige Milch nicht nur hin und wieder Geld, sondern auch am Wochenende Butter und Käse. Doch die Kuh musste verkauft werden. Meine Mutter musste Gerichtskosten bezahlen und einen Anwalt.

7

Im betrunkenen Zustand war Papa mit dem Moped über eine Kreuzung gefahren und hatte dabei einem Kleinbus die Vorfahrt genommen. Es war nichts passiert, aber der Fahrer hatte ihn angezeigt.

Stolz kam mein Vater in der Nacht nach Hause, riss die Ärmel hoch und zeigte uns triumphal die Einstichstelle der Nadel. Die Polizei war mit ihm zum Krankenhaus gefahren und die Ärzte hatten eine Blutprobe entnommen. Für meine Mutter brach eine Welt zusammen.

In dieser Nacht habe ich sie zum ersten Mal weinen sehen. Sonst weinte sie nie, aber jetzt konnte sie nicht mehr.

Wir hatten sowieso kein Geld, und jetzt auch das noch. Das wurde bitter, aber nicht nur für meine Mutter, auch für meinen Vater.

Um die Gerichtskosten und den Anwalt bezahlen zu können, verkaufte meine Mutter die Kuh. Aber damit war noch nicht Schluss. Die Strafe musste auch noch bezahlt werden, und da wir das nicht konnten, musste mein Vater die Strafe im Gefängnis absitzen. Er kam für einige Wochen in den Knast. Es war eine tiefe Schmach für ihn, für meine Mutter und für uns. Für die ganze Familie. Aber auch das haben wir gemeinsam durchgestanden.

„Glaube mir, wenn ich dir heute diese Geschichte aufschreibe, dann spüre ich Wut in mir. In welcher Zeit sind wir aufgewachsen? Heute scheint fast alles erlaubt zu sein, für jede Schandtat gibt es Begründungen. Damals gab es kein Verständnis oder gar Rücksicht! Der Staat hatte meinem Vater, wie allen anderen Jugendlichen auch, die Jahre der Jugend geraubt und ihn auf ein mörderisches Schlachtfeld schickt. Aus diesem verdammten Krieg kehrten diese Jungen oder Männer mit schweren physischen und psychischen Verletzungen zurück, und jetzt wurde er als Vater und Ernährer unserer elfköpfigen Familie wochenlang ins Zuchthaus gesteckt! Noch heute müsste man die Verantwortlichen von damals dafür streng bestrafen!

Ich wurde älter und wuchs in die Pubertät hinein.

Aufgeklärt wurden wir nicht. Als für mich die Frage interessant wurde, woher die Kinder kamen, klärte mich meine Schwester, die ein Jahr älter ist als ich, auf. Sie war in dieser Sache genauso naiv wie ich, hatte aber eine blühende Phantasie.

„Mama bekommt die Kinder und Papa sorgt dafür, dass das Kind bei Mama in den Bauch kommt."

Aber wie war denn das möglich? Wie bekommt Papa denn das Kind in den Bauch von Mama? Das konnte ich mir nun überhaupt nicht vorstellen. Meine Schwester wusste auch da Bescheid:

„Wenn Mama ein Kind bekommen will, muss sie Brusthaare von Papa essen."

Ekelhaft! Die arme Frau. Brusthaare von diesem Kerl. Wie bekommt sie die nur runter? Mir wurde ja allein schon bei dem Gedanken schlecht.

Meine Schwester klärte mich weiter auf.

„Damit Mama die Brusthaare verzehren kann, tut sie die für sich in den Eintopf."

Von dieser Zeit an, so dachte ich, hatte ich verstanden, was es bedeutet, wenn von einem „Haar in der Suppe" gesprochen wurde. Ich achtete ab jetzt vermehrt darauf, ob Haare im Eintopf waren.

Diese Aufklärung war schon perfekt. Genauso „perfekt" war mein Verständnis von sexuellen Empfindungen. Alles war Sünde, und Sünden musste ich beichten. Also nahm ich meinen ganzen Mut zusammen und beichtete. Dabei hoffte ich, dass der Priester und damit auch Gott mir verzeihen würden. Das taten sie dann auch, und ich brauchte zur Buße nur einige „Vaterunser" und „Gegrüßet seist du, Maria …" zu beten. Die Schuld war mir vergeben, die Schuldgefühle aber blieben.

Ich wollte ein guter Mensch sein. Ein Mensch, der später in den Himmel kommen konnte. Aber ich kam bestimmt in die Hölle. Das war mir klar. In der Feuersbrunst der Hölle würde ich schmoren müssen, und der Teufel würde mich mit der Forke auffangen und aufspießen. Ein Teufel mit Pferdefuß und Hörnern, ein Teufel, der an Qualen sich erfreut. Grausige Gedanken.

Angst und Komplexe, Schuld und Minderwertigkeitsgefühle verstärkten sich in mir und bestimmten ab jetzt noch stärker meine Entwicklung. Ich fühlte mich allein. Ich fühlte mich einsam. War denn da niemand, dem man sich anvertrauen konnte? War denn da niemand, der merkte, dass es mir schlecht ging? Warum sagte unser Pastor mir nichts? Bei ihm ging ich doch ein und aus. Aber er hatte andere Probleme.

Ich war einer seiner Messdiener und seit meinem dreizehnten Lebensjahr Obermessdiener mit Leib und Seele. Ich fuhr mit ins Ferienlager und schrieb den Messdienerplan. Ich liebte diese Jugendarbeit. Ich übte mit den Kleinen die großen Auftritte zu Weihnachten, Ostern, Pfingsten und Neujahr.

Hier war meine emotionale Heimat. Hier konnte ich mich einsetzen und etwas geben. Hier mochten mich die

Leute und hier fühlte ich mich bestätigt. Für meine Messdienergruppen tat ich alles. Das wusste auch jeder und respektierte es. Der Umgang mit den Kindern und Jugendlichen war für mich so wichtig wie für den Fisch das Wasser.

8

Als ich meine neunjährige Volksschule hinter mir hatte, besuchte ich die Handelsschule. Anschließend machte ich erst einmal gar nichts. Ich hatte den Wunsch, Priester zu werden, aber ich wusste nicht, wie ich das anstellen sollte. Ich hatte kein Abitur und konnte somit nicht Theologie studieren, aber ich erinnerte mich, dass man auch ohne Abitur Priester werden konnte, das hatte ich schon mal irgendwo gehört.

Meine Schwester machte zu dieser Zeit gerade ihre mittlere Reife, und ein uns bekannter Bankdirektor versuchte, sie für die Banklehre zu gewinnen. Meine Mutter sagte zu, aber meine Schwester wollte lieber weiter die Schule besuchen, um das Abitur zu machen. Aber da war ja noch der Hans, der konnte ja die Banklehre machen. „Nur keine Chance vergeben". Bankkaufmann war ein angesehener Beruf und ich stand ja sowieso auf der Straße.

Aber ich wollte nicht. Nein, ich wollte kein Bankkaufmann werden!

„Du bist genauso wie Onkel Bernd", bekam ich in solchen Situationen immer wieder zu hören.

„Aus dir wird nie etwas. Ich verstehe gar nicht, warum du denn nicht zur Bank willst? Das ist doch ein guter Beruf. Was willst du denn später mal machen? Du kannst doch anschließend immer noch alles werden, was du willst. Wenn du eine Berufsausbildung hast, kannst du immer darauf zurückgreifen. Die ist nie weg. Wer weiß, wie sich die Welt entwickelt, und vielleicht willst du ja später gar nicht mehr Priester werden. Also – du gehst jetzt da hin."

So ging das Tag für Tag, sechs Wochen lang. Der Druck wurde immer stärker, ich konnte und wollte das ja wohl auch alles einsehen, aber ich wollte nicht von der Jugendarbeit in unserem Dorf weg. Ich hatte ja sonst nichts. Nirgendwo gab es Halt für mich. Hier, bei meiner Gruppe fühlte ich mich geborgen und gehalten. Ich wollte hierbleiben. Doch meine Mutter gab in ihrer Beharrlichkeit nicht nach. Ich auch nicht.

Diesen Kampf würde ich gewinnen.

Oder doch nicht?

Nein, ich kann es dir schon jetzt sagen, auch diesen Kampf hat meine Mama gewonnen.

Mittlerweile hatte auch unserer Pastor von der Möglichkeit der Banklehre erfahren und er riet mir dringend, diese Chance anzunehmen. Meinen Einwand, dass ich dann die Gemeinde verlassen müsste, sah er als nicht so gravierend an.

Egal was es auch war, was mich betraf, war schon immer nicht so schlimm gewesen!

„Menschen entwickeln sich nun einmal und so ziehen sie hinaus, um außerhalb des Elternhauses und der gewachsenen Gemeinschaft den Kampf des Lebens zu kämpfen."

Toll!

Bei der nächsten Messdienerstunde wurde ich verabschiedet. Ich wollte nicht gehen, aber Mama und unser Pastor hatten schon alles arrangiert.

Also hieß es nun, diese Lehrstelle bei der Bank anzunehmen. Ich verließ meine Jugendgruppen und kehrte meiner Heimatgemeinde den Rücken. Nun war ich aus meiner kleinen Verankerung gerissen. Es war über mich und meinen Werdegang entschieden worden.

Meine Ausbildung begann. Jetzt bekam ich sogar eigenes Geld, 175 DM monatlich! Meine kleine Einzimmerwohnung kostete inklusive Verpflegung 150 DM im Monat. Somit konnte ich monatlich über 25 DM frei verfügen. Ich hatte wieder einmal eigenes Geld!

Wenn Freitag die Berufsschule zu Ende war, machte ich Autostopp, um billig nach Hause zu kommen. Damit gab es keine Probleme. Kaum daheim, schien die Zeit zu rasen und der Sonntagabend näherte sich. Ich musste zurück zum Ausbildungsort. Das Wochenende verflog, die Wochentage schienen stillzustehen!

Die Wochen wollten und wollten nicht vergehen, die Tage schlichen unendlich langsam dahin, und die Sehnsucht nach Hause stieg ständig. Kaum war ich am Wochenende zu Hause, verflog die Zeit, kaum war ich aber am Montag wieder in der Bank, blieb die Zeit stehen.

Dieses Spiel dauerte genau acht Wochen. Dann brach ich in der Bank zusammen und mein Lehrherr brachte mich in die Pension, in der ich wohnte.

Er rief meine Mutter an, sie solle mich abholen. Das war so ohne weiteres nicht möglich. Wir hatten kein Auto, und so brachte er mich zum Zug und legte mich ins Abteil.

Daheim in der Kreisstadt angekommen, kamen dann meine Mutter und mein Onkel und holten mich aus dem Zug. Der Bruder meiner Mutter war mit dem Auto extra in die Kreisstadt gefahren, um mich abzuholen. Das war auch toll! Ich wurde vorsichtig auf den Rücksitz gepackt, und ab ging es nach Hause.

Kaum waren wir losgefahren, da unterhielt sich meine Mutter mit ihrem Bruder auf Plattdeutsch.

Es waren Worte, es waren Sätze, es war eine (meine) Lebensmelodie.

Ich war gesund! Als Mama und mein Onkel anfingen, sich auf Plattdeutsch zu unterhalten, war ich gesund! Ich habe wirklich unheimlich unter Heimweh gelitten, und wenn heute während unserer Ferienlager Kinder zu mir kommen und mir von Heimweh erzählen, weiß ich, was sie leiden! Ihnen gehören mein Verständnis, meine Hilfe, meine Aufmerksamkeit. Heimweh ist ein grausamer Schmerz!

Aber – ich durfte natürlich nicht zeigen, dass ich auf einmal wieder quicklebendig war. Wer hätte es mir geglaubt – das eine wie das andere, erst der Zusammenbruch und dann die wundersame Heilung? Also lag ich da, freute mich, Vertrautes zu hören, und wartete ab, bis ich in Mamas Bett kam. Dort blieb ich drei Tage lang liegen und ließ mich pflegen und bemuttern. Dann war ich ganz offiziell wieder gesund.

Der Aufenthalt zu Hause dauerte nicht lange, denn meine Mutter sorgte schon dafür, dass ich nichts versäumte. Es ging zurück zur Bank. Hier saß ich nun wieder und mir wurde klar, dass es so nicht weitergehen konnte. Irgendwie musste ich Abstand von zu Hause gewinnen und hier Fuß fassen.

Als hätte ich einen Ruf gehört, ging ich in meiner neuen Heimat zu dem für meine Pfarrgemeinde zuständigen Kaplan. Der hatte sogar Zeit für mich, was ich als wirklich außergewöhnlich empfand.

Ich erzählte ihm alles, von meiner Jugendarbeit und von meinem „Arbeitskampf", und er war offen für meine Geschichten. Er machte mir einen interessanten, verlockenden Vorschlag: Ich sollte bei ihm in meiner Freizeit und – sooft es ging, auch an den Wochenenden – in der Jugendarbeit anfangen und in der Pfarrgemeinde mitarbeiten, dann könne ich auf Dauer im Sommer auch das Ferienlager leiten.

Alles hatte ich erhofft, nur dieses nicht erwartet, es war für mich wie eine Erlösung. Ich dankte ihm und

Gott und verstand nicht, wie es kam, dass dieser Priester für mich, den kleinen, dicken, pickligen, sündhaften Menschen, etwas übrig haben konnte. Ich hatte Glück gehabt, er bot mir sogar etwas zu trinken an und fragte, ob ich einen Cognac möchte.

Das war für mich alles absolut ungewohnt, einer, der mein bisheriges Leben kannte, und einer, der erwachsen war und für mich Zeit hatte. Einer, der Verantwortung trug und mir welche übertragen wollte. Einer, der anders war, als ich die Erwachsenen bisher kennen gelernt hatte.

Noch heute möchte ich diesem damaligen jungen Kaplan für sein Verständnis, sein Engagement, seine Hilfe und seine Menschlichkeit Danke sagen!

„Leo Stallkamp, du hast mir damals mehr geholfen, als du es zu ahnen vermagst. Du hast mich aufgerichtet und mir Halt gegeben, du warst und bist mir ein leuchtendes Vorbild, du warst für mich wahrhaftig der ‚Gute Hirte'. Ich danke dir auch heute noch von ganzem Herzen dafür!"

Es lief in meiner neuen emotionalen Heimat ganz toll. Ich arbeitete in der Jungschar und in der Frohschar, hatte meine eigene Gruppe und organisierte gemeinsam mit dem Kaplan das Sommerferienlager. Beim Pfarrfest war ich voll engagiert und immer wieder starteten wir gemeinsame Aktionen.

Wir veranstalteten Elternnachmittage und Wochenendfahrten, Grillabende und Gebetsnächte, Wallfahrten und Discofeten.

Der Wunsch nach einem Jugendheim wurde laut und tatsächlich haben wir es geschafft, in zwei Jahren so viel Geld zusammenzubringen, dass mit diesem Geld und den entsprechenden Zuschüssen das Jugendheim gebaut werden konnte. Es wurde feierlich eingeweiht und steht seitdem der Jugend zur Verfügung.

Schnell hatte ich jetzt hier Fuß gefasst. Ich fuhr kaum noch nach Hause. Mein Leben spielte sich jetzt hier ab. Ich hatte Fuß gefasst, aber obwohl ich meine Zwischenprüfung mit der Note „gut" bestand, fühlte ich mich in der Bank nicht wohl. Mit meinem Chef vertrug ich mich gar nicht. Und es sollte noch schlimmer kommen.

Es war an einem Freitagabend im Monat Juli. Ich hatte ab dem kommenden Montag Urlaub und wollte mit über hundert Kindern ins Ferienlager fahren, alles war organisiert. An diesem Freitagabend hatte ich die letzte Besprechung mit den Gruppenbetreuern.

In der Bank war ich mittlerweile zum Hauptkassierer aufgestiegen und verantwortlich für das gesamte Geld, das hier im Hause war.

An diesem Abend wurde die Kasse übergeben, doch bei der Übergabe stellte sich heraus, dass 5 DM fehlten. Es handelte sich zwar nur um einige Mark, aber diese Differenz war da. Es war schon 17 Uhr und die Schalter waren bereits geschlossen. Wir hatten also Ruhe, um den Fehler zu suchen, fanden ihn aber nicht. Die Angestellten der Buchführung machten nach und nach Feierabend, zurück blieben ein weiterer Lehrling, mein Chef, seine Frau, die auch in der Bank mitarbeitete, und ich.

Es wurde immer später. Um 19 Uhr hatte ich das Treffen mit den Betreuern und danach ein Gespräch mit den Kochfrauen, jetzt musste ich so allmählich weg. Immer und immer wieder wurde das Geld gezählt. Irgendwo musste doch der Fehler sein! Bestimmt in der Buchführung, dort musste etwas falsch gebucht worden sein.

Ich sagte meinem Chef, dass ich nun so langsam gehen wolle und dass sich der Fehler in der nächsten Woche bestimmt finden lasse. Er bestand darauf, dass ich blieb. Ich blieb bis 19.30 Uhr. Dann nahm ich meinen ganzen Mut zusammen und wollte die Bank verlassen. Mein Chef aber drehte daraufhin komplett durch.

Plötzlich streckte er mit einer stummen, aber theatralischen Geste seine Arme aus, griff dann nach dem Geld auf dem Tisch und warf es auf den Boden. Dort lag es nun, Scheine über Scheine, gebündelt und nicht gebündelt, Hartgeld, gerollt und nicht mehr gerollt, alles durcheinander. Er schaute mich an und sagte:

„Aufheben!"

Ich sagte: „Nein".

Dann schlug er mir mit der flachen Hand direkt ins Gesicht.

„Der Urlaub ist gestrichen!"

Er meinte, er konnte so sein Ziel erreichen – jetzt nimmer mehr! Für Lob und Anerkennung will ich arbeiten, für Schläge nicht einen Augenblick! Das wusste er aber bis dahin noch nicht.

Ich ging und kam nie mehr wieder.

Im Jugendheim warteten bereits die Betreuer. Am Montag fuhren alle ins Ferienlager und verlebten zwei wunderschöne Wochen in Schleswig-Holstein.

Der Kaplan kam uns besuchen, und ich erzählte ihm von meinem Erlebnis am letzten Abend in der Bank. Ich machte ihm auch klar, dass ich die Lehre abbrechen und nicht mehr zur Bank gehen würde.

Er suchte eine Lösung und er fand sie. Sein Vater hatte zu Hause eine große Firma, und bei der Hausbank des Vaters brachte er mich unter. Ich sollte auf jeden Fall die Lehre zu Ende bringen, das tat ich dann auch.

Ich beantragte die Zulassung zur vorzeitigen Prüfung und zum vorgezogenen Abschluss meiner Ausbildung. Sie wurde mir genehmigt. Vor der Industrie- und Handelskammer legte ich meine Prüfung ab. Nach der mündlichen Prüfung erfuhr ich, dass ich bestanden hatte und nun offiziell ausgebildeter Bankkaufmann war.

Ich fuhr nach Hause. Die Bank, in der ich meine Banklehre begann, habe ich erst nach 36 Jahren wieder gesehen.

Immer noch wollte ich Priester werden. Der Kaplan wusste davon und gab mir den Tipp, mich in Bad Driburg beim Clemens-Hofbauer-Kolleg zu bewerben. Hier, an diesem altsprachlichen Gymnasium, konnte

ich das Abitur machen, also über den zweiten Bildungs-
weg zum Studium kommen.

Ich bewarb mich und wurde aufgenommen. Quo vadis, Hans Höffmann?

9

Obwohl ich mich dort wohlfühlte und auch die Anfor-
derungen der Schule gut erfüllen konnte, ich lernte La-
tein, Griechisch und sogar Hebräisch, lief es anders, als
ich es mir gedacht hatte. Oft bekam ich epileptische Anfälle. Einmal sogar während der Messe, als ich am Altar
stand, was mir später sehr peinlich war.

Man trug mich in die Sakristei. Als ich erwachte,
standen alle in ihren weißen, feierlichen Gewändern um
mich herum.

Ich dachte, ich wäre im Himmel, aber das war falsch
gedacht!

Der Direktor der Schule riet mir, nach Bethel bei
Bielefeld zu gehen, um mich dort in den Bodel-
schwinghschen Anstalten medikamentös neu einstellen
zu lassen. Ich befolgte diesen Rat.

Gemeinsam mit einem älteren Herrn teilte ich mir
ein Zimmer.

Beide fühlten wir uns schlecht, die Erlebnisse in
Bethel mit so vielen kranken Menschen bedrückten
mich nachhaltig. Hier begegnete ich vielen kranken

Menschen, vielen von ihnen erging es schlimmer als mir. Das hätte doch eigentlich für mich ein Trost sein können. Aber es hatte die gegenteilige Wirkung. Ich sah mein Spiegelbild. Ich hatte Angst und fühlte mich ganz elend. Vor allem fühlte ich mich abgestempelt, allein schon durch mein „Hiersein" stigmatisiert.

Ich gehörte also hierher, egal, wie schwer die Erkrankung auch war – was noch nicht war, konnte man ja noch bekommen. Lief ich jetzt Gefahr, dass meine Krankheit sich verschlimmerte? Konnte es bei mir im Laufe der Zeit, wie bei anderen auch, zu starken Wesensveränderungen kommen? Bei vielen anderen hatte es auch erst langsam angefangen. Diese Gefahr befürchtete ich auch bei mir. Kein erquickliches Gefühl und vor allem kein Gefühl, das zur Genesung beiträgt.

Mein Aufenthalt in Bethel dauerte vier Wochen. In dieser Zeit habe ich viel Schlimmes gesehen, gehört und erlebt. Als ich Bethel ohne Verbesserung verließ, war ich um einiges ärmer.

Ich hatte keine Lust mehr, keine Lust mehr zu irgendetwas. Es war mir alles egal. Ich würde mit der Zeit sowieso verrückt werden. Warum sollte ich mich deshalb noch Tag für Tag für etwas quälen, was ich ohnehin nie erreichen konnte? Ich wollte weg, weg von Bad Driburg, weg von allem!

Ich konnte und wollte nicht mehr. Einer meiner Lehrer erkundigte sich nach meinem Wohlbefinden, und als er erfuhr, dass ich vier Wochen in Bethel gewesen war, sagte er:

„Ach, nur vier Wochen, dann haben die Ihnen dort wohl nicht helfen können."

Sehr taktvoll, der vorbildliche Pädagoge. Ein Pädagoge, so wie es meine lieben Lehrer an der Volksschule ja auch schon gewesen waren. Alles gute Lehrer? Sie hätten einen doch wenigstens motivieren und aufbauen, einem Hoffnung geben können, so dachte ich in meiner Naivität!

Sie konnten den Schülern Werte vermitteln, Moral, Anstand und Charakterstärke. Doch stattdessen: blanker Egoismus, Bevorzugung, tiefstes pädagogisches Ungeschick und blasse Überzeugungskraft in der Vermittlung dürftigsten Schulwissens.

Diese Pädagogen dachten wirklich nicht darüber nach, wie sie die Schwachen und Schwächeren nach vorne holen konnten. Sie waren nicht bestrebt, das Beste aus den Kindern herauszuholen, vorhandene Begabungen zu fördern und in die richtigen Bahnen zu lenken. Sie schauten eben auf Herkunft und soziale Schicht oder auf Einfluss, Macht und Einkommen der Eltern. Schade!

Viele, die den Lehrerberuf ausübten, hätten ihn eigentlich nie ausüben dürfen. Sie waren krank, aber keine Lehrpersonen! Auch sie hatten den Krieg und viele die Flucht erlebt. Auch sie waren zu Fall gekommen. Ich will ihnen ihr Unvermögen nicht anlasten, aber warum mussten sie den Lehrerberuf ausüben? Ich könnte viele Lobeshymnen auf meine Lehrer singen, es fehlt mir nur die Melodie, den Text habe ich schon längst.

Man hätte sie mit dem Prügel aus der Schule treiben sollen. Aber wer macht das schon? Sie waren studierte Persönlichkeiten und unsere Schule war eine Bildungseinrichtung. Hier wurde man auf das Leben vorbereitet.

Kann und darf jeder Lehrer werden? Ist ein jeder zum Lehrer geeignet, nur weil er Pädagogik studiert hat? Was geschieht mit den Lehrern, die gute Studienabschlüsse haben, aber in der Durchführung die größten Nieten sind? Was geschieht mit den Lehrpersonen, die in jungen Jahren ihre Prüfung alle mit „sehr gut" absolvieren, dann älter werden und sich ganz anders entwickeln? Was geschieht mit denen, die letztlich nur noch als Häufchen Elend vor der Klasse stehen? Was geschieht?

Nichts!

Wo gehobelt wird, da fallen Späne. Einmal Lehrer, immer Lehrer. Der Schüler? Der kann sich doch beschweren. Aber was geschieht mit ihm, wenn er es dann tatsächlich tut? Er gerät in die Mahlsteine der Macht, geht unter. Bestünde eine emotionale Ansprechbarkeit zwischen Lehrer und Schüler, könnten Berge versetzt werden. Doch stattdessen bleiben viele, ja sehr viele, zu viele Mädchen und Jungen auf der Strecke. Viele eben nicht wegen mangelnder schulischer Leistungen, sondern als Opfer dieser Machtverhältnisse, eine vertikale Katastrophe, leider oftmals auch heute noch.

Was geschieht mit den Kindern, die keine guten Lehrer haben? Werden Möglichkeiten zerstört? Wird Gleichgültigkeit genährt? Werden positive Ansätze gefördert? In welcher Spirale bewegen sich die Schüler? Haben sie eine Chance oder gilt: Hilf dir selbst, hilft dir Gott!?

Die Schülerinnen und Schüler und ihre Eltern sind allein auf weiter Flur. Die Kinder werden nicht beflügelt, um in die Welt der Träume zu fliegen und sich langsam und sicher entwickeln zu können. Nein, verängstigt und verstört bleibst du zurück. Leider ist es in vielen Schulen auch heute noch so. Gott sei Dank ist das Thema „Bildung" wieder stark in den Vordergrund gerückt – man darf also hoffen!

Ich ging weg aus Bad Driburg und meldete mich beim Bischof. Er war der Meinung, ich solle einen praktischen Weg einschlagen und meine Ziele nicht aufgeben. Ab jetzt wohnte ich vorübergehend in einem Kinderheim.

10

Vieles hatte sich in mir aufgestaut, und ruhelos zog ich umher. In dieser Situation starb mein Vater. Er war an Lungenkrebs erkrankt und nach einem langen Leidensweg zu Hause gestorben. Kurz vorher hatte ich ihn noch besucht und am Abend vor seinem Tod hatte ich zu Hause angerufen und mich erkundigt, wie es ihm ging.

Mein ältester Bruder war am Telefon, er sagte mir, dass es unserem Vater „relativ gut" gehe und ich mir „keine Sorgen zu machen" bräuchte. Mein anderer Bruder sagte abschließend, dass sie rechtzeitig Bescheid geben würden, wenn es zu Ende gehen sollte.

In Wirklichkeit aber lag mein Vater an diesem Abend im Sterben. Die nächsten Stunden würden seine letzten sein. Meine Brüder hatten die Situation völlig falsch eingeschätzt. Ich blieb dadurch ausgeschlossen.

Am nächsten Morgen weckte mich die Heimschwester und sagte mir, dass mein Vater in den frühen Morgenstunden verstorben war. Einige Stunden später stand ich an seinem Totenbett. Meine Mutter hatte dafür gesorgt, dass Papa noch nicht eingesargt worden war. Sie wollte, dass wir ihn noch einmal so sehen.

Da lag Papa nun und hatte endlich seinen Frieden geschlossen, Frieden mit sich und seiner Welt. „Oh Gott, erlöse ihn, oh Herr!"

Mein Vater war gegangen, ich aber musste zurückbleiben – in diesem Elend der Welt. Nach und nach verlor ich den Boden unter meinen Füßen.

Einige Wochen nach der Beerdigung meines Vaters verließ ich meine Wohnung im Kinderheim, ich wollte mir das Leben nehmen. Den ganzen Tag irrte ich umher. Ich war wohl bereit zu sterben, aber mir fehlte der Mut, mir wirklich etwas anzutun.

Ich ging zum Bahnhof und fuhr zu meiner Schwester, die zu dieser Zeit in Freiburg studierte. In der Nacht traf ich bei ihr ein und erzählte, dass ich abgehauen war. Sie würden mich bestimmt suchen, aber ich wollte nicht, dass meine Schwester irgendjemanden darüber informierte, dass ich bei ihr war. Sie versprach es, tat es dann aber hinter meinem Rücken doch. Das war aus heutiger Sicht bestimmt auch ganz gut so. Ich überlebte! Und es ging sogar wider Erwarten aufwärts.

Ins Heim kehrte ich nicht zurück. Jetzt saß ich wieder zu Hause, genau wie Onkel Bernd früher, immer wieder bei Mama. Immer wieder ohne Arbeit. Immer wieder gescheitert. Immer wieder orientierungslos. Immer wieder durcheinander!

„Wer rastet, der rostet. Müßiggang ist aller Laster Anfang." – Das war die Devise meiner Mama und sie hielt sich daran.

Schon bald hatte sie wieder einen neuen Job für mich. Mein Vater hatte eine Lebensversicherung abgeschlossen, und diese kam jetzt, einige Woche nach seinem Tod, zur Auszahlung. Der zuständige Versicherungsvertreter kam zu uns ins Haus, um die notwendigen Schritte für die Auszahlung mit meiner Mutter zu besprechen.

„Könnt ihr nicht noch jemanden gebrauchen", fragte Mama den Vertreter, und der sagte sofort: „Ja!" Ich konnte sofort anfangen. Alles klar, Hans wird Versicherungsvertreter, öfter mal was Neues!

Zuerst wollte ich nicht, aber dann entschloss ich mich, das Angebot der Versicherung anzunehmen. Jetzt war ich Versicherungskaufmann, sofort erhielt ich einen Titel. Einen Titel ohne Mittel. Ich wurde Versicherungsinspektor und später Oberinspektor. Was meinst du, was man als Versicherungs-Oberinspektor wohl so alles braucht? Ganz wichtig: Reden können und Fantasien entwickeln. Das reicht, mehr nicht, das konnte ich.

An dieser Stelle möchte ich aber auch sagen, dass es mit Reden und Fantasie auf Dauer nicht getan ist. Es erleichtert die Arbeit zwar ungemein, aber es ersetzt die Arbeit nicht. Die Versicherungsgesellschaften verhalten sich gegenüber ihren angeworbenen Außendienstmitarbeitern unverantwortlich, sie übernehmen überhaupt keine Fürsorge. Der Außendienstmitarbeiter muss für sich ein Gewerbe anmelden und lebt dann von den Erfolgen seiner Abschlüsse.

Im Wesentlichen hoffen die Gesellschaften darauf, dass der neue Mann zuerst sich und seine Familie versichert und anschließend sein soziales Umfeld. Wenn zum bösen Schluss nichts mehr läuft, kann er den Job ja wieder an den Nagel hängen.

Die Versicherung investiert nichts, im Gegenteil, sie spart sogar noch einiges. Denn dem neuen Vertreter wird mit der Begründung, dass er ja gerade erst anfängt, nicht so viel Provision gezahlt wie den alten Hasen. Er muss eine eigene Agentur eröffnen und die Miete dafür aufbringen. Die Gesellschaft hat nur Vorteile.

Sie erhält ohne großen Aufwand neue Kunden, in der Regel auch noch verlässliche, da diese neuen Kunden alle unter Einbeziehung der sozialen Beziehung zum Vertreter die Versicherung abgeschlossen haben und ihm eine Kündigung, die mit der Rückzahlung der Provision verbunden wäre, nicht antun wollen.

Die Versicherungsgesellschaften machen dabei ihren Profit – aber ich machte meinen auch. Bei mir kamen sie nicht einfach so davon.

In den folgenden drei Jahren erzielte ich so viele Abschlüsse, dass ich mehrmals Bundessieger wurde. Auf verschiedenen Festlichkeiten wurde ich geehrt. Zusätzlich zu meiner Provision, die stetig stieg, erhielt ich satte Sonderprämien. Mich wollten sie nicht mehr verlieren. Ich war für sie ein Geschenk des Himmels, und mir ging es gut!

Geld verdiente ich also genug. Aber ob es für mich der richtige Job war? Um gute Verträge abzuschließen, musste ich immer Augen und Ohren offen halten. Während der Gespräche auf alles reagieren, was mir wichtig erschien. Wenn die Eltern irgendwelche Sorgen mit den Kindern hatten, voll einsteigen, Verständnis zeigen, Brücken bauen, persönliche Atmosphäre schaffen, Vertrauen erwerben und dann – tüchtig abschließen.

Skrupel waren Ballast, Mitleid war Luxus. Ohne das klappte es meist wie geschmiert. Ich redete wie ein Weltmeister. Hielt mich in passenden Augenblicken zurück und nahm an den Schicksalen der Familien vollen Anteil. Gerade in solchen Fragen konnte ich immer gut mitreden. Ich hatte ja genügend erlebt, um zu wissen, wie es hinter dem Ofen aussieht, und mitempfinden zu können.

Aber hatte ich das alles eigentlich nur erlebt, um mir einen Zugang zu Familien zu verschaffen, die Versicherungsverträge abschließen sollten, obwohl sie es oft gar nicht wollten? Ja, sie suchten in ihrer Not, in ihren Zweifeln und in ihrer Unsicherheit Gesprächspartner. Wer bot sich sonst schon an? Aber Verträge und Verpflichtungen wollten sie nicht noch zusätzlich eingehen. Davon hatten sie oftmals in Wirklichkeit schon genug.

Es war letztendlich ein mieses Geschäft. Ich musste meine Stärken nutzen, um ihre Schwächen auszunutzen. Zu wenige Menschen haben den Mut und die Courage, ganz einfach Nein zu sagen. Sie wollen nicht, aber sie werden bedrängt, überrollt, und wenn man es dann geschickt anstellt und ihnen zu später Stunde einen Kompromiss vorschlägt, denken sie auch noch, dass sie gewonnen haben, und unterschreiben jeden Vertrag, ob er passt oder nicht.

Diese mangelnde Zivilcourage nutzte ich aus. Mein Angebot setzte ich hoch genug an und ich wäre mit weniger als der Hälfte zufrieden gewesen, erreichte aber oftmals mehr.

Ganz wohl kann man sich dabei nicht fühlen, zumindest dann nicht, wenn man wirklich etwas für diese Menschen empfindet. Und ich empfand mit ihnen. Skrupel mischten sich bei mir ins bedenkenlose Tagesgeschäft.

In solchen Augenblicken, wenn die Menschen mir ihre Sorgen und Nöte anvertrauten, fühlte ich mich mit ihnen verbunden. Diese Verbindung dann um Mitternacht durch einen Versicherungsvertrag zu besiegeln, konnte auf Dauer bei mir nicht gut gehen, so sehr das Geld auch eine Rolle spielte. Ich fühlte mich dabei total unwohl. Moral hat auch einen Stellenwert, und der machte sich nach und nach bemerkbar.

Ganz anders war es, wenn ich im Ferienlager war. Als Neunjähriger hatte ich zum ersten Mal an einem Messdienerlager teilgenommen und als 16-Jähriger bereits – per Handzettelwerbung bei uns im Dorf – selber eigene Sommerferienlager organisiert. Da war mir keine Anstrengung und Mühe zu groß. Das gefiel mir. Ich konnte mir etwas ausdenken, es anbieten und dann erfahren, mit wie viel Interesse das Angebot angenommen wurde. Ständig meldeten sich mehr Mädchen und Jungen an, als wir mitnehmen konnten und wollten. Hier schöpfte meine Gefühlswelt Kraft. Meine Ferienlager bestätigten mich immer wieder. Sie hielten mich hoch und trugen mich durchs Jahr.

Wo immer ich auch war und was immer ich auch machte, ob ich in der Berufsausbildung war oder in der Schule, ob ich Priester werden wollte oder Versicherungskaufmann war, ob ich krank war oder gesund, meine Ferienlager waren mir einfach unersetzlich. Sie wurden organisiert, angeboten, mit Inhalt gefüllt und durchgeführt. Sie wurden zum Bestandteil meines Lebens.

Weil diese Ferienlager mir so viel geben konnten, waren sie mir auch entsprechend wichtig. Das war mein Werk und niemand konnte es mir streitig machen. Kein Erwachsener, kein Lehrer, kein Pastor – niemand. Wenn das Angebot gut war, war das Echo groß, und damit es gut wurde, kannte ich in meinem Einsatz keine Zurückhaltung und Grenze. Im ersten Jahr hatte ich nur Jungen mit ins Ferienlager genommen und auch nur Neun- bis Zwölfjährige. Bei diesem Alter war ich mir sicher, dass keine pubertären Probleme auftraten. Und wenn nur Jungen mitfuhren, konnte es auch keinen Ärger durch irgendwelche Liebesbeziehungen geben.

Doch ein Jahr später sollten auch Mädchen mitfahren dürfen. Unser Pastor war entsetzt und absolut dagegen. Er verbot es, aber ich wollte mich nicht daran halten. Er predigte am Sonntag in der Messe über dieses Ferienlager. Ich hatte leider keine Kanzel!

Unser Pastor vertrat die Meinung, dass es eine unverantwortliche Sache sei, Jungen und Mädchen gleichzeitig mitfahren zu lassen. Dann rastete er plötzlich total aus. „Katzen und Hunde haben ihre Zeit, nur unsere Mädchen sind immer bereit", schrie er in die Kirche hinein. Es schallte in den Köpfen der Gläubigen und hallte im Gewölbe des Gotteshauses wider. Er war sehr aufgeregt. Es interessierte mich aber nicht mehr.

Ich löste mich von der kirchlichen Jugendarbeit und gründete einen Jugend-Kulturkreis. Dieser Verein bot ab jetzt die Ferienlager an. Mädchen und Jungen durften mitfahren.

Unser nächstes Ferienlager wurde ganz toll, und kein Mädchen kam schwanger nach Hause zurück. Wir hatten eine gute Gemeinschaft und eine herrliche Atmosphäre. Die Mädchen waren keine Gefahr für uns gewesen, im Gegenteil. Erst mit ihnen lebten wir die Gemeinschaft der großartigen Schöpfung. Gott hat beide Geschlechter geschaffen und sie für würdig erachtet, zusammenleben zu dürfen, und kein Pastor der Welt hat die Berechtigung, diesen Teil der Schöpfung mit bösen Worten und Beleidigungen zu korrigieren!

Die Ferienlager erfreuten mich und gaben mir Halt. Aber dieser Halt reichte nicht aus. Den Tod unseres Vaters hatten wir noch längst nicht verarbeitet. Du glaubst es nicht, aber er fehlte uns. Eigentlich waren wir bei seiner Beerdigung erlöst gewesen, aber später haben wir ihn dann doch sehr vermisst. Unsere Mutter hatte schon auf dem Totenbrief einen treffenden Spruch von Hans Carossa drucken lassen: *Was einer ist, was einer war, beim Scheiden wird es offenbar. Wir hören nicht, wenn Gottes Weise summt, wir schaudern erst, wenn sie verstummt.*

Ich fühlte mich leer und ruhelos. Ich spürte den Wunsch, zu sterben. Mit dem Auto gegen einen Baum, schnell sollte es gehen. Schnell sollte es vorbei sein.

Es ging zwar schnell. Aber es war nicht vorbei.

Mein Unfall wurde trotz des winterlichen Wetters und der recht späten Abendstunde schnell entdeckt.

Arzt und Polizei wurden benachrichtigt. Ich kam ins Krankenhaus. Diagnose: keine ernsthaften Verletzungen. Ein paar Tage zur Beobachtung und Pflege, dann sollte ich wieder entlassen werden.

Meine Mutter besuchte mich am nächsten Morgen und brachte mir meine Tabletten mit, die ich wegen meiner damaligen epileptischen Anfälle nehmen musste; es waren zwei verschiedene Medikamente und in jeder Packung waren etwa hundert Stück. Als ich dann in der Nacht alleine war, stand ich auf und holte mir diese Tabletten.

Alle auf einmal habe ich sie eingenommen, und weil ich sie so nicht runterkriegen konnte, trank ich dazu eine Reinigungsflüssigkeit, die unter dem Spülbecken stand. Ich wollte immer noch sterben, noch immer nicht wirklich leben.

Wie sich die Sache in dieser Nacht entwickelte, weiß ich nicht, aber: Wieder einmal saß ein Schutzengel an meiner Seite. Denn jemand hatte mich rechtzeitig gefunden und ich wurde gerettet. Erst Tage später erwachte ich wieder, und an meinem Bett saß meine Mutter. Ich sah alles mehrfach und sehr verschwommen. Ich fühlte mich elendig und staunte, dass ich überhaupt noch da war. Ich erholte mich, war aber immer noch nicht geheilt.

Mein Wille zu sterben war ungebrochen. Nachts, um vier Uhr morgens, verließ ich im Schlafanzug das Krankenhaus. Unten im Krankenhaus brauchte ich nur auf die Türmatte zu treten und die Tür öffnete sich. Der total überraschte Pförtner rief hinter mir her, aber ich machte mich ohne anzuhalten oder mich umzudrehen auf den Weg in Richtung Küstenkanal.

Es war eine bitterkalte Novembernacht. Schnee lag auf der Straße. Als sich ein Polizeiwagen näherte, versteckte ich mich hinter einem kleinen Schneehaufen.

Sie suchten mich. Wo sollte ich jetzt bloß hin? Mir fiel ein, dass in der Nähe Alwin, ein Bekannter, wohnte, und ich lief, was ich konnte, um bei ihm Schutz zu finden. Im Nachtdunkel sah ich eine Lampe mit mattem Licht über der Haustür. Mit eiskaltem Finger und zitternd in meinem dünnen Schlafanzug drückte ich die Klingel. Zuerst keine Reaktion. Dann, nach entsetzlich langer Ewigkeit, hörte ich hinter der Tür gedämpfte Geräusche. Die Tür öffnete sich, gelbes Licht fiel in einem Streifen nach draußen. Ein kleines Mädchen stand vor mir, gar nicht erschrocken. Es war die sechsjährige Tochter, die als Einzige vom Klingelgeräusch aufgewacht war.

„Papa, da ist ein Mann im Schlafanzug."

Ein Satz, der den Vater aus dem Schlaf schreckte. Er staunte nicht schlecht, als er mich dort frierend im Flur stehen sah. Keine langen Fragen, erst einmal Hilfe. Ich bekam das Sofa im Wohnzimmer und eine warme Decke dazu.

Damit er nicht die Polizei anrufen konnte, hatte ich, als er die Decke holte, sicherheitshalber den Stecker des

Telefons aus der Wand gezogen. Nichts ging mehr. Das Telefon gehörte mir, selbstverständlich. In dieser Nacht gehörte mir alles und ich war auch zu allem bereit. Alwin wird sich wohl auch gedacht haben: Hauptsache Ruhe und keine Aufregung. Je ruhiger, desto besser. Er wollte nur kurz seiner Frau Bescheid sagen, dass ich da sei, ansonsten hielt er sich strikt an meine Anweisung.

Ich nahm die wärmende Decke und legte mich aufs Sofa. Kurze Zeit später kam Alwin wieder ins Wohnzimmer und setzte sich zu mir. Ich erzählte ihm von meinen Sorgen und von der gerade gelungenen Flucht.

Es klingelte, zwei Polizeibeamte standen vor der Tür.

Verdammt. Wo kamen die denn her? Und vor allem, wie konnten die wissen, dass ich hier war?

Wie dumm von mir: Mein Freund Alwin hatte oben am Bett auch noch ein Telefon und seine Frau war rein zufällig Krankenschwester in jenem Krankenhaus, in dem ich jetzt eigentlich sein sollte. Sie hatte in aller Ruhe vom Bett aus die Notwendigkeiten erledigt, während Alwin unten alles tat, was ich für notwendig hielt.

Stunden später saß meine Mama wieder am Krankenbett. Es wurde eng. Das Krankenhaus wollte mich nicht länger behalten und keine weitere Verantwortung mehr übernehmen. Ich sollte in eine Nervenklinik eingewiesen werden. Das aber wollte meine Mama nicht. Was die Leute wohl sagen würden?! Bestimmt würde ich dadurch abgestempelt sein fürs ganze Leben.

Die Ärzte stellten es meiner Mutter frei, ob sie mich nun mit nach Hause nehmen wolle; andernfalls würden sie mich in die Nervenklinik einweisen.

Meine Mutter nahm mich mit nach Hause. Augenblicke später lag ich auf dem Sofa in der Küche und war total von der Rolle. Immer wieder dachte ich nur an Tod und immer wieder kamen mir neue Pläne in den Kopf.

Plötzlich sprang ich auf und hörte noch, wie meine Mutter und meine Schwester hinter mir herriefen.

Ich ließ mich nicht aufhalten. An der Hauswand lehnte ein Fahrrad, auf das ich mich schwang. Nur weg. Ich fuhr auf die Straße und schon das erste Auto erwischte mich seitlich.

Wieder passte mein Schutzengel auf mich auf!

Mich erwischte das Fahrzeug auf der linken Seite, ich hatte zahlreiche Schnittwunden und meine linke Hand war siebenmal gebrochen, aber ich lebte noch immer.

Man brachte mich wieder einmal ins Krankenhaus. Aber dort blieb ich jetzt nicht lange. Nachdem meine Hand versorgt war, holte mich die Polizei im Krankenhaus ab. Die Beamten nahmen mich mit aufs Revier und erklärten meiner herbeigeeilten völlig aufgelösten Mutter, dass man mich ins Landeskrankenhaus bringen werde. Also sollte ich in die Klapsmühle.

Eine Zwangseinweisung ist aber gar nicht so einfach. Erst einmal braucht man zwei Ärzte, die unabhängig voneinander die Einweisung für notwendig halten. Und zweitens braucht man einen Richter, der diese Einweisung veranlasst. In meinem Fall erledigte sich das bald. Der Arzt im Krankenhaus, der mich auch schon in den vergangenen Tagen und Wochen behandelt hatte, unterschrieb sofort die Einweisung. Die zweite Unterschrift holte sich die Polizei von meinem Hausarzt.

Dazu begleiteten mich zwei Polizeibeamte, der eine rechts, der andere links von mir, durch den Wartesaal in die Praxis. Die Leute machten große Augen und hatten viel zu erzählen.

Im Untersuchungszimmer schien sich unser Hausarzt doch etwas schwerzutun, diese Einweisung als Zweiter zu unterschreiben. Er schaute mich an und fragte mich:

„Willst du denn wirklich dahin?"

„Ist mir doch egal", war meine Antwort.

Er stellte sich in den Türrahmen und unterschrieb als zweiter Arzt die Einweisung ins LKH.

Jetzt konnte es losgehen. Zum Richter brauchten wir nicht selber. Man musste sich nicht unbedingt persönlich vorstellen. Es war auch möglich, dass der Richter zunächst mit der Einweisung einverstanden war und sich dann innerhalb von 48 Stunden den eingewiesenen Menschen anhörte. Es ging also auch ohne Richter dem Landeskrankenhaus entgegen.

Die Anstalt war in einem großen Gebäude in einem Park untergebracht. Das LKH war voll, und jetzt war ich auch hier! Verrückte und weniger Verrückte, Alkoholiker, Suizidgefährdete und viele andere. Irgendwie toll!

Wir gingen die Treppe hinauf. Wieder ein Polizeibeamter rechts von mir und ein Polizeibeamter links von mir. Oben gingen wir auf eine große Tür zu, die sich plötzlich öffnete. Sie war von draußen weiß gestrichen und machte irgendwie einen neutralen Eindruck.

Aber jetzt sah ich, dass es eine dicke, undurchdringliche Stahltür war. Dahinter lag ein großer Raum. Krankenpfleger waren da und Aufsichtspersonen. Vor allem aber viele Kranke. Da sollte ich jetzt rein. Da wollte ich aber nicht mehr rein. Doch jetzt hatte ich keine Chance mehr. Ich wehrte mich und sie packten mich. Ich schrie, was ich schreien konnte.

Das war mein triumphaler Einzug ins Landeskrankenhaus.

Die Menschen im Zimmer beachteten mich indes kaum. Ein solches Theater beim Einzug kannten sie schon. So war das am Anfang immer. Das legte sich mit der Zeit. Die Tür schloss sich und ich saß hinter Panzerglas und Stahltür. Ich tobte, doch nicht lange. Sie zwangen mich auf das Bett und banden mir Hände und Füße am Bettgestell fest. Ich wurde wild. Ich war bereit, mich auseinanderreißen zu lassen, denn das ließ ich mir hier nicht gefallen.

Sie packten Schutzsäcke links und rechts an das Bettgestell, damit ich mich nicht verletzen konnte. Ich lag verzweifelt und gefesselt in erzwungener Ruhigstellung, sie gaben mir noch eine Spitze und ich schlief ein.

An die Vorstellung, hier wie entmündigt in der geschlossenen Abteilung zu liegen, musste ich mich erst einmal gewöhnen. Das hier war kein Zuckerschlecken. Das war die Härte. Und die harten Burschen von Krankenpflegern waren nicht von schlechten Eltern. Wenn ich nicht so wollte, wie ich sollte, gab es Zwangsmaßnahmen. Kein Wenn und kein Aber. Jetzt und gleich und hier. Zack, zack!

Bislang hatte ich mich nass rasiert. Hier durfte ich das nicht. Gemeinsam erhielten wir einen elektrischen Rasierapparat. Bislang hatte ich mit Messer und Gabel gegessen, aber hier durften wir das nicht. Hier aßen wir mit der Hand oder mit dem Löffel.

Die zivilisierte Welt hatte uns ausgegrenzt, hier war die kleine Vorstufe zur Hölle auf Erden! Na ja, ich wollte ja hierhin! Jetzt hatte ich die Möglichkeit, es zu genießen!

Wir hatten gemeinsam eine einzige Toilette und es stank immer fürchterlich. Es kam durchaus vor, dass der eine die Toilettenbrille beschmutzte, der andere unschön daneben zielte und der Dritte sich hier auch noch erbrach.

Ein älterer Herr konnte nichts bei sich behalten. Ganz gleich, wo er war, erledigte er sein Geschäft – einmal sogar bei mir am Bett. Ich lag da, war hilflos angebunden, und da er meine Zurückhaltung mehr oder weniger als Zustimmung ansah, wurde das Bett erst Stunden später abgezogen und gereinigt.

Nachts war oft Randale. Dann kamen die Neuen. Dabei handelte es sich meistens um Alkoholiker, die zu Hause getobt hatten und nun durch die Polizei in Verwahrung gebracht wurden. Das war immer ein Sondertheater und wir saßen dabei in der Loge. Für mich hatte das alles einen unheimlichen Wiedererkennungswert, ich kannte es schon von zu Hause. Was mich störte, war, dass ich hier war. Hier, unter den Alkoholikern, obwohl ich selbst keinen Alkohol trank. Hier bei den Verrückten, obwohl ich mich für total normal hielt.

Besuchen durfte man mich nur, wenn man eine Besuchererlaubnis hatte. Und nur meine Mutter und Maria kamen mich besuchen. Maria?

11

Maria war eines unserer Nachbarmädchen, dessen Vater der Gemeindedirektor in unserem Dorf war. Ein ganz hohes Tier. Ich kannte die Familie sehr gut. Sie hatten ein Auto und Geld. Alles, was ich so brauchte, um Kaninchenställe zu bauen oder Schweineställe zu reparieren, hatten die. Wir hatten kein Werkzeug, aber sie hatten genug davon. Ich bin immer wieder hingegangen und habe mir ausgeliehen, was ich gelegentlich so brauchte. Es war der Mutter von Maria nicht immer recht, weil sie mir nicht alles zutraute, oder besser gesagt, weil sie mir vieles zutraute! Wenn ich zum Beispiel eine Axt ausleihen wollte, musste ich meinen älteren Bruder holen. Sie war sehr misstrauisch.

Nicht misstrauisch, sondern in mich verliebt war ihre älteste Tochter Maria, das konnte ich deutlich spüren. Wenn wir am Sonntagnachmittag zur Andacht in die Kirche gingen, hielt sie sich immer neben mir. Und abends auf meinem Weg nach Hause sah ich sie des Öfteren hinter den Gardinen stehen und mir nachschauen.

Einmal hätte ich sie sogar mal fast geküsst. Aber wie das oft so ist – meine Unerfahrenheit hatte mir eins ausgewischt. Eines Tages wollte sie bei ihrem Onkel auf die kleinen Kinder aufpassen. Der Onkel wohnte eine Siedlungsstraße weiter. Zwischen ihrem Elternhaus und dem Haus des Onkels lag der Sportplatz. Ich wusste von ihrer Absicht und hatte mich rechtzeitig dort versteckt. Sie ging über die Straße. Ich mit ihr auf gleicher Höhe hinter den Tannen über den Sportplatz. Vorsicht, Vorsicht! Noch musste ich mich zurückhalten, denn ihre Mutter schaute ihr nach und passte auf, dass sie heil zum Onkel kam.

Als sie vor dem Haus angekommen war, verschwand die Mutter endlich und ich steuerte vom Sportplatz auf sie zu. Sie war zwar überrascht, mich so plötzlich auftauchen zu sehen, freute sich aber darüber. Sie strahlte. Ja, auch sie bewunderte mein Geschick, mit dem ich dieses Rendezvous erreicht hatte.

Sie musste um das Haus herum gehen, um durch den Hintereingang in die Wohnung zu kommen. Das passte gut. Als wir bei der Garage waren, blieb ich stehen und sie auch. Ich stellte mich an die Wand und nahm sie in die Arme. Ich wollte sie küssen, direkt auf den Mund, und sie mich bestimmt auch. Doch plötzlich drehte sie sich um und lief schnell ins Wohnhaus. Sie war weg und mit ihr meine Gelegenheit, sie zu küssen!

Ich hätte mich am liebsten … Wie konnte ich nur so blöd sein und mich mit dem Rücken an die Wand stellen und ihr den Rückzug freihalten. Hätte sie mit dem Rücken zur Wand gestanden, dann wäre sie mir nicht weggelaufen. Dieses Erlebnis war lehrreich für mich.

Ich bin ihr dann noch einmal deutlich nahegekommen, und zwar beim Spielen und Toben. Leider habe ich ihr dabei den Arm gebrochen. Aber das war wirklich absolut aus Versehen. Doch trotzdem hatten wir uns gern, auch mit Gipsarm.

Aber welch eine Zukunft hätte denn unsere Liebe? Ich wollte doch später Priester werden, da hatte sie eigentlich keine Chance.

Diese Maria besuchte mich im Landeskrankenhaus. Andere Freunde kamen nicht. Die besten Freunde blieben fern, wurden nicht mehr gesehen. Allen war ich alles gewesen, um wenigstens von einigen geliebt zu werden. Nun saß ich in der Klapsmühle, meine Freunde dagegen saßen in der warmen Wohnstube zu Hause. Sie fuhren in die Stadt, kauften Weihnachtsgeschenke, und ich schaute währenddessen durch Panzerglas einer geschlossenen Anstalt auf den Innenhof.

Bislang hatte ich – draußen – versucht, nicht anzuecken, und wollte jedermanns Freund sein. Ich wollte keinen Anlass zum Ärgernis geben und meinen Mitmenschen nützlich sein. Ich suchte eine Daseinsberechtigung. Bis jetzt war ich bereit gewesen, mich aufzugeben. Hauptsache, es gab Menschen, die mich mochten und schätzten. Ich tat, was sie wollten, und der Erfolg: Ich saß im Landeskrankenhaus, sie nicht! Das konnte es doch nicht, das durfte es doch nicht sein.

Nein, nie mehr sollte es in Zukunft so sein. Ab jetzt lebte ich mein eigenes Leben. Keinem wollte ich mehr dienen. Mich keinem mehr anbiedern. Ich wollte endlich sein, wie ich war, und wer mich dann akzeptierte, mochte mich wirklich. Wer nicht – auf den musste ich dann verzichten, den hätte ich auch sonst nicht als Freund auf meiner Seite gehabt.

Es ist ein zu hoher Preis, den du bezahlen musst, wenn du dir durch dein Verhalten Freunde erwerben willst. Lebe dich und sei wie du bist, du bist für viele ein Gewinn, wenn du „DU" bist und nicht eine Marionette. Meine Echtheit sollte ab jetzt mein Beitrag sein.

Diese Gedanken gingen mir ständig durch den Kopf. Ich wollte raus aus dem Landeskrankenhaus und ein neues Leben beginnen. Ich war bei meinen Selbstmordversuchen nicht gestorben, dafür aber war ein neuer Mensch in mir geboren worden.

Der Richter, der mich ohne Gespräch und Augenschein eingewiesen hatte, war immer noch nicht bei mir gewesen, obwohl es seine Pflicht gewesen wäre. Ich bestand darauf, dass er kam.

Drei Tage später war er da. In einem kleinen Besprechungszimmer saßen wir zusammen. Ich erzählte ihm einiges aus meinem Leben und wie sich die Sache mit dem Selbstmord entwickelt hatte. Ich erzählte ihm, dass ich ein neues Leben beginnen wollte. Ich bat ihn, die Zwangseinweisung aufzulösen. Und ein paar Tage später tat er es. Ich konnte nach Hause.

In der Heimat angekommen, begann tatsächlich mein neues Leben. Zuerst kündigte ich meinen Arbeitsplatz bei der Versicherung. Mit diesem Betrug war es ab jetzt für mich vorbei. Ich machte mich frei. Doch was sollte ich tun? Erst einmal wartete ich ab und suchte. Ich schaute mich um und informierte mich. Ich suchte nach Möglichkeiten – aber nach einer Möglichkeit, die mir gefiel.

Nie würde ich wieder etwas machen, das ich nicht zu hundert Prozent vertreten konnte und wollte. Meine Arbeit musste mit meiner Einstellung zum Leben übereinstimmen, anderes sollte es nicht mehr für mich geben.

Ich wollte wieder ins Ferienlager fahren. Aber ich wusste auch, dass das bestimmt sehr schwer werden würde. Wie sollten die Eltern einem wie mir, dem Kerl aus der Anstalt, ihre Kinder anvertrauen? Davor hatte ich Angst, aber eines stand für mich fest, wenn ich es jetzt nicht wagen würde, würde ich es nie wieder wagen. Meine Angst, dass sich niemand anmelden würde, würde bestimmt nicht vergehen, sondern sich stattdessen noch verstärken.

Meine guten Vorsätze und meine Überzeugung, einfach handeln zu müssen, trieben mich voran. Ich machte mich auf den Weg. Als erstes kaufte ich mir ein neues Auto. Ich fuhr an den Bodensee, denn hier war ich schon einmal mit meinem Vater gewesen, und hier suchte ich nach einem guten Platz für uns. Ich fand keinen.

Ich fuhr umher, genoss die wundervolle Gegend und übernachtete in einem Gasthaus in Oberreute im Allgäu. In der Gaststätte saßen vier Männer am Tisch und spielten Karten. Ich sprach sie an und fragte nach einer geeigneten Unterkunft für meine Jugendreise. Ein Herr schaute mich an und sagte: „Bei mir auf dem Hof könnt ihr wohnen." Am nächsten Morgen war ich auf seinen Hof und wir hatten die Unterkunft für unsere nächste Ferienfahrt gefunden! Hier sollte und konnte der Neubeginn stattfinden.

In den früheren Jahren hatte ich immer kleine Handzettel im Dorf verteilt und so Werbung für mein Ferienlager gemacht. Diesmal veröffentlichte ich den Termin und die weiteren Informationen in der Tagespresse.

Die Zeitungen hatten früher schon über meine Ferienlager berichtet und viele wussten davon. Bislang hatte ich keine Kinder aus den Nachbarorten mitgenommen, denn in erster Linie fühlte ich mich den Kindern unseres Dorfes verpflichtet, aber jetzt hoffte ich darauf, dass sich viele Kinder aus den Nachbardörfern melden würden. Sie taten es!

Ich hatte 98 Anmeldungen. Ich konnte ins Ferienlager fahren. Doch meine Gegner schliefen nicht. Während der Vorbereitungszeit haben viele versucht, dieses Ferienlager zu Fall zu bringen. Sogar am Abend vor der Abfahrt rief einer noch bei meiner Chefköchin an, um sie zu motivieren, nicht mit ins Ferienlager zu fahren. Ohne diese Kochfrau hätte ich gar nicht fahren können, aber sie hielt zu mir. Klasse! Und an dieser Stelle nochmals: Danke!

In den Sommerferien ging es los. Unser Urlaub in den Alpen, im wunderschönen Allgäu, war einfach nur Spitzenklasse. Die Kinder waren begeistert, ich war es auch. Das Einzugsgebiet, aus dem die Kinder kamen, war jetzt größer als zuvor. Und die Begeisterung über das tolle Ferienlager war in aller Munde. Das war die beste Werbung für mich.

Neider versuchten, noch etwas Negatives zu finden, aber die besten Beobachter waren die Eltern. Sie hörten sich genau an, was im Ferienlager veranstaltet werden sollte, sie informierten sich und erkundigten sich auch im Nachhinein, was und wie es tatsächlich gelaufen war. Sie hatten nichts auszusetzen und mit der Zeit genoss ich großes Vertrauen bei ihnen. Diese Jury wurde nicht mundtot gemacht!

Meine Fahrten wurden zu meinem Jungbrunnen. Nach und nach besuchte ich mit vielen Mädchen und Jungen ganz Deutschland und die Nachbarländer. Wir waren in der Schleswig-Holsteinischen Schweiz und in der Eifel, im Sauerland und im Schwarzwald, im Allgäu und über die Grenzen in Tirol, in Österreich.

Wir besuchten Kiel und Hamburg, Ahrweiler und Köln, Bonn und Koblenz, Freudenstadt und Freiburg, den Feldberg und den Titisee, die Triberger Wasserfälle und den Rheinfall zu Schaffhausen.

Wir besuchten mit unseren Jugendlichen den gigantischen Freizeitpark „Europapark Rust" und das Europäische Parlament in Straßburg, das Straßburger Münster und den quirligen Flughafen von Zürich.

Wir besuchten den Pilgerort Maria Laach in der Eifel und das fränkische Augustinerkloster im Wallfahrtsort Fährbrück. Besuchten die Zugspitze und erholten uns am Chiemsee. Besichtigten das Olympiastadion und die Liebfrauenkirche in München.

Auf dem Bodensee machten wir eine Dampferfahrt und auf der Insel Mainau erfreuten wir uns am Blumenmeer des Grafen Bernadotte. In Kufstein besuchten wir das Auracher Löchl, Österreichs ältestes Weinhaus in der Römerhofgasse, und in Tirols Hauptstadt Innsbruck die Olympiaschwimmhalle.

In Wien wanderten wir durch die wunderschöne Innenstadt und besuchten die großartige Domkirche, den Stephansdom. In Kitzbühel beobachten wir Drachenflieger, in Chamonix in Frankreich die Skifahrer und vom Montblanc aus hatten wir einen herrlichen Ausblick über die großartige Alpenwelt.

In Frankreich wohnten wir in einem Schloss an der Loire, an der Atlantikküste waren wir begeistert von dem Gezeitenkraftwerk von St. Malo und dem Klosterberg St. Michel. Paris konnten wir gar nicht wieder vergessen: Die gotische Kathedrale Notre Dame und das bunte Centre Pompidou begeisterten uns. Und auf dem Eiffelturm, hoch oben über allem, waren wir losgelöst von der beklemmenden Welt unserer Ängste.

Nebenbei organisierten wir Spiele und Wettkämpfe, Wanderungen, Badetage und Gottesdienste. Disco und Tanzabende gehörten ebenso zum Lagerleben wie Lagerolympiade und Lagerhochzeit, Playback und Tanzwettbewerb, Singleparty und Modenschau, Sportturniere und Shoppingtage.

Die Mädchen und Jungen verliebten sich oft und gerne und lernten so den Umgang mit ihren Gefühlen. Sie waren glücklich und zufrieden, traurig und enttäuscht. Sie erlebten, wie bestehende Freundschaften zerbrachen, und bauten neue auf. Sie waren vergnügt und aufgeschlossen. Sie lebten Gemeinschaft und lernten damit umzugehen, ohne sich selbst dabei aufzugeben. Sie sammelten Erfahrung und entdeckten bei sich Fähigkeiten, die sie bislang nicht kannten. Sie waren zufrieden und ich war es auch.

Es war mein Werk, es ist mein Leben. Doch es war

eine brotlose Kunst, wie mein späterer Schwiegervater sagte. Ich konnte nicht davon leben, es war mehr Hobby als Beruf.

12

Mein Leben ging weiter und längst hatte ich den Traum, Priester zu werden, aufgegeben. Ich kümmerte mich mehr um Maria. Manchmal weniger, manchmal mehr. Sie war mit mir nicht immer zufrieden. Denn oft wusste sie nicht, was ich wollte. Sie studierte mittlerweile Sozialpädagogik und ich fuhr sie des Öfteren besuchen. Mancher Besuch war erquicklich, mancher nicht. Es gab unterschiedliche Begegnungen und Empfindungen.

Im Sommer 1977 fuhr sie in den Urlaub. Sie hatte sich vorgenommen, Abstand von mir zu gewinnen, mehr Distanz und Übersicht zu erreichen. Am 14. August kam sie aus ihrem Urlaub zurück. Gemeinsam mit einigen meiner Schwestern saß sie am Abend in der „Turmstube", einer kleinen Gaststätte in unserem Dorf. Hier in dieser Kneipe traf ich sie. Welch ein Zufall.

Einen kurzen Augenblick später saßen wir alleine am Tisch, dann fuhren wir mit meinem Wagen gemeinsam weg. Einige Stunden später standen wir im Moor und küssten uns.

Wir kamen immer tiefer ins Gespräch. Sie erzählte von ihren und ich von meinen Gefühlen. Wir sprachen miteinander und ergänzten uns. Ich dachte wie schon so oft daran, wie es wohl wäre, wenn wir heiraten würden. Ich fragte sie:

„Wollen wir heiraten?"

Jetzt und sofort sollte es sein. Ohne Rücksicht auf Ungewisses, Unbekanntes, ohne Rückversicherung. Wir waren jung und jeder von uns hatte auf seine Weise schon viel erlebt. Wenn wir zusammenhalten würden, könnten wir es schaffen und bräuchten nicht untergehen. Wenn wir zueinander stehen würden, konnte uns letztendlich niemand etwas anhaben. Gemeinsam würden wir stark sein. Wir sollten es versuchen. Darüber hinaus waren wir davon überzeugt, dass wir in der Lage waren, uns gegenseitig das Leben verschönern zu können.

„Ja!"

Maria war einverstanden, ohne Wenn und Aber!

In dieser frühen Morgenstunde im Moor stand unser Beschluss fest!

Einige Stunden später holte ich sie von zu Hause ab und wir fuhren in die nahe gelegene Kreisstadt. Wir kauften uns Ringe, ließen das Datum eingravieren und steckten uns gegenseitig die Ringe auf. Wir waren verlobt. Es wusste keiner davon, meine Mutter nicht und auch nicht Marias Eltern, die ja meine Schwiegereltern werden sollten.

Gemeinsam besuchten wir nach dem symbolischen Anstecken der Ringe meine Tante, die in dieser Stadt wohnte. Unsere Freude war so groß, dass wir es einfach

jemandem sagen mussten. Die gute Tante war sehr überrascht, als wir ihr unsere Neuigkeit erzählten. Ungläubig
schaute sie uns an, wollte es zuerst nicht wahrhaben,
aber dann sah sie unsere Ringe und spürte unsere gute
Stimmung, da war sie überzeugt, stand auf und gratu-
lierte uns.

Nachdem wir mit ihr Tee getrunken hatten, ver-
abschiedeten wir uns und fuhren nach Haus. Maria und
ich hatten vereinbart, dass erst einmal jeder für sich es
seiner Familie sagen sollte. Am Nachmittag wollten wir
uns dann gegenseitig besuchen.

Zu Hause angekommen, setzte ich mich stolz aufs
Küchensofa und sagte:

„Mama, ich habe mich verlobt."

Na ja, warum nicht, mal was Neues. – Meine Mutter
wollte es ganz einfach nicht glauben. Schließlich merkte
sie doch, dass es mir ernst war. Sie schaute mich an und
fragte:

„Wer ist es?"

„Maria!"

„Maria?"

Sie schien zufrieden zu sein mit meiner Wahl und er-
mahnte mich mit den Worten:

„Herzlichen Glückwunsch, aber jetzt musst du arbeiten. Wer heiraten will, muss seine Frau ernähren können."

Am Nachmittag ging ich zu Maria rüber, sie hatte
eine schwerere Aufgabe übernommen als ich. Ihre Eltern
hatten bestimmt andere Pläne. Ganz gewiss war die Tat-

sache, dass ihre Eltern auf dem Standpunkt standen, dass Maria erst ihr Studium beenden sollte. Und ebenso gewiss war, dass ich, bevor wir überhaupt nur ans Heiraten denken konnten, zunächst einmal einen festen Arbeitsplatz vorweisen musste. So wie es jetzt war, damit waren sie nicht einverstanden. Und weil das nicht der Fall war, konnten und wollten sie einer Hochzeit in dieser Situation nicht zustimmen. Marias Großmutter, die auch bei ihr zu Hause wohnte, lehnte mich als Ehemann für die Enkeltochter strikt ab.

„Die Maria soll einen gesunden Mann haben. Und am besten: Du kommst gar nicht wieder hierher."

Es entwickelte sich in den nachfolgenden Tagen und Wochen so manches Wortgefecht. Wir wollten im Herbst heiraten, das kam aber überhaupt nicht in Frage. Immer wieder ging es um das Studium und immer wieder ging es um meinen Arbeitsplatz. Der Vater von Maria verbot uns zu heiraten und drohte, alles zu tun, was er tun konnte, um eine Hochzeit zu verhindern. Ich musste etwas tun, wir brauchten eine Lösung.

Während meiner Tätigkeit bei der Versicherung war ich sehr erfolgreich gewesen und das hatte sich in der Branche herumgesprochen. So hatten auch schon mal andere Versicherungsgesellschaften angefragt, ob ich nicht interessiert sei, bei ihnen zu arbeiten. Das machte ich mir jetzt zunutze. Ich bewarb mich bei einer großen Gesellschaft und erhielt einen festen Arbeitsplatz mit einem guten Garantiegehalt.

Ich hatte mir zuvor ja geschworen, nie wieder eine Versicherung zu verkaufen; und an diesen Schwur wollte ich mich auch halten. Auf der anderen Seite aber brauchte ich diesen Anstellungsvertrag als vorzeigbaren Beweis unserer Existenzfähigkeit. Nach der Hochzeit, so stand für mich fest, würde ich dieses Arbeitsverhältnis sofort wieder auflösen. Es brachte alles nichts. Trotz des ausgewiesenen Einkommens konnte ich Marias Eltern und vor allem ihre Oma nicht für die Hochzeit gewinnen.

Wir aber waren entschlossen, allen Widerständen zum Trotz zu heiraten. Maria hielt treu zu mir, und wenn wir konsequent zu unseren Plänen stehen würden, konnte letztlich niemand etwas dagegen unternehmen. Das einzige, was die Familie erreichte, war, dass wir nicht wie gewünscht im Herbst heirateten, sondern erst im Januar des nächsten Jahres. Also nur wenige Wochen später, als wir es im Moor für uns entschieden hatten.

Die Oma war böse und wollte ebenfalls nicht zur Hochzeitsfeier kommen. Sie zog es vor, an diesen Tagen ins Krankenhaus zu gehen, und wir feierten ohne sie. Viele Gäste waren gekommen und alle wünschten uns alles Gute. Das brauchten wir auch, mehr sogar, als wir es uns in diesem Augenblick vorstellen konnten.

Viele Mädchen und Jungen des letzten Ferienlagers waren zur Trauung gekommen und standen nach der Messe Spalier. Für sie alle gab es anschließend Kaffee und Kuchen. Mitten im Festsaal wurden für sie zusätzliche Tische und Stühle aufgestellt, und so feierten über hundert fröhliche Mädchen und Jungen mit uns unsere Hochzeit.

„Je weiter du dich vom Stamm entfernst, desto mehr Sonne bekommst du ab.“ Deshalb hatten wir uns in der nahe gelegenen Kreisstadt eine eigene Wohnung gemietet, dort zogen wir nach unserer Hochzeitsfeier ein. Den Hausrat bekamen wir überwiegend von unseren Eltern. Jetzt waren Maria und ich Mann und Frau. Wir konnten uns unser Leben selber gestalten. Auf jeden Fall wollten wir Kinder, aber zuerst musste Maria ihr Studium beenden und ich einen Job finden, den ich von ganzem Herzen und mit innerer Überzeugung ausfüllen konnte und wollte.

Wir lebten nun schon sechs Wochen zusammen und es fiel mir noch immer schwer, mich daran zu gewöhnen, dass da nachts jemand zusammen mit mir im Bett lag. Nach diesen sechs Wochen nahm Maria ihr Studium wieder auf und war somit mehrere Tage in der Woche nicht zu Hause. Jetzt allerdings wunderte ich mich, dass mir plötzlich etwas fehlte, wenn das Bett neben mir leer war. Man kann sich doch an alles gewöhnen – auch wenn man es noch gar nicht richtig bemerkt hat.

Ich organisierte erst einmal wieder mein nächstes Sommerlager. Meine Anstellung bei der Versicherung hatte ich zuvor schon aufgegeben, wie ich es ja ohnehin vorgehabt hatte. Dies hatte natürlich zur Folge, dass wir kein Einkommen mehr hatten und vom wenigen Ersparten leben mussten. Aber wie du weißt: *„Reich ist nicht der, der viel hat, sondern wenig gebraucht!“* Und wir brauchten nur sehr wenig. Ich glaube, wir gaben in der Woche keine 10 DM für unsere Ernährung aus!

Wir hatten eine kleine Wohnung mit großen Fenstern. Auf den Fensterbänken standen viele Blumen, die wir zur Hochzeit geschenkt bekommen hatten. Täglich mussten die Blumen gegossen werden, und da wir keine Gießkanne hatten, nutzte ich dafür ein Wasserglas.

An einem Nachmittag war ich im Kaufhaus und sah im großen Verkaufsraum eine LKW-Ladung kleiner Gießkannen mit langem Ausguss. Davon wollte ich uns eine kaufen.

Ich ging zur Bank, um mir das Geld vom Konto zu holen. Doch leider erhielt ich es nicht. Die Bank wollte mir nichts geben. Ich ging zum Stellwerk, denn dort arbeitete mein Bruder, und er war bereit, für mich bei der Bank zu bürgen. Gemeinsam standen wir wieder am Schalter meiner Hausbank, und jetzt langte ich richtig zu. 100 DM habe ich erhalten und war der reichste Mensch in der Stadt.

Dank der Bürgschaft meines Bruders konnte ich mir jetzt die kleine Gießkanne mit dem langen Ausguss kaufen. Ich tat es und hatte noch über 97 DM für den Lebensunterhalt. Damit kamen wir lange hin!

Im Sommer verbesserte sich die Situation ein ganz klein wenig. Maria machte ihr Staatsexamen und kam nach Hause zurück. In der Behindertenwerkstatt erhielt sie einen Arbeitsplatz als Praktikantin im Anerkennungsjahr. Dafür erhielt sie zwar nicht viel Geld, aber immerhin einige Hundert Mark. Und damit ließ sich schon etwas anfangen.

Dennoch, unser Geldbeutel wurde immer kleiner und zuletzt hatten wir gar nichts mehr, außer ein paar Münzen, die ich schon während meiner Lehrzeit gesammelt hatte. Wenn meine Schwiegereltern oder meine Mama uns besuchen kamen, brachten sie oft etwas Schinken, Butter, selbst gebackenes Brot und Kaffee mit.

Oft hungerten wir, ließen es uns aber nicht anmerken. Maria bekam ihr Mittagessen am Arbeitsplatz. Das war schon mal viel wert. Ich ernährte mich mal so oder mal so, mal hier und mal da. Einmal, ich kann mich daran noch sehr gut erinnern, kam ich zur Mittagszeit bei meinen Schwiegereltern zu Besuch. Sie aßen Kartoffeln, Rotkohl und Gulasch. Es roch wunderbar, und ich hätte gerne mitessen wollen.

Sie fragten mich, ob ich mitessen wollte, aber mein Stolz erschlug meinen Hunger. Ich behauptete, dass ich gerade gegessen hätte. Und so saßen sie da am Mittagstisch, über die dampfenden Teller gebeugt, und ich schaute zu! Nach dem Essen bekam der Hund die Reste. Kartoffeln, Rotkohl und Gulasch. Mein Schwiegervater mischte in seiner Schale alles kräftig durcheinander und dem Hund schmeckte es hervorragend. In diesem Augenblick hasste ich den Hund, diesen blöden Köter.

Tag für Tag ohne Arbeit. Tag für Tag ohne Aufgabe. Tag für Tag ohne Herausforderung. Ich hatte gar keinen Grund, morgens aufzustehen. Ich hatte nichts zu tun und Maria war nicht da. Also blieb ich oft bis zum frühen Nachmittag oder länger im Bett. Ich konnte mich so richtig müde schlafen.

Aber das gefiel mir nicht. Ich lud Jugendliche zu uns nach Hause ein, bald bildeten sich verschiedene Jugendgruppen, die regelmäßig kamen, die einen am Dienstag, die anderen am Donnerstag, und wieder andere am Sonntag. Wir tranken zusammen Tee oder Kaffee und aßen Kuchen, den sie selber mitbrachten, während ich für die Getränke sorgte.

Oft aßen wir am Abend Rosinenbrot mit Honig. Das backte für uns einmal die Woche die Mutter eines Jungen, der uns mit der Gruppe besuchte. Eine unheimlich gute Verpflegung, dieses große Rosinenbrot, hin und wieder mit Marmelade und Käse. Etwas Besseres gibt es nicht! Dazu Filterkaffee ohne Milch und ohne Zucker. Das war in dieser Zeit unsere Nahrung, und wir waren schlank und gesund. Glaube mir, heute sehne ich mich manchmal nach dieser Zeit zurück!

Im Sommer 1978 starb während unseres Ferienlagers in 24-Höfe in Loßburg im Schwarzwald Papst Paul VI. in Castel Gandolfo. Nach dem kürzesten Konklave in der Geschichte des Vatikans wurde Papst Johannes Paul I. – von 111 Wählern am ersten Tag im dritten Wahlgang – gewählt. Dieser Papst begleitete allerdings auch eines der kürzesten Pontifikate der Kirchengeschichte, es dauerte nur 33 Tage, dann wurde er tot in seinem Bett aufgefunden.

Am 16. Oktober desselben Jahres wurde wieder ein Papst gewählt. Wir saßen, meine Jugendgruppe und ich, an diesem Nachmittag bei mir zu Hause. Gemeinsam schauten wir uns die Fernsehübertragung der neuerlichen Papstwahl an. Johannes Paul II. hieß der neue Heilige Vater, ein Pole, zuvor noch Kardinal Karol Józef Wojtyła.

Angesteckt durch den feierlichen Augenblick und angerührt von der gütigen Erscheinung des neuen Papstes, kamen wir auf den Gedanken, ihm einen Brief zu schreiben. Wir wollten ihm zu seiner Wahl gratulieren und ihm für die Zeit seines Pontifikats alles Gute wünschen.

Wir schrieben diesen Brief. Abschließend stellten wir in kindlicher Naivität die Frage, ob es möglich sei, ihn, den Papst in Rom zu besuchen. Diese Frage sollte etwas in Bewegung setzen, was weder einer von uns noch irgendein anderer Mensch auf dieser Welt für möglich gehalten hätte.

13

Im Frühjahr 1979 hatte Maria eine freudige Überraschung für mich: Sie war in guten Umständen. Wir erwarteten ein Kind, unser erstes Kind. Unsere Freude darüber war riesengroß. Für uns stand fest: Dieses Kind würde unser Lebensinhalt werden.

Die Schwangerschaft verlief normal und Maria war sehr zufrieden. An den Abenden strickte sie kleine Jäckchen und häkelte ein schönes Taufkleid mit über 40.000 Maschen. Wir wussten nur nicht, welchen Namen wir unserem Kind geben sollten, aber wir waren uns sicher, dass wir ihn sofort wüssten, wenn wir das Kind sehen würden. Da konnten wir ruhig abwarten.

Nachts träumte ich von einem Baby, das schon laufen konnte und pechschwarze Haare hatte, es war ein Junge. Als er durch die Tür ins Schlafzimmer kam, sagte ich ganz erstaunt: „Philipp." – „Philipp?" erwiderte mein Traumsohn und schien ganz enttäuscht zu sein. Ich war traurig, denn ich wollte ihn nicht verletzen. Offensichtlich blieb ich – was den Namen des Kindes betraf – doch nicht so gleichmütig, wie ich dachte.

Eine Köchin, die schon seit Jahren mit uns ins Ferienlager fuhr, schenkte uns eine schöne Kinderwiege, aus Wieden geflochten und mit Seidenstoff durchzogen. Die kleinen Schleifchen – blau und rosa – konnte man austauschen, je nachdem, ob es ein Junge oder ein Mädchen wurde.

Seit Anfang des Jahres war ich dabei, unser nächstes Ferienlager vorzubereiten. Es ging nach Schwoich in Tirol in Österreich. Die Teilnehmer hatten sich dafür bereits fest angemeldet, als ich einen Brief aus Rom erhielt. Das Staatssekretariat des Vatikans bedankte sich im Namen des Heiligen Vaters für die Glückwünsche und lud uns ein, den neuen Papst in Rom zu besuchen. Wir waren überrascht und total begeistert. Ja, keine Frage – das wollten wir tun. Aber wann? In diesem Jahr ging es nicht mehr, in diesem Jahr fuhren wir nach Österreich, aber im nächsten Jahr sollte es nach Italien gehen!

Jetzt wollten wir erst einmal unser Sommerferienlager in Tirol durchführen und dann musste ja auch schon bald unser Kind geboren werden.

Anfang November wurde Marias Bruder bei einem Verkehrsunfall, an dem er völlig unschuldig war, schwer verletzt. Es war nicht garantiert, dass er diese Verletzung überleben würde. Wir waren schockiert, doch er erholte sich langsam und die Anspannung wich.

Am 27. November 1979 besuchte ich meinen Schwager im Krankenhaus und wollte anschließend zu meiner Jugendgruppe fahren. Doch ich tat etwas ganz anderes. Etwas, das ich sonst nie tat, und ich tat es, ohne zu wissen, warum ich es tat.

Normalerweise wäre ich vom Krankenhaus aus direkt weitergefahren. Aber heute kam es mir in den Sinn, erst einmal in unserer Wohnung vorbeizuschauen, um zu sehen, ob Maria schon da war und wie es ihr ging.

Maria war da. Sie lag im Schlafzimmer vor dem Bett. Sie krümmte sich vor Schmerzen. Es sah nicht gut aus. Ich wollte sie sofort ins Krankenhaus bringen, aber sie wollte nicht.

„Lass nur, lass mich hier. Die Schmerzen werden bestimmt gleich wieder weggehen."

Aber sie gingen nicht weg, Maria litt unsagbar. Ich konnte es nicht länger ertragen, trug sie zum Auto und raste zum nahe gelegenen Krankenhaus.

Es war 17.10 Uhr, wenig später waren wir im Kreißsaal. Der Arzt konnte trotz Ultraschall kein Lebens-
zeichen unseres ungeborenen Kindes mehr feststellen.
Sie wollten es durch einen Kaiserschnitt holen. Ich
musste den Raum verlassen und vor der Tür warten.

Während ich dort wartete, kam eine Schwester aus
dem OP und ich sah, wie ein Arzt, der ebenfalls aus
dem OP gekommen war, mit der Schwester sprach. Ich
konnte das Gespräch nicht verfolgen, hörte aber die
Worte „Schock" und „Lunge". Ich verstand es nicht,
konnte es auch nicht einordnen, und es war mir, da ich
den Zusammenhang ohnehin nicht zu deuten wusste,
auch egal.

Hoffentlich erhielt ich bald Nachricht. Wie sah es
wohl aus? Nach – wie mir schien – endlosem Warten,
öffnete sich die Tür. Die Hebamme holte mich in den
Vorraum des Kreißsaals. Durch eine große Scheibe
konnte ich Maria sehen, sie schlief jetzt nach der Nar-
kose.

„Es wäre eine Junge geworden", sagte die Hebamme
zu mir.

„Was heißt hier, wäre geworden? Wo ist mein Kind?"
Sie legte mir meinen Sohn in den Arm.

Er war tot.

Ich stellte mich an den Wickeltisch und zog meinen
lieben, kleinen Jungen an. Windeln und ein kleines
Hemdchen, ein schönes Jäckchen und ein dickes Tuch.
Ich meinte, dass er sich bewegte, aber es stimmte nicht.

Ich gab ihm den Namen „Thomas-Maria" und weihte ihn der Gottesmutter. Meine Frau schlief, ich war bei unserem toten Jungen.

Ich rief meine Mutter an. Die konnte es nicht glauben, meine Schwiegereltern auch nicht. Sie eilten zum Krankenhaus und ich zeigte ihnen unseren Sohn. Er wog über sechs Pfund und hatte dunkle Haut. Er machte einen zufriedenen und lieben Eindruck, ein so süßer Fratz. Aber wir durften ihn nicht behalten.

Wie waren wir glücklich gewesen, wie hatten wir uns auf unser Kind gefreut.

Es sollte unser Lebensinhalt werden und jetzt war alles dahin, er würde nie weinen, nie lachen, sich nie in unseren Armen kuscheln, nie unsere Liebe erfahren, nie mehr bei uns sein. Wir durften nie über ihn traurig oder erfreut sein, er begab sich sofort wieder in die Hände seines Schöpfers zurück.

Seine Vollendung hatte schon vor der Geburt stattgefunden und vielleicht hatte er so den besten Teil der Welt erfahren.

Die Hebamme machte mir den Vorschlag, den Jungen einem anderen Verstorbenen im Sarg beizulegen. Gemeinsam mit diesem verstorbenen Menschen würde er dann irgendwo beerdigt werden. Ich war entsetzt – nein, nur das nicht, das wollte ich nicht. Auf keinen Fall.

Wir hatten zwar kein Geld, aber ich wollte später wissen, wo unser Junge begraben lag. Ich stand auf dem Standpunkt, dass er ein Recht auf eine eigene Beerdigung und ein eigenes Fleckchen Erde habe. Das war leider das Einzige, was ich für ihn tun konnte.

Gemeinsam mit meiner Frau wollte ich später zumindest das Grab aufsuchen können. Ich sagte der Hebamme: „Nein, ich werde selber für die Beerdigung sorgen."

Am selben Abend noch ging ich zum Beerdigungsinstitut und bestellte die Beisetzung. Auch fuhr ich zum Pastor, der mich schon von jeher kannte. Meine Mutter hatte mir den Vorschlag gemacht, den kleinen weißen Kindersarg auf dem Sarg meines Vaters beizusetzen. Der Pastor war damit einverstanden.

Die Beerdigung wurde für Samstag nach der Werktagsmesse festgelegt. Es war heute Dienstagabend. Die Nacht verbrachte ich in unserer Wohnung, am nächsten Morgen fuhr ich zur Werktagsmesse und anschließend zur Leichenhalle. Unser Thomas war schon da. Ein kleiner weißer Sarg umhüllte seinen zarten, durchsichtigen Körper. Blumen und Kerzen waren aufgebaut, und auf dem Sarg lag ein kleines Blumengesteck. Auf der Schleife stand sein Name „Thomas-Maria – Ruhe in Frieden".

Ich stand da, war traurig und still. Ein Spruch ging mir durch den Kopf: *„Gott gibt nicht mehr als du kannst zu tragen, gibt auch im dunkelsten Dunkel Licht. Was auch die Tage des Leids zerschlagen, mehr als sie sollen, zerschlagen sie nicht."*

Aber was sollte nun schon wieder zerschlagen werden? War in meinem jungen Leben nicht schon genug zerschlagen worden? Ich verstand es nicht.

Einige Stunden später war ich wieder im Krankenhaus. Der Arzt auf der Intensivstation empfing mich freundlich und sagte mir, dass es meiner Frau gut gehe. Er machte mir den Vorschlag, ihr zur Zerstreuung etwas aus der Zeitung vorzulesen.

Ich ging zu ihr und wir sprachen über das Kind. Ich erzählte ihr von der geplanten Beerdigung und der Grabstelle im Schoße meines Vaters. Sie war mit allem einverstanden. Sie war sehr tapfer. Ich glaube, sie hat nicht einmal geweint. Ihr Schmerz saß viel tiefer, zu tief, um überhaupt weinen zu können. Auch ihre Eltern, meine Mutter und ihre Schwester besuchten sie. Am nächsten Tag sollte sie von der Intensivstation in ein normales Zimmer verlegt werden. Heute war Mittwoch.

Am nächsten Morgen rief ich, bevor ich zum Gottesdienst ging, im Krankenhaus an, um mich zu erkundigen, wie es meiner Frau gehe. Die Schwester der Intensivstation fragte, wann ich denn kommen wolle. Ich sagte ihr, dass ich erst zur Messe gehen wolle. Sie meinte, es wäre vielleicht besser, doch sofort zum Krankenhaus zu kommen.

Ich hatte ein eigenartiges Gefühl. Etwas stimmte nicht. Ich fuhr sofort zum Krankenhaus. Ein Arzt empfing mich auf der Intensivstation. Schaute mich bedeutungsvoll an.

„Es gibt Schwierigkeiten. Der Hb-Wert Ihrer Frau ist in der Nacht erheblich gefallen. Eine schwierige Situation, wir machen uns Sorgen."

Schon seit Stunden bekam Maria Blutübertragungen. Sie war bewusstlos. Trotz der Blutübertragung stieg der ominöse Hb-Wert nicht an. Die Ärzte vermuteten, dass es mit der Gebärmutter zusammenhänge. Sie wollten Maria operieren.

Ich unterschrieb den Operationsschein. „Uterusentfernung" stand auf dem Papier, und das bedeutete klipp und klar, dass wir nie mehr Kinder haben würden. Aber wir wünschten uns doch noch so viele – und nun das Ende?

Wir hatten beide von einem Haus voller Kinder geträumt, und jetzt diese Katastrophe. Es blieb mir keine andere Wahl, entweder Maria ohne Kinder oder eventuell irgendwann Kinder mit einer anderen Frau, aber ohne Maria. Ich habe unterschrieben.

Auf dem Weg zum OP-Saal ging ich neben ihrem Rollbett. Ich hielt ihre Hand. Sie machte plötzlich die Augen auf und begann zu weinen. Ich wollte sie trösten, aber ich wusste nicht, wie. Gerne hätte ich in diesem Augenblick selber geweint, aber das durfte ich jetzt nicht.

Als Maria im OP war, rief ich ihre Eltern und meine Mutter an. Ihre Eltern kamen und saßen mit mir vor dem OP-Zimmer. Es dauerte Stunden der Sorge, der Angst, der dumpfen Ohnmacht, viel länger, als wir gedacht hatten. Doch dann kam endlich der Arzt.

„Freuen Sie sich. Das, was wir befürchtet haben, trifft nicht zu, Ihre Frau kommt gleich."

Ach, wie schwer war der Stein, der uns vom Herzen fiel. Da hatte Maria, hatten wir alle noch einmal großes Glück gehabt.

Doch Maria kam nicht. Der Arzt hatte uns nur die halbe Wahrheit gesagt. Ja, es stimmte, die Gebärmutter hatte nichts mit dem niedrigen Hb-Wert zu tun und brauchte deshalb auch nicht operativ entfernt werden. Es war die Lunge, die gefährdet war. Erst nach Stunden kam Maria auf die Intensivstation zurück. Ihr Zustand war sehr ernst.

„Die Lunge!" Ich erinnerte mich an die Worte des Arztes an die Schwester, am Abend der Geburt. Niemand hatte diese Sache weiter verfolgt. Aber meine Frau hatte bei der Geburt von Thomas einen Lungenschock erlitten. Lungenschock – medizinisch auch ARDS abgekürzt, „Acute Respiratory Distress Syndrome". Dabei handelt es sich um einen akuten Entzündungsprozess des Lungengewebes, bei dem die Lunge ihre Fähigkeit zum Gasaustausch weitgehend verliert.

ARDS entwickelt sich durch einen Schock, der durch Verletzung, Blutvergiftung oder auch infolge starken Blutverlustes eintreten kann. Ebenso können verschiedene Krankheiten das plötzliche Lungenversagen verursachen.

Jetzt lag Maria da und bekam unentwegt Blutübertragungen, zuerst Frischblut und dann Blutplasma. Ihr Zustand verbesserte sich nicht. Es war schlimm. Sehr schlimm. Wäre es zu verhindern gewesen? Ich wusste es damals nicht und ich weiß es auch heute noch nicht. Nur eines wusste ich: Ich wollte meine Frau behalten.

Am Nachmittag kam Maria erneut in den OP. Ihr Zustand verschlechterte sich von Stunde zu Stunde.

„Sie können nichts tun, fahren Sie nach Hause, Sie werden Ihre Kräfte noch brauchen. Wir rufen Sie an, wenn es notwendig wird. Ihre Frau merkt nicht, dass Sie hier sind. Fahren Sie nach Hause."

Mit diesen Worten konnte ich das Krankenhaus verlassen. Es war Donnerstagabend. Ich fuhr nach Hause und fand bei mir einen Brief von einem jungen Freund. Er schrieb mir voller Sorge, dass er große Angst ausstand, dass seine Freundin vielleicht ein Kind von ihm bekomme. Die beiden waren noch sehr jung. Ich dachte: „Wie unterschiedlich ist doch diese Welt." Wir hatten ein Kind verloren und hätten es gerne behalten – dort befürchtete man, dass man eines bekommen könnte.

Am Freitagmorgen fuhr ich gleich wieder ins Krankenhaus. Maria ging es unverändert schlecht. Der Arzt erklärte mir den Zustand wie folgt:

„Der Hb-Wert ihrer Frau ist sehr gering, zu gering, um die Blutübertragung einstellen zu können. Würden wir die Blutübertragung zu diesem Zeitpunkt beenden, würde ihre Frau das nicht überstehen. Können wir die Übertragung aber nicht rechtzeitig beenden, werden sehr bald beide Lungenflügel nicht mehr funktionstüchtig sein."

Er zeigte mir zwei Röntgenbilder der Lunge. Die eine Lungenhälfte war ganz schwarz und geschlossen, die andere oben noch ungefähr eine Handbreit offen.

„Wir haben noch 24 Stunden!"

Das hieß, meine Frau würde, wenn kein Wunder geschah, höchstens noch 24 Stunden leben. Ich rief ihre Eltern an. Sie kamen sofort und der Arzt erklärte auch ihnen die Situation

Am Mittag fuhr ich nach Hause. Ich dachte an einen Priester, denn ich wollte nicht, dass Maria ohne geistlichen Beistand sterben würde. Die Sterbesakramente sollte sie empfangen. Dafür wollte ich noch sorgen. Ich fuhr zum Krankenhaus zurück. Der Schwester trug ich meine Bitte vor. Sie sagte mir, dass bereits ein Priester verständigt worden sei und Maria in den Mittagsstunden die Sterbesakramente empfangen habe. Sie hatten mir nichts davon gesagt. Ich hätte dabei sein wollen und empfand das Verhalten als unverschämt, schwieg aber.

Ich saß bei Maria am Bett. Während des ganzen Nachmittags.

Am anderen Tag war die Beerdigung des Jungen. Sie hatte ihn gar nicht gesehen. War wirklich alles vorbei? Das sollte es gewesen sein? Mutter und Sohn auf dem Friedhof.

Der Arzt kam zu mir und meinte, ich solle doch erst einmal für ein paar Stunden nach Hause fahren, mich erholen und dann später wiederkommen. Das wollte ich dann auch.

Auf dem Weg vom Krankenhaus nach Hause kam ich an einer Sargfabrik vorbei und blieb dort mit meinem Wagen in der Einfahrt stehen. Die Tränen rollten mir über das Gesicht und mir kam das Lied „Zu Bethlehem geboren, ist uns ein Kindelein" in den Kopf. In dreieinhalb Wochen war Weihnachten.

Dort stand ich nun und die Tränen rannen mir nur so übers Gesicht. Was sollte ich tun? Es durfte nicht sein. Maria durfte nicht sterben. Maria war noch so jung. Ihr Leben lag noch vor ihr und meines auch. Ich wollte nicht wieder alleine sein. Ich hatte alles getan und durchgestanden, aber was konnte ich jetzt noch tun? Oh, Maria hilf!

Plötzlich kam mir ein Gedanke. Ich kannte einen renommierten Professor in Münster, der dort an der Universitätsklinik arbeitete. Er kam aus demselben Dorf wie Maria und ich. Ich kannte nur seinen Namen, mehr kannte ich nicht. Aber es sollte reichen! Den wollte ich anrufen. Ihm wollte ich alles erzählen. Vielleicht konnte er mir helfen. Ich fuhr zu meiner Mutter. Von hier aus telefonierte ich nach Münster.

Stell dir vor, unglaublich, aber der Professor war zu Hause und meldete sich am Telefon. Gott sei Dank! Ich erzählte ihm von den Anfängen unseres Dramas. Er sagte, er würde einen anderen Arzt anrufen und der würde dann gleich zurückrufen. Ich gab ihm die Telefonnummer meiner Schwiegereltern und lief dorthin. Meine Schwiegereltern saßen im Wohnzimmer, zusammen mit der Großmutter, die bis zu diesem Zeitpunkt noch immer nichts von mir wissen wollte, und den Geschwistern von Maria.

Auf dem Tisch brannte eine Kerze. Das Telefon klingelte. Ich nahm den Hörer ab und meldete mich. Auf der anderen Seite war der Chefarzt der Uni-Frauenklinik Münster. Ich erzählte ihm alles, was ich von dem Verlauf der Krankheit mitbekommen hatte. Von dem Augenblick, wo ich Maria im Schlafzimmer fand, bis zu diesem, in dem wir miteinander telefonierten. Auch erzählte ich ihm, dass ich schon am Abend der Geburt des Kindes etwas von einem Lungenschock gehört hatte.

Er sagte mir, dass ich unbedingt dafür sorgen solle, dass meine Frau in die Uni-Klinik verlegt werde, und fügte hinzu:

„Was bei Ihnen ein Seltenheitsfall ist, ist bei uns oftmals Routine. Das erhöht die Chance für Ihre Frau."

Ich versprach, meine Frau zu bringen, und ich bedankte mich. Es war 19.10 Uhr. Meine Schwiegereltern, die Großmutter und meine Schwager und meine Schwägerin hatten alles mitbekommen. Wir schauten uns an. Keiner sagte etwas. Ich machte mich auf den Weg.

Um 19.50 Uhr war ich im Krankenhaus. Dem diensthabenden Arzt der Intensivstation sagte ich, dass ich möchte, dass meine Frau sofort in die Uni-Klinik nach Münster verlegt werden solle. 120 Kilometer entfernt, vielleicht zwei Stunden Fahrzeit.

Ich erzählte ihm auch, dass ich mit Spezialisten in Münster gesprochen hätte und was die mir gesagt hätten. Marias Arzt war verärgert über meine Aktion, fühlte sich hintergangen, nicht ernst genommen.

„Denken Sie, wir sind Versager? Die kleinen Krankenhäuser hier rundherum sind doch schließlich genauso existenzberechtigt wie eine Uni-Klinik in Münster. Was bilden Sie sich bloß ein? Können wir denn hier gar nichts?", schrie er mich an.

Es war mir egal, was er meinte, ob und wie Recht er hatte, im Allgemeinen. Im Besonderen wollte ich nur, dass Maria sofort in die Uni-Klinik verlegt wird.

Die Auseinandersetzung mit dem Arzt auf der Intensivstation ging weiter, zum Ende sagte er mir, dass er gar nicht zuständig sei und er die Verlegung nicht anordnen könne. Ich rief den Chefarzt der Gynäkologie. Der meinte, die Chirurgen seien zuständig, und die meinten, das müssten die Anästhesisten beurteilen und entscheiden.

Schließlich saß ich als 26-jähriger junger Ehemann, Vater eines verstorbenen Sohnes und Ehemann einer todkranken Frau auf der Intensivstation, und mir gegenüber saßen neun Ärzte, Gynäkologen, Chirurgen und Anästhesisten. Keiner wollte einer Verlegung zustimmen. Zuletzt sagte ich ihnen, dass ich sie verklagen werde, wenn Maria stürbe. Und dass ich mich am Sonntag während des Gottesdienstes laut melden und davon erzählen werde, was hier heute Abend gelaufen sei. Ich würde nicht schweigen. Ich hatte nichts mehr zu verlieren, aber meine Ärzte.

Sie hatten mich gefragt, was ich mir wohl einbilde, aber diese Frage stellte ich ihnen auch. Mit welchen Göttern der Selbstgefälligkeit hatte ich es hier zu tun? Ich wollte, dass meine Frau in die Uni-Klinik nach Münster verlegt würde, und sonst gar nichts. War das wirklich zu viel verlangt? War es für die Ärzte dieses relativ kleinen Krankenhauses wirklich eine persönliche Niederlage, dass ein junger Ehemann um das Leben seiner jungen Ehefrau kämpfte? Musste man diesen völlig aufgelösten und hilflosen Ehemann nicht eher unterstützen, als ihn aus falscher Eitelkeit zu ignorieren? Hatten die Ärzte in diesem Moment dem jungen Ehepaar, das gerade ihr erstes Kind verloren hatten, gegenüber nicht eine heilige Verpflichtung? War denn alles egal in diesem christlichen Krankenhaus? Musste sich in diesen schweren Stunden auch noch der Egoismus in bigotter Selbstherrlichkeit suhlen?

Um 23.20 Uhr erklärte sich gnädigerweise einer der Ärzte bereit, zumindest mit dem Chefarzt in der Uni-Klinik in Münster zu telefonieren. Als er von diesem Gespräch zurückkam, sagte er zu seinen Kollegen:

„Ja, der Chefarzt in Münster sieht noch eine Chance."

„Dann bereiten Sie für den Transport alles vor."

Endlich bewegte sich etwas. Die Mauer aus Arroganz, Ablehnung und Ignoranz war eingestürzt.

Einen Hubschrauber konnten wir nicht bekommen, es

regnete und stürmte zu heftig. Um 0.10 Uhr wurde Maria in den Notarztwagen getragen und die lange Fahrt nach Münster zur Uni-Klinik begann. Ich konnte im Krankenwagen nicht mitfahren und fuhr deshalb mit meinem Auto hinter dem Krankenwagen her. Mein Schwager, meine Schwägerin und eine meiner Schwestern fuhren mit mir. Sie waren mir gefolgt und hatten nun stundenlang draußen vor dem Krankenhaus gewartet.

Die ganzen Auseinandersetzungen, die Ängste und die Suche nach einer lebensrettenden Lösung hatten mir stark zugesetzt. Ich hatte starke Kopfschmerzen und konnte das vorausfahrende Blaulicht nicht mehr vertragen. Ich fuhr dicht hinter dem Krankenwagen her. Die Sonnenblende meines Wagens war nach unten geklappt, aber auf der Haube spiegelte sich das Blaulicht wider. Daran orientierte ich mich. Ich konnte den Kopf kaum noch hochhalten.

Plötzlich fuhr der Krankenwagen langsamer. Warum denn, warum? Was war passiert, so kurz vor dem Ziel? Ich dachte, jetzt ist es vorbei. Ich betete zu Gott. Wenn es denn sein muss, wenn es wirklich dein Wille ist, dann lass Maria sterben, ja, ich bin einverstanden. Aber bitte nicht auf der Autobahn. Ich hörte es schon in meinen Ohren: „Du wolltest ja unbedingt, dass Maria zur Uni-Klinik kommt. Vielleicht wäre sie ja noch gesund geworden, aber der lange Transport war einfach zu viel!" Mach, was du willst, es ist sowieso verkehrt!

Aber der Weg war noch nicht zu Ende, der Krankenwagen nahm wieder Fahrt auf. In den frühen Morgenstunden kamen wir an der Uni-Klinik an. Mehrere Ärzte erwarteten uns bereits in der Eingangshalle. Einer sagte vorwurfsvoll zu mir:

„Sie kommen ja auch in der letzten Minute!"

Er hatte keine Ahnung!

Maria kam in die Intensivklinik und ich konnte wieder nach Hause fahren. In wenigen Stunden sollte die Beisetzung unseres kleinen Jungen sein.

Am Grab betete der Priester für unseren verstorbenen Sohn, für die Angehörigen des Kindes und für die sterbende Mutter des Kindes. Ich hockte am Grab. Vieles ging mir durch den Kopf. Vor vielen Jahren hatte ich mich mit meinem Vater geprügelt und ihm dabei mein Knie in den Bauch gerammt. Jetzt legte ich ihm meinen Sohn in den Arm und auf den Bauch. Ich fühlte mich einsam und allein. Und wieder ging mir ein Spruch durch den Kopf:

„In unseren dunkelsten Stunden kann niemand tröstend hinein. Sie müssen einsam getragen und ausgelitten sein. Und auch die liebste Seele muss an der Schwelle stehen, weil unsere dunkelsten Stunden in Gottes Hände gehen."

Meine Mutter stand neben mir, meine Schwiegereltern auch, ebenso die Oma, die Urgroßmutter meines Kindes. Ständig sagte sie: „Maria darf nicht sterben, Maria darf nicht sterben."

Maria starb nicht!

Nach fachgerechter Behandlung in der Intensivklinik von Münster kam sie nach Hause zurück. Ich hatte meine Frau wieder, von nun an entwickelte sich das Verhältnis zur Oma zum Positiven. Das Leben ging weiter, so hart es auch war.

14

Ich nahm die Vorbereitung des nächsten Ferienlagers auf. Gerne wollte ich mit den Jugendlichen nach Italien fahren und Rom und den Papst im Vatikan besuchen. Aber wie sollte ich das schaffen? Es war eine so weite Strecke und wo sollten wir schlafen und wohnen? Zudem war es dort heißer als in Tirol oder im Schwarzwald.

Blindäugig und voller Vertrauen machte ich mich ans Werk. Ich musste nur anfangen, der richtige Weg würde sich dann wohl unter die Füße schieben. Irgendwie würden wir schon eine Lösung finden. Vorausgesetzt, es gab überhaupt eine. Wer nicht wagt, der nicht gewinnt.

Ich war voller Hoffnung, denn es war für mich eine einmalige Herausforderung, den Heiligen Vater in Rom zu besuchen – und das mit meinen Mädchen und Jungen. Es musste klappen.

„Wer von einer Hoffnung erfüllt sein kann, bei dem kann sich Hoffnung erfüllen." Das hatte ich nun schon einige Male erlebt.

In Rom war zu dieser Zeit eine Priesterkonferenz. Das wusste ich aus der Zeitung. Ich dachte bei mir: Da sind doch bestimmt Priester dabei, die uns wohl helfen könnten und auch wohl helfen wollen.

Ich bat einen mir gut bekannten Priester, der obendrein auch noch sehr gut Italienisch sprach, für mich in Rom anzurufen. Er rief in Rom bei einer vatikanischen Auskunftsadresse an. Der Priester am anderen Ende sprach Deutsch und so wurde mir der Hörer gereicht. Dem jungen, Deutsch sprechenden Pater am anderen Ende erzählte ich, dass wir – vom Heiligen Stuhl ermuntert und eingeladen – nun den Papst in Rom besuchen möchten und für etwa hundertachtzig Kinder eine Unterkunft in der Nähe von Rom suchten. Es dürfe durchaus eine primitive Unterkunft sein. Hauptsache in der Nähe von Rom. Um die Verpflegung würden wir uns selber kümmern.

Der junge Pater sagte erst einmal gar nichts. Doch dann war er ganz bei der Sache, als erstaune ihn das gar nicht weiter.

„Aber sicher, aber ja, natürlich …"

Er trug es den Priestern in Rom vor und hängte meine Anschrift an das Schwarze Brett. Da hing nun mein Name, irgendwo in Rom am Schwarzen Brett. Über 400 Theologen war mein Anliegen vorgetragen worden. Irgendetwas sollte wohl geschehen. Ich hoffte auf eine Reaktion.

Und die kam prompt.

Ein Priester aus einer Pfarrgemeinde im Schatten der Kathedrale San Cesareo im latinischen Terracina zwischen Rom und Neapel meldete sich bei mir.

„Wir sind gerade dabei, ein Jugendheim zu erstellen. Wenn es sich zurzeit auch noch im Rohbau befindet, so würde es Ihnen im Sommer doch genügend Herberge bieten können. Ich lade Sie ein, uns besuchen zu kommen."

Der Anfang war gemacht. Der Versuch, Hilfe in Rom zu finden, war erfolgreich gewesen. Jetzt war es notwendig, sich diese Unterkunft anzusehen. Ich plante einen Flug nach Rom. Aber wie konnte ich mich mit diesem Priester in Terracina verständigen? Auch hatte ich den Wunsch, schon bei dieser ersten Erkundungsreise den Papst zu sehen.

Ich wusste, dass an jedem Mittwoch, der ein Werktag ist, der Heilige Vater die vielen Gläubigen in einer Generalaudienz empfängt. Dafür aber benötigte man eine Audienzkarte. Wie und woher bekam ich die? Ich rief im Germanicum, dem schon im 16. Jahrhundert von Jesuiten insbesondere für deutsche Studierende gegründeten Kolleg in Rom, an.

In diesem Haus wohnen noch heute in einer Lern- und „Lebensgemeinschaft" 60 bis 100 Kollegmitglieder, Studierende, die dazu besonders ausgewählt werden und sich nicht von sich aus bewerben können.

Tatsächlich erklärte sich ein junger Diakon bereit, unserer kleinen Vorbereitungsgruppe in Rom behilflich zu sein. Er reservierte für uns ein Zimmer in der Pension, bestellte beim Vatikan Audienzkarten und sagte dem Priester in Terracina Bescheid, dass wir kommen würden.

Am Montag, den 21. Januar 1980, flogen wir, mein Schwager, ein Bekannter von uns und ich, von Düsseldorf mit dem Charterflug nach Rom. Es war mein erster Flug nach Rom und er war wunderschön. Über den Wolken flogen wir und waren beeindruckt vom unendlichen Horizont, der sich vor uns auftat.

Im Rom landeten wir auf dem Flughafen Leonardo da Vinci und fuhren mit dem Taxi zur Pension. Dort trafen wir uns wenig später mit dem Diakon aus dem Germanicum.

Noch am selben Abend fuhren wir mit seinem Auto nach Terracina, wo man uns schon erwartete. Hier lernten wir den Priester Don Amedeo Passeri kennen. Er hatte den gesamten Pfarrgemeinderat zu sich eingeladen und wir wurden herzlichst empfangen. Seine Mutter hatte ein festliches Menü für uns vorbereitet und wir mussten essen, bis uns der Bauch schmerzte.

Ich erzählte von meinen Ferienlagern der vergangen Jahre und berichtete über meine Pläne in diesem Jahr. Mein größter Wunsch sei der Besuch beim Heiligen Vater. Aber Italien hatte uns noch viel mehr zu bieten. Wir konnten die Ewige Stadt Rom besuchen, wir konnten nach Montecassino und zum Vesuv nach Pompeji, nach Tivoli und Neapel, nach Capri und Frascati, dem bekannten Weinort südlich von Rom, und zum Sommersitz des Papstes nach Castel Gandolfo, um uns schließlich am Mittelmeerstrand auszutoben.

Wir waren in Terracina so zentral, dass wir zu allen Seiten die schönsten Ausflugsziele hatten. Das Mittelmeer war vom Jugendheim knapp 300 Meter entfernt. Der weiße Sandstrand des sanften Küstenbogens zwischen Monte Circeo und Gaeta war 17 km lang und die Sonne schien garantiert.

Hierhin zu fahren, lohnte sich bestimmt. Wir schauten uns das Jugendheim an. Don Amedeo zeigte uns seine kleine Kirche. Sie glich vom außen mehr einem Schafstall. Aber er hatte sie gemeinsam mit seinen Pfarrangehörigen gebaut und innen wunderschön gestaltet. Es war sein Werk.

Er war ein Priester, der den schwarzen Rock und den weißen Römerkragen der Priester, aber auch den Maureranzug trug und mit einer Kelle umzugehen wusste. Er holte mit dem Kleinbus die Kinder aus den Wohnsiedlungen zum katechetischen Unterricht zusammen. Nach dem Unterricht brachte er sie wieder nach Hause. Er war bekannt und angesehen in seiner Stadt. Er nahm seine Aufgaben sehr ernst und erfüllte sie mit so viel Liebe und Hingabe, dass es eine Freude war, ihm zu begegnen. Er verkörperte für mich den „Guten Hirten".

Das Jugendheim war größer, als ich es mir gedacht hatte. Hier passten bestimmt auch 200 Kinder hinein. Ich fragte ihn, ob wir auch in einer so großen Anzahl anreisen dürften, wie hier wohnen könnten. Er stimmte zu. Ich war begeistert, die Kinder würden es auch sein. Spät in der Nacht fuhren wir nach Rom zurück.

Einen Vertrag mit der Pfarrgemeinde brauchten wir nicht. Das Wort von Don Amedeo und die Zustimmung des Pfarrgemeinderates waren Garanten für die Einhaltung unserer Absprachen. In der Nacht lag ich noch lange wach auf meinem Bett und konnte nicht schlafen. Ich konnte es kaum glauben, was wir da erreicht hatten.

Am nächsten Morgen wollten wir den Vatikan aufsuchen und den Petersdom besichtigen. Und natürlich wollte ich zum Papst. Martina, ein Mädchen, das mit uns im Ferienlager 1979 in Österreich gewesen war, litt unter Leukämie. Diese junge Teilnehmerin wollte so gerne in diesem Jahr mit uns nach Rom fahren. Ich hatte ihr versprochen, dem Papst von ihr zu erzählen und ihn zu bitten, für sie zu beten. Dieses Versprechen wollte ich nun einlösen.

Zwar hatten wir Audienzkarten für die Generalaudienz am Mittwochmorgen, aber da würden ja bestimmt Tausende sein und ich hätte bestimmt keine Chance, den Papst persönlich zu sprechen. Also wollte ich das schon heute versuchen. Solche Gedanken konnte nur jemand haben, der die Tragweite seiner Gedanken gar nicht erkannte. Ich war eben unerfahren, naiv.

Im Petersdom betete ich, in meinem Tiefsten war ich davon überzeugt, dass ich nie wieder hierher kommen würde. Also wollte ich die Einmaligkeit meines Besuchs ausgiebig nutzen. Natürlich war da ja der feste Plan, im Sommer mit den Jugendlichen hierher zu kommen. Was aber, wenn etwas schiefgehen würde und es nicht dazu kommen konnte? Jetzt war ich hier, jetzt musste ich es genießen, vielleicht gäbe es kein zweites Mal.

Dann machte ich mich auf, den Papst zu besuchen. Sollte es klappen, bräuchte ich für die Ungläubigen daheim einen Beweis. Ich schaute mir Postkarten an, auf denen der Papst abgebildet war. Das wäre doch eine Möglichkeit. Ich würde eine Postkarte kaufen und der Papst würde sie mir gewiss signieren, ein heiliges Autogramm sozusagen als Beweis.

Aber je länger ich darüber nachdachte, desto weniger gefiel mir dieser Gedanke. Vielleicht würde ich zufällig ein Foto vom Papst aussuchen, das ihm persönlich vielleicht nicht so gefallen würde. Dann könnte es passieren, dass ich seine Gefühle verletzte. Das wollte ich nicht. Besser kein Risiko eingehen, dachte ich mir. Ich ging zum Bronzetor, die offizielle Eingangspforte zum Apostolischen Palast des Vatikans, die legendäre „Portone di Bronzo" aus dem 17. Jahrhundert.

Mein Schwager und mein Bekannter, die an einen Erfolg ohnehin nicht glaubten, blieben beim Brunnen sitzen. Wie immer seit über 500 Jahren hielt auch hier und jetzt die Schweizer Garde Wache und keiner konnte ungesehen an ihr vorbei in den Vatikan kommen. „Halt!" ertönte es laut und harsch, als ich die Treppe hochkam und vor dem Gardisten in seiner dunkelblauen Alltagsuniform stand. Er erkundigte sich, was mein Anliegen sei.

„Ich möchte zum Papst!"

„Was möchten Sie denn vom Papst?"

Das wollte ich ihm nicht sagen. Das wusste ich ja eigentlich selber nicht. Zum einen waren da die Sache mit dem kranken Mädchen und mein Versprechen, zum anderen wollte ich einfach mal hin. Ein anderer Gardist kam hinzu und fragte mich ebenfalls, welches Anliegen ich hätte. Auch ihm erzählte ich, dass ich gerne zum Papst wollte. Er hatte dafür Verständnis. Es schien mir, dass er schon seltsamere Sonderfälle bearbeitet hatte. Meine Wenigkeit nahm er gelassen, wie eine vertraute, nur wenig lästige Litanei der Neugierigen. Er machte mir einen Vorschlag:

„Gehen Sie am besten zu Ihrem Priester und tragen ihm Ihr Anliegen vor. Wenn dieser es für nötig hält, gehen Sie dann mit Ihrem Priester zu Ihrem Bischof und tragen es gemeinsam dem Bischof vor. Ist auch der Bischof von Ihrem Anliegen überzeugt, tragen sie es Ihrem Kardinal vor und mit ihm kommen Sie dann hierher. Sie werden dann eine gute Chance haben, den Heiligen Vater sprechen zu können."

Es war ein guter Rat, aber ich konnte damit nichts anfangen. Wenn ich diesen Weg gehen würde, käme ich niemals zum Papst.

Mein erster Versuch war also gescheitert. Aber deswegen würde ich nicht aufgeben. Ich versuchte es am nächsten Tor. Aber auch ohne Erfolg. Dann ging ich zur Schweizer Garde und behauptete, ich wolle zum deutschen Friedhof.

Dieser Campo Santo Teutonico ist zunächst ein Friedhof für Deutschsprachige. Er liegt auf dem Gelände, wo sich vor knapp 2000 Jahren der Circus des Nero befand, also dort, wo wahrscheinlich der Apostel Petrus zu Tode kam. Heute ist der Campo Santo Teutonico eine Enklave innerhalb der Vatikanischen Mauern, südlich von Sankt Peter, zwischen Sankt Peter und der Audienzhalle. Er liegt links neben der Peterskirche.

Wenn ich mich nun aber auf dem Weg zum Santo Teutonico verlaufen und heimlich rechts gehen würde, würde ich in die Vatikanischen Gärten kommen. Da machte der Papst, das hatte ich gelesen und damit spekulierte ich denn auch, oftmals seine Spaziergänge. Dort würde ich ihn dann vielleicht treffen können. Gedacht, getan. Ich bewegte mich zum Campo Santo Teutonico, doch ich ging rechts anstatt links und kam so in die Vatikanischen Gärten.

Niemand war zu sehen, und so schaute ich voller innerer Unruhe, ob von irgendwoher jemand auftauchte. Plötzlich rief mich einer an:

„Halt!"

Ich blieb stehen. Er kam auf mich zu und forderte von mir die Legitimation.

„Legitimation!"

„Legitimation!"

Ein böser und wütender Sicherheitsbeamter fauchte mich an. Einen Berechtigungsschein hatte ich natürlich nicht. Deshalb versuchte ich, ihn gnädig zu stimmen. Ich zeigte ihm meinen deutschen Personalausweis. Den aber wollte er nicht sehen. Er wollte meine Legitimation sehen. Das ging leider nicht. Zu früh gefreut – ich wurde verhaftet.

Jetzt saß ich im Verwaltungsgebäude des Vatikans und durfte gar nichts mehr. Meine Personalien wurden überprüft und die Identität wurde festgestellt; mein Wunsch, den Papst sehen zu wollen, interessierte hier niemanden. Die Verständigung war kompliziert – ich sprach kein vernünftiges Wort Italienisch.

Man holte einen Priester, der beide Sprachen konnte – meine und ihre. Ihm erzählte ich meine Wünsche und sagte, dass meine Freunde draußen auf dem Petersplatz warteten. Sie wurden aufgesucht und befragt. Dann entschloss man sich, mich wieder freizulassen und brachte mich mit einer 4-Mann-Bewachung zum Petersplatz zurück.

Meine Papstaktion war wohl endgültig gescheitert.

Am Abend setzte ich mich hin und schrieb dem Heiligen Vater einen Brief und vermerkte auf dem Umschlag „sopra il sacra tavola". Mit diesem Vermerk konnte ich sicher sein, dass mein Brief auf den Tisch des Heiligen Vaters kam, auf die „sacra tavola", die heilige Tafel.

In diesem Brief erzählte ich von dem kranken Mädchen und dass wir im Sommer mit 200 Jugendlichen nach Rom kommen wollten. Ich bat ihn, uns dann zu empfangen. Diesen Brief steckte ich ein und wollte ihn, wenn sich die Gelegenheit bot, dem Heiligen Vater während der Generalaudienz am nächsten Tag geben.

Mit unserer Audienzkarte konnten wir an der Mittwochsaudienz teilnehmen. Nun standen wir hier in der großen Halle, links hinter den Kolonnaden des Petersplatzes. Das Bauwerk wurde von Papst Paul VI. in Auftrag gegeben, und seit der Fertigstellung im Jahre 1971 bietet die „Aula delle Udienze Pontificie" Platz für 12.000 Gläubige. Bei schlechtem Wetter, in der kalten Jahreszeit und im heißen Sommer finden hier vor allem die Generalaudienzen statt.

Wie befürchtet, hatten sich an diesem Tag mehr als 12.000 Menschen eingefunden. Wir drei standen ganz oben (ganz hinten), hinten links in der Ecke. Bis zum Sitzplatz des Papstes waren es bestimmt noch 150 Meter. Mit dem Papst ins Gespräch zu kommen, war nicht möglich. Ist doch klar, oder? Es war zu weit! Er wäre bestimmt interessiert gewesen, aber sie wollten mich ja gestern nicht vorlassen.

Irgendwie war ich zu weit weg vom Geschehen. Ich versuchte, weiter nach vorne zu kommen, und landete schließlich wenigstens in der Mitte der Halle und stand direkt an der Absperrung zum Mittelgang. Welch günstigen Platz ich durch mein stetiges Bemühen, aber dennoch zufällig erwischt hatte, bemerkte ich erst später. Hinten standen mein Schwager und mein Bekannter.

Sie hatten das Spiel „Wer nicht wagt, der nicht gewinnt" nicht mitgemacht und die nötige Energie nicht aufgebracht. Sie waren davon überzeugt, dass das alles nichts bringen würde.

An dieser Stelle sage ich dir: „Je ahnungsloser du bist, desto größer und einfacher ist deine Entscheidungsfreude! Dummheit fördert die Entscheidungsfreude!" Diese Entscheidung aus dem Gefühl meines Lebens heraus hat mein Leben grundlegend verändert. Glaube mir, deine Gefühle sind mit das wichtigste, was du hast, sie beraten dich und sie sind oftmals intelligenter als dein Kopf! Höre auf das, was in dir entsteht, und du wirst niemals untergehen!

Wie wäre mein Leben wohl verlaufen, wenn ich diesen Weg nicht gegangen wäre? Aber ich traf die Entscheidung, diesen angeblich aussichtslosen Weg nach vorne zu gehen. Es taten sich mir zwei Möglichkeiten, ja, zwei Wege auf. Ich konnte auf den ausgetretenen Pfaden stehen bleiben und aus der Ferne zuschauen, oder meinen, einen scheinbar hoffnungslosen Weg beschreiten. *Wer von einer Hoffnung erfüllt sein kann, bei dem kann sich Hoffnung erfüllen.* Ich entschied mich für den Weg, der weniger betreten war, und mein Leben veränderte sich nachhaltig.

Die Entscheidung, nach vorne zu gehen, kam nicht aus meinem Kopf, sondern aus meinem Bauch. Sie entstand in meiner Sehnsucht, die stärker war als jeder Verstand.

Plötzlich öffnete sich am Ende des Mittelganges der Vorhang und die Leute begannen zu klatschen und zu jubeln. Aber es war ein Fehlstart, der Papst kam noch nicht. Es kam etwas anderes! Es wurden kleine Podeste in den Gang gerollt und in gewissen Abständen auf dem Boden befestigt. Direkt vor mir stand ebenfalls ein solches Podest. Ich hätte es berühren können. Drei kleine Stufen führten hinauf und oben war eine kleine Plattform. Ich dachte, wenn der Papst darauf steigt, dann kriege ich ihn!

Und tatsächlich, der Heilige Vater zog mit seinem Gefolge ein. Leibwächter, Ordnungskräfte, Fotografen, Kameraleute, Sekretäre, Bischöfe und Kardinäle. Die Menge geriet außer sich, klatschte frenetisch.

Der Papst wandte sich direkt an die Besucher und zog nicht unnahbar vorbei. Er reichte den Besuchern, die an der Absperrung zum Mittelgang standen, die Hand. Er begrüßte und segnete sie. Immer wieder ging er einige Schritte zurück und begrüßte die Menschen, auch auf der anderen Seite des Mittelganges. Immer wieder stieg er die drei Stufen auf die Podeste hoch und segnete von dort aus alle. Die Menschen waren begeistert. Der Papst des Jahrtausends stand vor ihnen.

Dann war es soweit. Der Heilige Vater bestieg das Podest, das direkt vor mir stand, um die Gläubigen in den weiteren Reihen zu grüßen und zu segnen. Jetzt oder nie, dachte ich und nahm meinen ganzen Mut zusammen.

Als der Heilige Vater das Podest verließ, rief ich: „Heiliger Vater!"

Und er wandte sich mir zu, schaute mich an und kam zu mir. Er nahm meine rechte Hand und hielt sie mit seinen beiden Händen fest.

Ich begann zu weinen, und er neigte sich und umarmte mich. Ich wollte ihm etwas von Martina erzählen und von unserem Thomas und Maria. Aber irgendwie schaffte ich das nicht. Ich wollte ihm erzählen, dass ich im Sommer mit den Jugendlichen kommen wollte, aber auch das schaffte ich nicht. Nichts Gewöhnliches klappte in dieser für mich so außergewöhnlichen Stunde. Ich wollte etwas sagen, aber der Heilige Vater sagte zu mir:

„Kommen Sie heute Nachmittag zu mir."

Dann gab der Papst seinem Sekretär ein Zeichen und der kam zu mir. Das löste die Starre in mir und nahm den Bann von mir.

Ich erzählte dem Sekretär des Papstes, dass Martina schwer krank sei und dass ich im Sommer mit einer großen Jugendgruppe nach Rom kommen wolle. Ich gab Don Stanisław den Brief, den ich für den Heiligen Vater geschrieben hatte. Er fragte mich auf Deutsch, wann ich Rom wieder verlassen werde. Ich sagte ihm, dass ich am nächsten Tag wieder abfliegen müsse.

„Dann kommen Sie heute um 17 Uhr zum Bronzetor."

Ich sagte: „Da war ich schon, die wollen mich nicht reinlassen. Bitte schreiben Sie es mir auf."

Ich hatte noch den Umschlag, in dem die Audienzkarten gewesen waren, in der Tasche (Bild 1). Den gab ich ihm und er schrieb es auf:

„17.00 Uhr, Portone di Bronzo. Don Stanisław Dziwisz."

Der Papst und sein Gefolge zogen weiter, der Sekretär hinterher. Die Menge war außer sich und raste. Und ich setzte mich total erschöpft auf meinen Stuhl. Von dem anschließenden Trubel bekam ich nicht mehr viel mit. Heute Nachmittag würde ich dem Papst begegnen. Ich war ganz still und ganz aufgeregt. Ich konnte es gar nicht begreifen.

Nach der Generalaudienz gingen wir zur Pension zurück. Meine Begleiter konnten nicht fassen, was geschehen war. Es war wie ein Märchen, sanft und unwirklich.

Aber: Es war kein Märchen!

Ich zog mich um und überlegte, was ich dem Heiligen Vater alles erzählen und sagen wollte. Ein großes Poster, das die Lagerteilnehmer vor ihrer Unterkunft in Tirol zeigte, rollte ich zusammen und nahm es mit. Das wollte ich dem Heiligen Vater zeigen und ihn gleichzeitig fragen, ob er die vielen Mädchen und Jungen im Sommer empfangen würde.

Es wurde 17.00 Uhr und ich stand vor dem Bronzo Portone. Als ich die Treppe hinaufging, hörte ich wieder die Stimme des Gardisten. „Halt!" Ich blieb stehen und reichte ihm den Briefumschlag, auf dem Don Stanisław geschrieben hatte.

Er schlug die Hacken zusammen und salutierte. Ich durfte eintreten. Ein weiterer Gardist brachte mich die Treppe hinauf. Ein Liftboy begleitete mich weiter nach oben.

Dort auf dem Flur stand Don Stanisław. Er begrüßte mich freundlich wie einen Bekannten und sagte mir, dass der Heilige Vater mich gleich empfangen würde. „Nehmen Sie einen Augenblick Platz, es wird nicht mehr lange dauern."

Da saß ich nun mitten im Vatikanpalast, im päpstlichen „Appartamento", auf einer schwarzen Holzbank. Ich hatte völlig verschwitzte Finger und versuchte unentwegt, sie mir an der Hose abzutrocknen. Aber das klappte nicht, ich war zu aufgeregt.

Don Stanisław kam zurück. Gemeinsam gingen wir den Flur entlang und kamen zu einer Tür, die von einem Gardisten bewacht wurde. Auch dieser Gardist schlug die Hacken zusammen und stand stramm. Die Tür wurde geöffnet. Ich ging hinein.

Ich war im Büro des Papstes und der Nachfolger von Petrus stand mir gegenüber. Es war für mich, wie die leibliche Aufnahme in den Himmel.

Der Heilige Vater kam auf mich zu und gab mir die eine Hand, die andere legte er auf meine Schulter.

„Herzlich willkommen, wie geht es Ihnen?", sagte er zu mir auf Deutsch. „Ich habe alles gelesen."

Dann nahm er mich mit zu seinem Schreibtisch. Hier lagen zwei Briefumschläge, die er mir jetzt gab.

Ich wusste nicht, ob ich sie hier jetzt gleich öffnen sollte oder nicht. Was war jetzt richtig? Zurückhaltung oder Interesse. Ich hielt mich zurück.

Ich rollte das Poster aus und zeigte es dem Heiligen Vater. Er schaute es sich an und fragte:

„Ist das Ihre Gruppe?"

„Ja, und wir kommen in diesem Jahr im Sommer nach Rom. Würden Sie die Gruppe empfangen?"

„Ja", sagte der Heilige Vater ganz schlicht und klar. „Melden Sie sich, wenn Sie da sind."

Er stand vor mir, seine linke Hand lag auf meiner rechten Schulter, mit seiner rechten Hand segnete er mich. Ich wollte mich hinknien, aber das wollte der Papst nicht haben. Der Heilige Vater segnete mich, meine Frau Maria und unseren lieben Sohn Thomas-Maria, der schon „im Paradiese ist".

Don Stanisław brachte mich wieder zum Liftboy, den Rest des Weges ging ich allein. Als ich die Stufen des Bronzetors verlassen hatte, setzte ich mich hinter einer Säule der Kolonnaden und sank in mich zusammen.

Ich war so angespannt gewesen, dass ich kaum etwas sagen konnte. Nicht einmal die Hälfte von dem, was ich dem Heiligen Vater sagen wollte, hatte ich erzählt; nicht, weil dazu keine Möglichkeit bestanden hätte, nein, ich hatte überhaupt nicht mehr daran gedacht. Jetzt fiel mir alles wieder ein, doch jetzt war es zu spät.

Ich schaute in die Briefumschläge. Der Papst hatte sie mir in die Hand gegeben und gesagt:

„Für Sie und für das kranke Mädchen."

In dem Umschlag befand sich jeweils ein Rosenkranz und bei Martina zusätzlich ein Muttergottesbild, auf das der Papst einen Segensgruß geschrieben hatte. Auch in meinem Umschlag war ein Rosenkranz mit einem Kreuz als originale Abbildung seines Hirtenstabes. Zusätzlich war ein Foto des Papstes dabei (Bild 2), auf das er geschrieben hatte: „Cum benedizione Joannes Paul PP II. 23.01.1980." Ich war erfüllt und überglücklich.

Mein Schwager und mein Bekannter warteten schon auf mich beim Obelisken und waren völlig verblüfft über das, was ich ihnen zu erzählen hatte.

Am Donnerstag flogen wir nach Hause. Als Erstes besuchte ich Martina und brachte ihr das Geschenk vom Heiligen Vater. Sie freute sich sehr, aber leider war es eine ihrer letzten großen Freuden. Sie starb wenige Tage später. Ich war sehr froh, dass ich mein Versprechen noch hatte halten können!

Die Frage, wie wir im Sommer mit den Kindern nach Rom bzw. Terracina kommen sollten, war immer noch nicht geklärt. Ich fuhr zur Generalvertretung der Bundesbahn und wir erhielten einen Sonderzug. Jetzt war es so weit. Ich konnte die Fahrt bekannt geben und Anmeldungen entgegennehmen. Am Tag der Anmeldungen stand das Telefon nicht mehr still. Seinen ersten Zusammenbruch erfuhr das Gerät schon gegen 10 Uhr vormittags. Die Post meinte anschließend, ein Telefon sei ja auch keine Waschmaschine.

Es meldeten sich viel mehr Kinder an, als ich ursprünglich mitnehmen wollte. Aber ich wollte mich bemühen, denn dem einen zu sagen: „Du kommst mit" und dem anderen zu sagen: „Du musst zu Hause bleiben", das konnte ich nicht. Ich würde schon einen Weg finden, dass alle mitfahren konnten.

15

Während der Vorbereitungszeit für die Romfahrt lernte ich den Vater eines Teilnehmers kennen, der als Beamter im Gefängnis des Nachbarortes tätig war. Er ermunterte mich, mich doch dort zu bewerben.

Das tat ich. Es kam zu einem Vorstellungsgespräch beim Anstaltsleiter. Ihm erzählte ich, was ich so machte. Er wollte sich in den nächsten Tagen wieder bei mir melden, was er aber nicht tat. Stattdessen bekam ich einen Anruf vom Geschäftsführer eines großen Vereins, der sich ausschließlich für Strafgefangene einsetzte. Er fragte mich, ob ich Interesse hätte, in einem Jugendzentrum als Jugendpfleger zu arbeiten. Natürlich hatte ich Interesse. Das war immer mein Traum gewesen. Ich bewarb mich und bekam die Stelle im Rahmen einer AB-Maßnahme.

Das Jugendzentrum lag auf dem Gelände der Justizvollzugsanstalt und bestand aus einem großen alten Bauernhaus und einer angebauten Wagenremise. Der Verein

„Jugend- und Freizeitzentrum", JFZ, und der „Verein für Kriminalpädagogische Praxis", VfKP, hatten dieses ehemalige landwirtschaftliche Gebäude in mühevoller Kleinarbeit vor etwa drei Jahren zu einem Jugendzentrum umgebaut.

Der eine Verein engagierte sich in der freien Jugendarbeit und der andere bemühte sich um Resozialisierung. Beide hatten sich in diesem Projekt zusammengeschlossen und wollten hier gleichzeitig ihre Ziele verfolgen. Die Jugendlichen sollten und wollten das Zentrum selber verwalten.

Mit großem Interesse wurde dieses einmalige Projekt in der Bundesrepublik Deutschland beobachtet. Zur Eröffnungsfeier war viel Prominenz gekommen, sogar der damalige Bundesjustizminister Hans-Jochen Vogel war anwesend. Eine große Sache.

Doch so blieb es nicht lange. Die Vorstellungen der Justiz konnten mit den Vorstellungen der Jugendlichen, die das Haus betrieben, kaum vereinbart werden. Immer wieder kam es zu Spannungen. Letztlich durften die Strafgefangenen nicht mehr kommen. Auch ließen die Eltern in der Stadt ihre Kinder nur ungern in dieses Jugendzentrum gehen. Sie befürchteten, dass die Strafgefangenen schlechten Einfluss auf ihr Kind nehmen könnten. Oder schlimmer, dass ein Gefangener mit der Tochter gar ein Techtelmechtel anfing. Die Sorgen waren berechtigt. Ein gemeinsames Programm war äußerst schwierig.

Zu diesen Schwierigkeiten kam noch, dass der Verein JFZ auch von vielen politisch links orientierten Jugendlichen betrieben wurde – und das in einer Kreisstadt, die überwiegend schwarz war. Im katholischen Oldenburger Münsterland. Hier hatte die CDU das Sagen.

So kam es automatisch zu erheblichen Spannungen. Nach zwei Jahren wurde das Jugendzentrum geschlossen. Es sollte erst wieder geöffnet werden, wenn ein hauptamtlicher Jugendpfleger eingestellt würde. Dies aber lehnten wiederum die Jugendlichen strikt ab, auch wenn sie letztendlich keine andere Chance hatten, ihr Jugendzentrum wieder zu öffnen. Sie fühlten sich in ihrer Selbstverwaltung erheblich beschnitten.

Der neue Jugendpfleger war ich. Was mich in diesem Jugendzentrum erwartete, wusste ich nicht. Ich ahnte es nicht einmal. Während meiner Lehrzeit war ich als ganz normales Parteimitglied in die CDU eingetreten. Die Jugendlichen aber sahen in mir einen verlängerten Arm der CDU ihrer Stadt. Dieses war ich nicht und würde es auch nie sein. Aber wie sollten diese jungen Leute das wissen? Ich wollte mit ihnen kämpfen und auf ihrer Seite sein. Meine Erfahrungen und meine Kraft einbringen.

Gemeinsam mit ihnen unser Jugendzentrum „Gulfhaus" zum Erfolg führen, das war mein Ziel. Voraussetzung war natürlich, dass ich bedingungslos zu den Jugendlichen hielt. Dass ich das auf jeden Fall tun würde, konnten die jungen Leute freilich nicht wissen und sich auch nicht vorstellen. Sie waren in den vergangenen Jahren zu oft in ihrem Vertrauen enttäuscht worden.

Obwohl die Jugendlichen mich als Jugendpfleger ablehnten, wollten wir versuchen, zusammenzuarbeiten. Der Betrieb des Hauses wurde wieder aufgenommen. Fachschaften und Referate wurden neu gegründet. Am Freitagabend gab es wieder den Workshop und am Samstagabend Livemusik. Am Sonntagnachmittag wurde der Jugendtanz wieder angeboten und für den Montagnachmittag die Filmvorführung beschlossen. Am Montag um 19 Uhr gab es in jeder Woche die Besuchervollversammlung. Hierhin konnte jeder kommen, der wollte, seine Meinung sagen und seine Ideen einbringen. Hier wurde auch der Arbeitsplan der Woche erstellt und Kritik am Verhalten oder Vorgehen des einen oder anderen geübt.

Es war sehr interessant, sehr anstrengend, oft verletzend, aber sehr ehrlich. So manch einer hätte sich hier ein Stück Ehrlichkeit abschneiden können.

In den ersten Wochen meiner Arbeit beschnupperten wir uns und jede Seite versuchte sich zu orientieren. Wir lebten auf Distanz und jeder versuchte seine Arbeit so gut wie möglich zu verrichten. Doch die Zeit rückte näher, in der es notwendig war zu klären, wer denn nun wirklich die Verantwortung für den wirtschaftlichen Betrieb des Hauses zu tragen hatte.

Das Jugendzentrum hatte einen gastronomischen Betrieb, der Umsatz war aufgrund der vielen und großen Veranstaltungen beträchtlich. Von diesen Einnahmen lebte das Haus, auch mein Gehalt sollte später davon noch bezahlt werden. Der VfKP, der mich eingestellt hatte, bestand darauf, dass ich die Verantwortung für den Betrieb übernahm und regelmäßig eine Abrechnung vorlegte. Ich sollte für einen reibungslosen Ablauf und für die notwendigen Steuererklärungen sorgen. Dafür war ich zwar nicht eingestellt worden, aber die Funktionäre des Vereins hatten sich das so ausgedacht.

Der Verein JFZ lehnte diese Vorstellung kategorisch ab. Dadurch würden sie in ihrer Selbstverwaltung noch mehr beschnitten. Zum Glück aber begannen bald die Sommerferien und das Jugendzentrum machte eine Sommerpause.

In dieser Zeit fuhr ich mit den Mädchen und Jungen ins Ferienlager nach Italien. Aus den 200 Teilnehmern waren 360 Personen geworden. Don Amedeo in Terracina hatte zugestimmt, obwohl wir noch nicht wussten, wo alle schlafen sollten. Mit Autos hatten wir unsere Töpfe und Kannen nach Italien gebracht, die Lebensmittel nahmen wir in Holzkisten mit in den Zug.

Nach 24-stündiger Zugfahrt kamen wir am nächsten Abend auf dem Bahnhof Roma Termini in Italien an. Mit Bussen ging es weiter nach Terracina. Die Kinder waren sehr erschöpft und viele schliefen in dieser ersten Nacht draußen auf dem warmen Asphalt unter dem Sternenhimmel. Für viele war dieses wohl das erste Mal, dass sie die Nacht im Freien verbrachten. Aber sie schienen es durchaus zu genießen.

Schon am frühen Morgen des nächsten Tages war Don Amedeo zur Stadtverwaltung gefahren und hatte den Bürgermeister bewogen, mit ihm zur Kirche zu kommen. Dort lagen die vielen Mädchen und Jungen noch im tiefen Schlaf. Ein rührender Anblick. Einige hatte sogar Quartier in einer großen Krippe gefunden, die vom Weihnachtsfest immer noch draußen aufgebaut war. Über ihnen stand noch der Stern von Bethlehem, und das im Hochsommer.

Der Bürgermeister ließ sich erbarmen und stellte zusätzlich die Grundschule, die direkt neben dem Jugendheim lag, zur Unterbringung zur Verfügung. Das war ein großer Gewinn. Die Mädchen schliefen im Jugendheim, die Jungen in der Schule. Wir genossen die Zeit und vor allem die Sonne und das Meer.

Nur wenige Meter von uns entfernt lagen das Mittelmeer und ein wunderbarer großer goldgelber Sandstrand. Eishütten und Getränkebuden waren aufgebaut, hier konnten wir im Schatten des Reetdaches sitzen und uns erholen.

Im Meer konnten wir toben und im Sand Burgen bauen. Es gefiel uns äußerst gut. Unsere Lagerolympiade veranstalteten wir am Meer, viele Wasserspiele wurden in unser Programm aufgenommen.

An den freien Tagen unternahmen wir wunderschöne Ausflüge. Wir besuchten Rom und den Vatikan, die Peterskirche und die Vatikanischen Museen, das Pantheon und den Trevibrunnen, die Spanische Treppe, das Colosseum, die Kapelle „Quo vadis", das Capitol und vieles mehr. Rom wurde uns vertraut und wir lernten diese Stadt lieben.

Wir besuchten Pompeji und den Vesuv, die Sommerresidenz der Päpste in Castel Gandolfo und das Benediktinerkloster auf Montecassino. Das Disneyland der Antike in Tivoli und die Schwefeldämpfe in Pozzuoli.

Wir fuhren nach Neapel und von dort mit dem Schiff nach Capri. Im Hafen Marina Grande legten wir an und mit Kutterbooten fuhren wir zu den Grotten hinaus, durchquerten das Wahrzeichen von Capri, die Faraglioni, und fuhren anschließend mit der Standseilbahn in die Oberstadt. Vom Garten Augustus und Tiberius aus genossen wir den wunderschönen Ausblick auf das himmelblaue Meer und die vielen Jachten, die hier vor Anker lagen.

Den Papst trafen wir nicht. Er hatte mir zwar gesagt: „Melden Sie sich, wenn sie da sind", aber ich hatte vergessen zu fragen, wo ich mich melden konnte. Die Garde wusste nichts davon und auch sonst wollte niemand etwas davon wissen. Alle meine Bemühungen um eine private Begegnung mit dem Heiligen Vater liefen ins Leere.

Wir nahmen aber an einer Generalaudienz auf dem Petersplatz teil. Um einen möglichst guten Platz zu bekommen, waren wir schon früh in Rom. Die Sonne schien erbarmungslos und viele Mädchen und Jungen waren von der ungewohnten Hitze total erschöpft.

Auch der Papst – klein in der Ferne des großen Platzes – konnte diese Kinder nicht mehr vom Hocker reißen.

Dass wir so früh gefahren waren, war ein Fehler gewesen. Wir mussten länger warten, mehr schwitzen. Und dazu kam noch, dass der Platz, den wir bekommen hatten, nicht besser war als alle anderen Plätze auch. Es hatten sich wohl weit über 100.000 Menschen auf dem Petersplatz versammelt.

Die Audienz dauerte lange. Der Papst hielt eine Ansprache in vielen verschiedenen Sprachen. Es war zwar interessant, aber zu anstrengend. Wir waren erlöst, als die Audienz in Rom endlich zu Ende war.

Erquicklicher waren da schon die schönen warmen Sommerabende, an denen wir Musik machten und tanzen konnten. Die Kinder fühlten sich wohl. Als wir 19 Tage später wieder in den Hauptbahnhof in unserer Heimat einrollten, stand unsere Meinung fest: „Wir fahren im nächsten Jahr wieder nach Terracina."

Ich nahm meine Arbeit im Jugendzentrum wieder auf, es war bald Stoppelmarkt. Auf diesem Riesenrummel, dem Oktoberfest des Nordens, hatten wir ein großes Zelt für die Jugend aufgebaut. Dort konnten wir gutes Geld verdienen.

Unser Jugendzentrum brauchte es dringend, um das lange Jahr überleben zu können. Von der Stadt gab es nur eine geringe finanzielle Unterstützung. Es trug sich dennoch selbst, wie kaum ein anderes vergleichbares Jugendzentrum in Deutschland. Fünf Tage dauerte das

Spektakel auf dem Stoppelmarkt, doch am Ende hatten wir nicht nur eine gute Kasse, sondern waren auch fix und fertig.

Die vielen Jugendlichen hatten hart gearbeitet, um sich ihr Zentrum erlauben zu können, obwohl die Kommune dafür verantwortlich gewesen wäre. Großartige Unterstützung erhielten wir nicht, im Gegenteil, wir mussten sogar noch viel Standgeld für den Standplatz auf dem Stoppelmarkt an unsere Stadt bezahlen.

In einem Bildband der Stadt war unser Jugendzentrum abgebildet und man rühmte sich dieses Hauses. Unser Jugendhaus war weit über die Grenzen der Stadt hinaus bekannt. Die Stadt rühmte sich, war aber nicht bereit, mehr für dieses Jugendzentrum zu tun. Es erhielt einen monatlichen Zuschuss von 1500 DM. Das waren im Jahr 18.000 DM. Es war ein Hohn. Aber es war so. Wenn wir nicht untergehen wollten, mussten wir weitermachen.

Wir quälten uns: „Arbeit hat noch niemandem geschadet" und „Arbeit macht bekanntlich nicht nur dem Ochsen Ehre."

Die Sommerpause war vorbei und der Stoppelmarkt auch. Unser Jugendzentrum wurde wieder geöffnet. Jetzt musste die Kompetenzfrage geklärt werden. Trotz meiner persönlichen Erfolge, meiner offensichtlichen Solidarität mit ihnen waren die Jugendlichen zu keinem Kompromiss bereit. Sie ließen sich auf nichts ein. Ihre Reaktion auf die Forderung des Partnervereins war Boykott.

Nun saß ich allein in dem großen und kalten Haus. Der Boykott dauerte sechs Wochen. Immer wieder versuchte ich mit den Jugendlichen ins Gespräch zu kommen. Aber sie lehnten jede Auseinandersetzung ab. Ich sollte gehen. Sie forderten meine Entlassung. Mir sagten sie, dass es nicht gegen meine Person gerichtet sei, aber gegen meine Funktion. Sie wollten das Haus in absoluter Eigenverantwortung weiterbetreiben.

Während dieser Zeit kam des Öfteren das Fernsehen und machte Aufnahmen und Interviews. Einige Jugendliche entzündeten vor unserem Jugendzentrum ein großes Feuer und riefen: „Friede den Hütten – Kampf den Palästen."

Mit meinem Herzen auf der Seite der Jugendlichen saß ich allein in meinem Hüttenpalast. Was sollte ich tun? Draußen demonstrierten sie gegen ihren selbst gewählten Partnerverein und gegen mich. Mit großen Transparenten zogen sie durch die Stadt und trugen einen schwarzen Sarg auf ihren Schultern voran. Sie gaben auch mir die Schuld an ihrer Misere und forderten meine Entlassung.

Es war nicht leicht für mich, vor allem schon deshalb nicht, weil ich bedingungslos auf ihrer Seite war. Sie wollten, dass ich gehe, und die anderen wollten, dass ich bleibe. Und ich? Um mich loszuwerden, hätten sie mich schon mit einem Backstein von hinten erschlagen müssen. Ich wollte durchhalten. Die Kraft dafür zog ich aus meinem bisherigen Leben. Aushalten und durchhalten war meine Devise. „Vor den Erfolg haben die Götter den Schweiß gesetzt."

Vieles ging mir durch den Kopf, immer wieder dachte ich, dass es notwendig und gerade die richtige Zeit sei, den VfKP irgendwie auszuschalten oder zumindest in der Betreuung unseres Jugendzentrums zu schwächen, damit – davon war ich überzeugt – endlich Ruhe eintrete. Denn im VfKP gab es auch Leute, die unnötigerweise die Konfrontation mit den Jugendlichen suchten.

Sie waren davon überzeugt, es würde ihrer politischen Karriere zugutekommen, wenn sie beweisen könnten, dass sie vor einer harten Auseinandersetzung mit intellektuellen Jugendlichen keine Angst hatten. Hier halfen keine kleinen Schritte, hier musste ein großer, gewaltiger Befreiungsschlag geschehen.

Ich wollte diesen Sprung wagen. Ich machte beiden Vereinen folgenden Vorschlag: Ich übernähme die gesamte Verantwortung für dieses Haus. Ich würde mich um den reibungslosen Ablauf aller Geldgeschäfte kümmern und Sorge dafür tragen, dass die Steuererklärungen nach Recht und Gesetz gemacht werden und die Steuer abgeführt werde. Die Kontoführung sei meine Aufgabe. Ich würde die Konzession für den Thekenbetrieb besorgen. Alle Einnahmen flössen auf das Konto des Hauses und alle Ausgaben würden davon bezahlt.

Damit die Jugendlichen ihre Interessen gewahrt sähen und damit auch ich nicht machen könne, was ich wolle, seien stets immer zwei Personen gemeinsam über das Konto verfügungsberechtigt. Die Entscheidung über die Verwendung des Geldes sollte ein ausschließlich von den Jugendlichen besetzter Finanzausschuss treffen. Keiner könne allein entscheiden. Ich hätte im Finanzausschuss eine beratende Funktion.

Es dauerte, aber die Vereine stimmten zu. So konnte es weitergehen.

Was die Jugendlichen bewogen hat, auf meinen Vorschlag einzugehen, kann ich nicht mit letzter Gewissheit sagen. Vielleicht war es der Gedanke, dass sie es jetzt nur noch mit einem „Gegner" zu tun haben würden. Vielleicht dachten sie auch, dass dieser neue Partner schwächer war als der bisherige. Vielleicht hatten sie sogar das Gefühl, wirklich einen Freund ihrer Interessen gefunden zu haben. Auf jeden Fall – und das war eine Erlösung – hielt sich der zweite Trägerverein offiziell zurück.

Das Haus erlebte einen Neubeginn und einen deutlichen Aufschwung. Es ging voran. Die Besucherzahlen und damit auch der Kontostand stiegen. Wir hatten mehr und größere Möglichkeiten, unsere Interessen zu verwirklichen. Viele Fachschaften und Referate meldeten sich im Laufe der Zeit und arbeiteten in unserem Jugendzentrum. Musik, Bücher, Spiele, Foto, Politik, Theater, Film, Workshop, Jugendtanz, Video, Kunst, Info, Einkauf, Medien, Babynachmittag und Mädchen hießen die vielen Gruppen, die mittlerweile in unserem Jugendzentrum „Gulfhaus" tätig waren.

Der Ruf des Hauses wandelte sich allmählich. Es durften auch wieder Strafgefangene kommen, die gemeinsam mit freien Jugendlichen ihre Aktivitäten entfalteten. Für die inhaftierten Mütter im Frauengefängnis boten wir am Mittwochnachmittag einen sogenannten Babynachmittag an, der sehr gut besucht wurde. Junge Mütter aus der Stadt trafen sich mit jungen Müttern aus dem Strafvollzug. Sie brachten ihre Babys mit und tauschten Erfahrungen aus. Während die Mütter sich bei Kaffee und Kuchen unterhielten, sorgten die Mitglieder der Mädchen-Fachschaft dafür, dass die Kinder versorgt, beschäftigt und betreut wurden.

Als der Sommer kam, bot ich wieder mein Ferienlager an. Mit einem Unterschied zu früher: Es war nun ein Angebot des Jugendzentrums. Eine gute Möglichkeit, Kontakte zu den Familien zu schließen. Es war etwas ganz Neues. Auch die Eltern zeigten deutlicheres Interesse an diesem Angebot unseres Jugendzentrums. Es war ihnen wichtig. Sie konnten es gebrauchen. Das weckte Interesse, lockerte die Beziehung, und wir spürten eine interessante Aufmerksamkeit.

Wir wollten wieder nach Italien fahren und tatsächlich, die Resonanz war riesengroß. Die Fahrt wurde wieder ein einmaliges Erlebnis, obwohl wir in diesem Jahr keine Audienz beim Papst hatten. Der Heilige Vater lag aufgrund des kürzlich auf ihn verübten Attentats immer noch im Gemelli-Krankenhaus in Rom.

Johannes Paul II. war am 13. Mai 1981 während einer Generalaudienz auf dem Petersplatz vor Zehntausenden von Gläubigen gegen 17.20 Uhr von dem Türken Mehmet Ali Aca mit drei Schüssen schwer verletzt worden. Der Papst besuchte ihn zwei Jahre nach dem Attentat im Gefängnis und vergab ihm, aber im Sommer 1981 war der Heilige Vater noch im Krankenhaus und es ging ihm gar nicht gut!

Auch ohne Papstaudienz begeisterte unser Ferienlager. Es war wunderbar, mit so vielen Mädchen und Jungen unter dem blauen Himmel Italiens zu leben. Das Gemeinschaftsgefühl war großartig. Am Abend vor der Lagerrunde gab es eine selbst recherchierte „Tagesschau", die immer von einer anderen Gruppe vorbereitet wurde.

Während dieser Tagesschau wurden die Lagerteilnehmer über alle Neuigkeiten informiert, auch über das, was es an Neuem zu Hause gab. Dazu riefen täglich die jeweiligen „Tagesschausprecher" bei der Lokalredaktion ihrer Heimatzeitung an und erkundigten sich über Neuigkeiten zu Hause und in der ganzen Welt. So erhielten die vielen Lagerteilnehmer in der Lagertagesschau stets einen Exklusivbericht.

Und auch umgekehrt liefen die Informationen. Die Zeitung veröffentlichte ihrerseits in ihrer nächsten Ausgabe, was wir in Italien machten, wie es den vielen Kindern im fernen Land ging und ob alle gesund und munter waren. So war über die Tageszeitungen der heiße Draht zu den vielen Elternhäusern hergestellt. So waren die Eltern ständig über das Wohlbefinden ihres Kindes informiert und mit in den Tagesablauf der Kinder einbezogen. Auch dieses Ferienlager wurde ein großer Erfolg. Die Tränen zum Abschied waren der beste Beweis dafür.

Selbstverständlich spiegelte sich dieser Erfolg auch im Jugendzentrum wider. Die Skepsis der Eltern baute sich nach und nach ab. Immer mehr Jugendliche konnten und durften das Jugendzentrum besuchen. Wir veranstalteten zu unserer Besuchervollversammlung am Montagabend zusätzlich eine Jugendbesuchervollversammlung am Donnerstagnachmittag. Die vielen jüngeren Besucher wurden ebenso in die Arbeit des Hauses einbezogen wie bislang die älteren.

Es lief im Großen und Ganzen alles sehr gut. Natürlich gab es auch Ärger und Spannungen, aber es war dennoch eine schöne Zeit. Längst wurde ich von den Jugendlichen angenommen und akzeptiert. Dass ich auf ihrer Seite war, wussten sie schon lange.

Der tägliche Arbeitsaufwand war enorm. Oft war ich nicht vor Mitternacht zu Hause. Am Wochenende wurde es noch viel später. Die Abendveranstaltungen nahmen zusätzlich viel Zeit in Anspruch. Dazu kamen während der Woche die Fachschaften und Referate und natürlich viele Einzelgespräche, ebenso die wöchentliche Vollzugskonferenz.

Viele Strafgefangene hatten sich über die Zustände der Vollzugsanstalt beschwert. Vor allem war man ärgerlich und enttäuscht darüber, dass die genehmigte und zugesagte Teilnahme an bestehenden Fachschaften oft von den Beamten gestrichen wurde. Das gefiel auch uns nicht.

Bei der Jubiläumsfeier unseres Jugendzentrums sprach ich in meiner Rede den Justizminister, der als Ehrengast anwesend war, darauf an. Unter den vielen Gästen waren zudem mehrere Landtagsabgeordnete verschiedener Parteien, auch Kommunalpolitiker, unser Bürgermeister, die Presse, der Rundfunk und viele Vollzugsbeamte.

Der Minister hatte sich offenbar meine Worte gut gemerkt – aber nicht in einem konstruktiven Sinne. Ohne darauf einzugehen, drehte er sich um und verließ unser Jugendzentrum. Sein Tross folgte ihm. Er stieg in sein Auto und sein Chauffeur fuhr mit ihm davon. Kein Wort, keine zustimmende oder erklärende Geste, nichts. Der Eklat war perfekt!

Die Zeitungen berichteten am nächsten Tag mit großer Aufmachung über meine Rede und gaben ihre Kommentare dazu ab. Die Meinungen über den Inhalt meiner Rede und die Reaktion des Ministers gingen weit auseinander. Der eine stimmte mir zu, der andere fand es völlig unangebracht, der eine unklug, der andere überzogen.

Die Pressestelle der Landesregierung schaltete sich ein, es kam sogar zu einem derben Schlagabtausch zwischen Regierung und Opposition. Mir wurde klar, dass es wohl sehr unklug und undiplomatisch gewesen war, dass ich den festlichen Rahmen dazu benutzt hatte, dem Justizminister meine Sorgen öffentlich vorzutragen. Trotzdem war es auch aus meiner heutigen Sicht berechtigt, wenn auch in diesem Rahmen unangebracht. Aber auf Empfängen spricht man eben nur von guten Sachen.

Später wurde dann ein Gespräch vereinbart, an dem Vertreter des Justizministeriums und der Vollzugsanstalten sowie die beiden Trägervereine des Jugendzentrums teilnahmen. Der Justizminister war ebenfalls anwesend und ich natürlich auch. Auf dieser Sitzung wurde deutlich gesagt, was machbar war und was in Zukunft getan werden konnte und sollte.

Eine Nichtbeteiligung der Justizvollzugsanstalten am Leben im Jugendzentrum sei eine Bankrotterklärung ihrerseits, sagte der Ministerialdirigent. Aber auch uns wurden als Kompromissformel ein wenig die Flügel gestutzt. Die Zusammenarbeit gestaltete sich danach erheblich besser. Endlich eine konstruktive Perspektive, die sich auch auf mich persönlich auswirkte.

Mein Arbeitsplatz lag 27 km von meinem Wohnort entfernt. Ein weiter täglicher Weg, besonders, wenn es bis in den späten Abend dauerte mit meiner Rückkehr. Darum entschieden meine Frau und ich uns, zum Arbeitsplatz umzuziehen. Maria arbeitete mittlerweile als Sozialpädagogin bei der Justizvollzugsanstalt im Frauengefängnis.

Auch durch die berufliche Tätigkeit meiner Frau im Frauengefängnis war eine äußerst gute Zusammenarbeit mit der JVA für Frauen garantiert. Hier gab es den Babynachmittag, den Frauenabend und sogar einen wahrhaftigen Gefangenenchor der Frauen. Meine Frau und ich trugen nun gemeinsam die Verantwortung für eine gute Kooperation zwischen dem Frauengefängnis und unserem Jugendzentrum.

Aber nicht nur diese Verantwortung trugen wir gemeinsam, sondern auch die Verantwortung für uns. Seit dem Verlust unseres Jungen hatten wir den sehnlichsten Wunsch, bald wieder ein Kind zu haben. So waren wir überglücklich, als sich endlich wieder Nachwuchs anmeldete.

Dieses Mal trafen wir nicht so viele Vorbereitungen wie beim ersten Mal – es war ja noch einiges, wie etwa das Kinderbettchen, vorhanden, zum anderen dachten wir daran: „Wer vorher rechnet, muss zweimal rechnen." Das wollten wir dieses Mal nicht tun. Den schmerzhaften Verlust unseres kleinen Thomas hatten wir noch gar nicht verarbeitet.

An einem Samstagabend im Juni erblickte ein Junge in der Uni-Klinik Münster das Licht der Welt. Wir gaben ihm den Namen „Martin". Er war gesund, die Geburt war gut verlaufen.

Während die jungen Leute des Jugendzentrums an diesem Abend in einer Waldhütte eine Fete feierten, saß ich bei meiner Frau im Kreißsaal. Aber spät in Nacht traf ich bei „meinen" Jugendlichen ein. Feierlich wurde ich als junger Vater begrüßt. Die Band auf dem LKW-Anhänger spielte zu Ehren der jungen Familie. Glückwunsch hier und Glückwunsch da. Prost! Es gab Freibier.

Die Herzlichkeit war echt, tat gut und kam nicht von ungefähr. Die Jugendlichen gingen ja schließlich bei uns zu Hause ein und aus und jeder kannte Maria. Sie kochte immer für alle Tee und backte den Kuchen. Viele kannten die tragische Geschichte unseres ersten Jungen und alle freuten sich mit uns über diese glückliche Geburt.

Doch diese Freude sollte nicht lange anhalten. Schon am nächsten Morgen rief meine Frau mich an und erzählte mir aufgeregt, dass der Junge krank sei. Ich war wie vor den Kopf geschlagen. Wollte es nicht glauben. Nein, es konnte, es durfte nicht sein!

Aber es war so. Unser kleiner Martin konnte keine Nahrung aufnehmen und die Ärzte vermuteten, dass es keine durchgehende Verbindung vom Magen zum Darmausgang gab. Er kam in die Kinderklinik. Es sah nicht gut aus. Er sollte von der Uni-Klinik Münster nach Dortmund in die Kinderchirurgie verlegt werden. Am Montagmorgen empfing unser kleiner Sohn auf dem Balkon des Krankenzimmers die Nottaufe. Er kämpfte um sein Leben und wir mussten hilflos davon ausgehen, dass er nicht lange leben würde.

Martin kam in die Kinderchirurgie nach Dortmund, Maria blieb zunächst noch einige Tage in der Frauenklinik in Münster, ich hatte meine Arbeit und meine Unterkunft in Vechta. Täglich fuhr ich im Dreieck. Vom Kind zu Maria, von Maria zur Arbeit, von der Arbeit nach Hause und wieder zum Kind.

Gleichzeitig waren die letzten Vorbereitungen für unser Sommerferienlager zu treffen, das in einigen Wochen wieder in Italien stattfinden sollte.

Martin musste schlimme Untersuchungen über sich ergehen lassen. Der Darm wurde mit Luft aufgeblasen, um zu sehen, wo ein Weg war. Er wurde geknetet und bearbeitet. Er konnte zwar kaum Nahrung aufnehmen und verarbeiten, aber einen durchgehenden Darmverlauf hatte er doch.

Um lebensfähig zu sein, musste er operiert werden. Doch diese Operation war nicht unbedingt jetzt erforderlich, sondern konnte auch im sechsten oder siebten Monat gemacht werden. Unmittelbare Lebensgefahr bestand also nicht. Martin hatte eine Frist, eine Chance. Und wir konnten ganz, ganz tief aufatmen – zunächst einmal.

Am Tag vor der Abfahrt in unser Ferienlager holte ich meine Familie zusammen, Maria war nach ihrer Entlassung aus der Frauenklinik nach Dortmund gegangen, um dort selbst Martin zu pflegen. Jetzt kamen sie beide nach Hause.

Am nächsten Tag fuhr ich nach Italien ins Sommerferienlager. Schon mehrmals hatte ich mich in den vergangenen Jahren um eine Privataudienz beim Papst für meine Jugendlichen bemüht, sie war aber nie zustande gekommen. Das erste Mal, 1980, hatte ich mit den Kindern auf dem Petersplatz gesessen, weil ich vergessen hatte zu fragen, wo ich mich melden sollte. Und 1981 kam uns das Attentat dazwischen.

In diesem Jahr sollte es nun endlich klappen. Ich fuhr nach Castel Gandolfo, der Sommerresidenz des Papstes, 25 Kilometer südöstlich von Rom. Diese prächtige Residenz liegt in bestem Klima in den Albaner Bergen oberhalb des Albaner Sees, rund 426 Meter hoch in der Campagna Romana, in der Provinz Latium. In ihrem Umfeld befinden sich die Castelli Romani, die Villen der damaligen römischen Elite. Ursprünglich von Kaiser Domitian erbaut war das Kastell später der Adelssitz der Familie Gandolfi. Die Residenz wurde 1596 von Papst Clemens VIII. erworben.

Angenehm war die Luft hier oben in den Bergen schon immer. Das hatten schon viele kirchliche Vertreter geschätzt. Papst Urban VIII. (1623–1644), der den Ort bereits als Kardinal Maffeo Barberini besucht hatte, kam dann als erster Papst überhaupt regelmäßig im Frühjahr und im Herbst hierher und begründete damit eine Tradition, die – immer mal wieder unterbrochen – bis heute angehalten hat. Castel Gandolfo ist übrigens auch der Sterbeort von Pius XII. (1958) und Paul VI. (1978).

Die Residenz ist ein Komplex aus drei Villen, verteilt – mit den dazugehörigen prächtigen Gärten – auf 55 Hektar. Im Unterschied zur weit verbreiteten

Meinung sind die päpstlichen Güter in Castel Gandolfo aber kein Teil des Territoriums des Staates der Vatikanstadt, sondern sie sind mit dem Status von ausländischen Vertretungsbehörden vergleichbar. Nach vielen schweren Zeiten wurde erst 1929 – nach zähen Verhandlungen zwischen dem Heiligen Stuhl und dem Staat Italien – in den Lateraner Verträgen der heutige Status festgelegt und garantiert.

Zu Beginn des Pontifikats von Johannes Paul II. wurde hier von amerikanischen Katholiken ein überdachtes Schwimmbad gespendet. Der Papst hatte den Journalisten, auf die kritische Frage, ob ein eigenes Schwimmbad für den Papst nicht doch etwas zu teuer sei, passend mit dem Hinweis, dass ein neues Konklave teurer sei, geantwortet und damit alle Kritiker zum Schweigen gebracht.

Hier in Castel Gandolfo also traf ich mich mit dem Sekretär des Papstes, Monsignore Emery Kabongo Kanundowi (Bild 28). Ihm erzählte ich vom Besuch beim Heiligen Vater am 23. Januar 1980 und von den bisher vergeblichen Bemühungen um eine persönliche Begegnung mit dem Heiligen Vater und den mir anvertrauten Jugendlichen. Er hörte mir freundlich und aufmerksam zu und versprach, meinen Wunsch dem Heiligen Vater vorzutragen. Ich solle mich, „prego", am nächsten Tag wieder melden.

An diesem Tag begann, was ich natürlich da noch nicht wusste oder ahnte, eine interessante und gute

Freundschaft mit Monsignore Kabongo, die über Jahrzehnte angehalten hat und noch heute besteht.

Erzbischof Emery Kabongo Kanundowi wurde im Juli 1940 im Kongo, in Afrika, geboren. Am 15. August des Jahres 1969 erhielt er die Priesterweihe und war danach noch viele Jahre als Diplomat des Vatikans in Korea und Brasilien tätig.

In Brasilien lernte er Papst Johannes Paul II. während einer Reise durch Südamerika persönlich kennen. 1982 wurde der Diplomat durch den Heiligen Vater nach Rom berufen und von ihm zum zweiten Privatsekretär ernannt. Im Dezember 1987 wurde er zum Bischof der kongolesischen Diözese Luebo erhoben und im darauffolgenden Jahr zum Bischof geweiht. Einige Jahre später wurde Bischof Kabongo Erzbischof der demokratischen Republik Kongo. 2003 rief der Heilige Vater, Papst Johannes Paul II., den Erzbischof wieder in den Vatikan, wo er heute in einer kleinen Residenz wohnt und als Mitglied im Capitolum der Kanoniker der Basilika St. Peter tätig ist. Erzbischof Kabongo ist der erste schwarze Papstsekretär überhaupt!

Um 13 Uhr des folgenden Tages rief ich vereinbarungsgemäß in Castel Gandolfo an. Monsignore Kabongo kam an den Apparat und sagte mir, als wenn es sich um ein ganz alltägliches Treffen handele, dass der Heilige Vater 42 Mädchen und Jungen in Privataudienz empfangen würde. Am Freitagmorgen um 10.00 Uhr sollte die Audienz in Gandolfo stattfinden.

Nur 42 Jugendliche? Ich hatte aber 172 Mädchen und Jungen dabei. Monsignore Kabongo machte mich darauf aufmerksam, dass der Heilige Vater mit den Kindern zunächst eine Messe feiern wolle und dass die Privatkapelle zu klein sei, um 172 Jugendliche aufzunehmen.

Ich bat, noch einmal bei Monsignore Kabongo vorbeikommen zu dürfen. Ich durfte. Wenige Stunden später saß ich wieder in den Albaner Bergen in der himmlisch schönen päpstlichen Sommerresidenz und redete über mein ganz und gar irdisches Sommerlager.

Ich erklärte, dass alle Kinder den Heiligen Vater besuchen möchten und dass es mir unmöglich sei, nur 42 Kinder auszusuchen und dabei gerecht zu bleiben. Wir müssten schon alle die Erlaubnis haben zu kommen. Es tat mir zwar unendlich leid, aber es schien mir nicht anders möglich zu sein, wenn schon, denn schon, entweder alle oder keiner!

Der Sekretär war sehr verwundert, so etwas hatte er noch nicht erlebt. Meine Reaktion hat ihn wohl mächtig getroffen, denn er erzählt noch heute davon.

Durch die offene Tür des Sekretärbüros sah ich auf den mit glattem Marmor und hellen Mosaiken ausgestatteten Flur. Plötzlich sah ich den Heiligen Vater. Er kam aus dem einen Zimmer und ging den Flur entlang in ein anderes Zimmer. Das Herz wäre mir fast stehen geblieben, aber unbeachtet der greifbaren Nähe in diesem Augenblick, war der Papst für uns alle doch weit entfernt.

Der Sekretär versprach, dem Heiligen Vater meine Sorgen vorzutragen. „O tutti, o nessuno!" wiederholte er mit einem Schmunzeln und einem Entsetzen gleichzeitig im Gesicht.

Am nächsten Morgen dann der erlösende Anruf aus Castel Gandolfo:

„Alles ist geklärt, alle Jugendlichen sind willkommen, der Papst freut sich auf sie!"

Am Freitagmorgen trafen wir rechtzeitig zur vereinbarten Zeit in Castel Gandolfo ein. Schon früh waren wir gestartet und unterwegs war noch ein Bus kaputtgegangen, die Hitze war zwar noch erträglich, aber ich war schweißgebadet. Endlich näherten wir uns dem Ziel. Lange hatte ich mich um diesen Termin bemüht und viel Spott und Hohn auf mich genommen. Doch jetzt war es so weit.

Die Busse hielten unterhalb des ockerfarbenen Papstpalastes, über dessen Eingangspforte das ehrwürdige päpstliche Wappen mit Tiara und den beiden sich kreuzenden Schlüsseln als Symbole für die Schlüsselgewalt von Petrus als Christi Stellvertreter auf Erden angebracht ist.

Über einen efeuüberwucherten Zickzackweg gingen wir zu Fuß die letzten 200 Meter nach oben ans Ziel.

Durch den Innenhof und über die dortige Außentreppe gelangten wir in einen prächtigen kleinen Saal, in dem ein kleiner Altar aufgebaut war. Hier wollte der Heilige Vater zunächst mit uns den Gottesdienst feiern.

Wir hatten uns gut darauf vorbereitet und wollten kräftig singen. Doch als der Papst den Raum betrat, brachten wir keinen Ton heraus. Alle waren still und ergriffen von diesem Augenblick.

Wie und wann hatten wir normalerweise den Papst mitten unter uns? Wir waren zu Hause und er im Fernsehen! Ostern und Weihnachten empfingen wir über das Fernsehen seinen Segen „Urbi et Orbi", aber niemals waren wir in seiner Nähe. Zusammen mit dem Heiligen Vater auf einigen Quadratmetern, das mussten wir erst einmal verarbeiten.

„Du bist Petrus der Fels, und auf diesen Felsen will ich meine Kirche bauen …" Mit diesen Worten hatte Jesus Petrus zum Nachfolger ernannt. Und hier saß er nun, der Petrus unserer Zeit. Während des Evangeliums, das von Othmar, einem deutschen Priester, der uns nach Terracina begleitet hatte, vorgelesen wurde, saß der Papst da, und es schien uns, dass er gleich sterben würde. Seine Gestik und Mimik ließen die Vermutung zu, dass er wirklich eine schwere Last zu tragen hatte. Wir waren ergriffen und sprachlos zugleich.

Don Amedeo, der Priester aus Terracina, feierte mit uns die Messe. Allerdings zelebrierte er nicht mit dem Heiligen Vater am Altar. Der Heilige Vater hatte ihm in der Sakristei gesagt, dass er nicht mit zelebrieren könne, da er kein Deutsch spreche, jetzt aber eine Messe in deutscher Sprache stattfinden würde. Don Amedeo hatte die Anweisung des Papstes schweren Herzens angenommen und dem Heiligen Vater gesagt, dass es ihm ein schweres Opfer sei, nicht mit ihm zelebrieren zu dürfen.

Der Papst hatte geantwortet: „Kommen Sie mit Ihrer Gemeinde und wir werden gemeinsam einen Gottesdienst feiern!" Vier Wochen später wurde Don Amedeo mit seinem Pfarrgemeinderat und weiteren Kirchengremien vom Heiligen Vater in einer Privataudienz empfangen und gemeinsam zelebrierten sie dann auch den Gottesdienst. In den folgenden Jahren schlossen sich mehrere Privataudienzen an; Don Amedeo war stets überglücklich und dankte auch uns für diesen Brückenbau.

Nach unserem Gottesdienst, in dem der Papst selbst die heilige Kommunion ausgeteilt hat, stellte sich der Heilige Vater mit den einzelnen Gruppen dem Fotografen. Jedes Kind erhielt vom Heiligen Vater einen kleinen Rosenkranz, so, wie ich ihn auch schon vor gut zwei Jahren vom Papst im Vatikan erhalten hatte.

Die Kinder ihrerseits beschenkten den Heiligen Vater mit Kleinigkeiten, die sie von zu Hause mitgebracht hatten. Einer überreichte dem Papst ein T-Shirt mit dem Emblem unseres Jugendzentrums und dem Spruch: „Totus Tuus" – „Ganz dein", dem Wahlspruch des Papstes.

Don Amedeo erzählte dem Heiligen Vater, dass unser Martin krank sei, und der Papst wandte sich mir zu und sagte:

„Ihr Kind ist krank?"

Ich war ganz überrascht und erschrocken. Woher wusste er das? Er sagte:

„Ich segne Ihre Familie und werde für Ihren Sohn beten."

Dieses war die erste und bestimmt auch einzige Privataudienz mit den Jugendlichen beim Heiligen Vater Johannes Paul II., so dachte ich. Aber es kam ganz anders.

Viele weitere Privataudienzen folgten während der langen Zeit seines Pontifikats, und wenn wir uns trafen, sagte der Heilige Vater zu mir:

„Wie viele junge Menschen haben Sie denn dieses Mal mitgebracht?"

Oder:

„Wie geht es den Kindern und der Familie?"

„Was macht Martin?"

Ein Papst, der wie ein guter leiblicher Großvater Anteil nahm.

Diese privaten Begegnungen mit Papst Johannes Paul II. waren stets für alle Beteiligten ein außergewöhnliches und großartiges Geschenk, und es schien, dass auch der Heilige Vater sich über unsere Besuche wirklich freute.

Der Papst war erstaunt, wie viele Jugendliche immer mit uns unterwegs waren und mit welcher Ordnung die Begegnungen mit ihm abliefen. Immer lobte er die besondere Disziplin unserer Jugendgruppen. Unsere Jugendreisen schienen dem Heiligen Vater gut zu gefallen.

Die Gespräche mit den Jugendlichen verliefen stets in gelöster und stimmungsvoller Atmosphäre. Der Heilige Vater scherzte mit den Jugendlichen, stellte Fragen und interessierte sich.

Große Aufmerksamkeit zeigte er immer dann, wenn die Jugendlichen etwas vorbereitet hatten. Losgelöst von jedem Terminkalender nahm er sich oftmals mehrere Stunden Zeit für unsere Besuche. Und ganz gleich, mit welchen Vorstellungen die jungen Leute zur Audienz gereist waren, stets kehrten sie begeistert zurück. Die charismatische Ausstrahlung dieses Papstes erreichte jeden.

Einige Jahre später besuchte ich Johannes Paul II. mit meiner Familie. Mittlerweile hatten wir schon drei Kinder und wollten uns beim Papst für die vielen Empfänge bedanken, für seine Gebete, seine Segnungen, seine Anteilnahme. Es war im Sommer und wieder sehr heiß, die Kinder schenken dem Papst Chips und Sprite, damit er die Hitze aushalten konnte.

Elisabeth, die bei Maria auf dem Arm war, schenkte dem Heiligen Vater ein tolles selbst gemaltes „Gemälde"! Und der Papst lobte ihr Kunstwerk in höchsten Tönen. Martin stand neben dem Heiligen Vater und hielt sich an seinem Gewand fest. Der Papst bückte sich und nahm ihn auf den Arm. Jetzt konnte Martin den Heiligen Vater tüchtig drücken. Andreas, der bei mir auf dem Arm war, streichelte dem Papst die Wange. Jedes der Kinder erhielt die Möglichkeit, unserem großen Gönner und Fürbitter auf seine Art zu danken und ihn zu ehren. Und sie taten es, was ihm sichtlich gefiel.

Auch diese Begegnung war außergewöhnlich und sollte sich in den kommenden Jahren mehrmals wiederholen. Die Kinder wurden älter und nicht immer konnten sie auf den Arm. Aber sie konnten dem Heiligen Vater die Hand reichen, seinen Segen empfangen und mit ihm sprechen.

1987 wurde der Sekretär Monsignore Emery Kabongo zum Bischof von Zaire (vor 1971: Kongo) ernannt und am Fest der Heiligen Drei Könige 1988 im Petersdom vom Papst geweiht. Auch ich hatte eine Einladung bekommen, gemeinsam mit einigen Jugendlichen nahm ich an den Feierlichkeiten teil. Wir erlebten die Weihe im Petersdom und waren anschließend als Gäste in der Pinakothek, der berühmten Bildersammlung des Vatikans, dabei.

Es war ein feierlicher Augenblick, den würdevollen Empfang des neuen Bischofs hautnah miterleben zu dürfen – und dabei wieder ein neues Stück „Vatikan" entdecken zu können.

Wir haben in Italien viele Freunde gefunden und sehr viel Schönes erlebt. Wir waren sehr froh. Doch die Freude wurde nicht überall geteilt. Nach unserer ersten Privataudienz kehrten die Lagerteilnehmer glücklich und zufrieden aus dem Ferienlager zurück. Die hiesigen Zeitungen hatten groß darüber berichtet und mehrere Fotos von der Privataudienz veröffentlicht.

16

Die Überraschung daheim war groß. Die Jugendlichen des „linkslastigen Jugendzentrums" waren beim Papst gewesen. Vor allem katholische Verbände und Vereine fühlten sich nun auf den Plan gerufen und versuchten uns jetzt das Leben schwer zu machen. Normalerweise hätten sie sich freuen müssen. Denn ihren Vorstellungen nach waren wir ja verlorene Schafe und diese waren nun – gerettet im rechten Glauben – in den Stall zurückgekehrt.

Aber Neid und Missgunst ließen eine selbstlose Freude einfach nicht zu. Stattdessen wurde versucht, alles gegen uns und meine Ferienlager zu unternehmen. Was unsere Neider konnten, taten sie, um uns zu diffamieren. Solches Verhalten kannte ich aber schon, so etwas traf man überall. Allerdings – über ihre ungewöhnliche Kritik kamen sie nicht hinaus. Es blieb bei Verbalattacken. Und diese verstummten alsbald.

Ein Wunsch von Don Amedeo war es von jeher gewesen, in Terracina eine eigene Kirche zu bauen, auch wir hatten dafür Geld gespendet. Im September 1982 fand die Grundsteinlegung statt, auch einige Jugendliche und ich waren eingeladen.

Am Tag danach wollten wir nach Hause zurück. Schließlich war ja mein Sohn Martin im Juni geboren und anschließend lange im Krankenhaus gewesen. Dann waren er und Maria nach Hause gekommen – und ich war ins Ferienlager gefahren.

Zwar war ich nach dem Ferienlager kurz zu Hause gewesen, hatte dann aber während des Stoppelmarktes arbeitsintensiv das Jugendzelt betrieben und dabei wenig Zeit für die Familie gehabt.

Nun war ich bei der Grundsteinlegung in Terracina. Es wurde Zeit, allmählich wieder mal eine längere Zeit zu Hause bei der Familie zu sein. Der Aufenthalt in Terracina dauerte nicht lange.

Auf dem Rückweg passierten wir kurz vor Latina einen Souvenirladen. Als wir ihn bereits längst hinter uns hatten, kam mir der Gedanke, Maria ein kleines Geschenk mitzubringen. Thomas fuhr den Wagen und Hanni schlief hinten auf dem Rücksitz. Ich saß vorne. Thomas wendete das Auto und wir fuhren zum Souvenirladen zurück. Ich kaufte eine kleine Bonbonniere und stellte diese, damit sie keinen Schaden erlitt, unter den Sitz.

Wir waren kurz vor Latina, in der Nähe der unterirdischen Basilika „Porta Maggiore", noch knapp 65 km von Rom entfernt, als Thomas versuchte, eine Fliege, die im Wagen herumschwirrte und ihn immer wieder störte, zu töten. Die Fliege war wohl beim Souvenirladen in den Wagen gelangt.

Mit der rechten Hand holte er weit aus und lenkte dabei den Wagen unbeabsichtigt mit der linken Hand auf den Grünstreifen. Wir fuhren ca. 120 km/h. Als er das bemerkte, riss er mit beiden Händen das Steuer um. Der Wagen schleuderte auf die Straße zurück und brach aus der Spur. Eine Schleuderpartie begann. Hinten lag Hanni und schlief, auf dem Beifahrersitz saß ich. Ich war nicht angeschnallt. Thomas versuchte krampfhaft, den Wagen zu halten, schaffte es aber nicht. Das Auto legte sich schleudernd kreuz und quer, überschlug sich mehrmals und blieb dann völlig verbeult auf dem Kopf liegen.

Hanni, der durch den Unfall unsanft aus dem Schlaf geschreckt war, schrie: „Was ist los, was ist passiert?" Er hatte vom ganzen Unfall nur noch das Ende mitbekommen. Thomas saß geschockt am Lenkrad. Der Gurt hielt ihn, bloß ich, ich war nicht mehr im Auto. Voller Entsetzen stürzte Thomas aus dem Wagen. Hanni hinterher. „Wo ist Hans?" Ich lag auf einem kleinen Schotterweg und konnte mich nicht mehr bewegen.

Ich lag auf dem Rücken, die linke Seite schmerzte ungemein. Ich war nicht angeschnallt gewesen und durch die Frontscheibe nach draußen geflogen.

Es dauerte lange, bis der Krankenwagen kam. Ich hatte starke Schmerzen. Sie legten mich auf die Trage und ab ging es zum Krankenhaus, irgendwo. Ein alter Krankenwagen mit Blattfederung. Die Schmerzen waren kaum auszuhalten. Thomas war bei mir und fuhr mit ins Krankenhaus. Hanni blieb am Unfallort. Beim Krankenhaus angekommen, kam ich auf den Rollwagen. Es ging ins Krankenzimmer. Sechs Betten standen dort, links an der Wand drei, rechts an der Wand drei. Fünf Betten waren belegt, ein Bett war frei. Sie legten mich in dieses freie Bett.

Auf der Station war ich für Patienten und Besucher

eine willkommene, unerwartete Abwechslung – mein Leid interessierte nicht so sehr wie die Exotik des Moments. Sie schauten mit großen Augen, da lag ein Fremder, blutete dramatisch aus einer Kopfwunde und am linken Bein. Ich bekam kaum Luft, röchelte rasselnd und war am ganzen Körper voller Dreck. Kleine Kieselsteine saßen im Haar, und die Schmerzen waren scheinbar überall. Ich konnte mich nicht bewegen, nicht niesen, kaum atmen.

Für die Ärzte schienen meine äußeren Verletzungen in diesem Augenblick nicht so wichtig zu sein, wichtig war nur die Frage, ob ich innere Blutungen hatte. Ein Pfleger schnitt mir die Kleider vom Leib und rasierte mir anschließend Brust und Bauch. Die anderen Patienten und deren Besucher hatten Logenplätze und schauten hochinteressiert zu.

Thomas war bei mir. Beide hatten wir unbeschreibliche Angst. „Dabei wurde der Beifahrer aus dem Wagen geschleudert und verstarb an der Unfallstelle." Diese Zeilen aus anderen Unfallberichten gingen uns durch den Kopf. Warum sollte ich es überleben? Wir hielten uns die Hand. Dann kamen plötzlich mehrere Ärzte und Krankenschwestern in das Zimmer. Sie hatten einen Rollwagen dabei.

Der eine Arzt beugte sich über mich und schaute mir in die Augen. In seinem Mundwinkel hatte er eine Zigarette. Mit einer Flüssigkeit pinselte er meinen Bauch ein, dann zog er dünne Handschuhe an und öffnete eine flache Tüte. Er holte ein Skalpell heraus und schnitt mir ein Loch in den Bauch. Ich konnte es sehen, ich konnte es spüren. Ohne Betäubung. Vor aller Augen. Ich wusste nicht, welcher Schmerz größer war, der meiner Verletzungen oder der des Schnittes.

Ich merkte, wie warmes Blut über meinen Bauch lief. Tränen rollten über mein Gesicht. Ich drehte ein bisschen den Kopf und sagte:

„Thomas, die schneiden mir den Bauch auf, rette mich."

Er versuchte etwas zu sagen, wurde aber sofort auf den Flur geschickt. Sein Einsatz war vorerst zu Ende.

Nur die tapferen Italiener, die alle zuschauten, aber schwiegen, durften bleiben. Nun hatte ich ein Loch im Bauch, durch dieses Loch schoben sie ein dünnes Rohr, das oben aus dem Bauch herausschaute, daran befestigten sie einen kleinen Schlauch und einen Beutel. So wollten sie feststellen, ob innere Blutungen vorhanden waren. Eine weitere Behandlung erfuhr ich erst nicht. Sie legten mir ein Drahtgestell über den Körper und zogen die Decke darüber. In 24 Stunden würde alles entschieden sein: Leben oder Tod.

Kurze Zeit später kam ein älterer Priester, sie hatten ihn gerufen, praktisch und vorsichtigerweise. Er musterte mich mit müden Augen, rieb die Zeigefingerkuppen aneinander, ließ die Hände sinken und griff zu Kreuz, Kerze und Hostie, um mir die Sterbesakramente zu erteilen. Er schloss die Augen und sprach ein Gebet.

Dann salbte er mir Hände und Stirn mit seinem rechten Daumen.

Aber ich wollte nicht sterben. Ich weinte. Es war, als stünde ich neben meinem Bett und schaute auf meinen Körper herunter. Ein geschundenes Stück Leben, das da schwer atmete. Ein aushauchendes Stück menschliche Geschichte und Hoffnung. Ich war noch keine 30 Jahre alt, sollte mein Leben schon vorbei sein?

Ich konnte mir nicht vorstellen, dass das mein Leben gewesen sein sollte. Zu Hause warteten doch meine ahnungslose Frau und unser kleiner drei Monate alter Sohn Martin. Was sollte ich ihnen mitteilen? Sollte ich sie in Angst und Schrecken versetzen? Ich entschied mich, die Wahrheit zu sagen.

Ich bat Thomas, für mich Maria anzurufen und ihr zu sagen, was wir erlebt hatten und wie es uns ergangen war. Meinen Zustand sollte er als ernst bezeichnen. Maria sollte aber auf gar keinen Fall herkommen. Sie sollte bei Martin bleiben.

Sie kam aber doch. Unverzüglich hatte sie zwei Jugendliche gefunden, noch am selben Tag fuhren sie nach Italien ab. Martin war zuvor noch zu Marias Eltern gebracht worden. Einige Stunden, nachdem ich die Sterbesakramente erhalten hatte, kamen auch der von Thomas und Hanni alarmierte Don Amedeo und sein Schwager Giorgio zu mir ins Krankenhaus. Der Wagen war schon auf der Schrotthalde: Totalschaden. Doch seltsam und tröstlich, die Bonbonniere, die ich für Maria gekauft hatte, war unversehrt geblieben und hatte den Unfall gut überstanden.

Was musste noch erledigt werden, woran musste ich in dieser Stunde noch denken? Mein Testament hatte ich schon an der Unfallstelle Hanni mitgeteilt. Jetzt brauchte ich nur noch abzuwarten. Die Nacht wurde lang und wir waren voller Ängste. Thomas blieb bei mir, er wollte am Bett wachen. Auf dem Flur versuchte Hanni etwas Ruhe zu finden. Diese Nacht musste ich überstehen, dann hätte ich eine gute Chance, hatte der Arzt gesagt.

Ich überstand die Nacht.

Am nächsten Morgen war Maria schon bei mir am Krankenbett. Sie waren die ganze Nacht durchgefahren. Die beste Nachricht: Ich hatte keine inneren Blutungen. Gott sei Dank. Dennoch waren meine Verletzungen erheblich. Ich hatte eine große Schnittwunde auf dem Schädel, das Sternoklavikulargelenk, die gelenkige Verbindung zwischen dem Brustbein und dem Schlüsselbein am vorderen Ende des Brustbeins, war gebrochen – ebenso alle Rippen.

Tiefe Fleischwunden hatte ich am Oberschenkel und am Knie. Die ganze linke Seite meines Körpers war demoliert. Der Krankenhausaufenthalt dauerte sehr lange, aber ich überlebte und erholte mich.

Mittlerweile war Martin um einige Monate älter geworden und musste operiert werden. Ein Professor aus Bremen nahm die Operation vor. Es war seine einzige

Chance. Nach der Operation sagte der Professor uns deutlich, dass der Junge ohne diese Operation nicht lebensfähig gewesen wäre. Die Operation sei gut verlaufen. Aber was unserem Sohn und uns noch bevorstand, ahnten wir zu dieser Zeit noch nicht.

Ein halbes Jahr später wurde unser Andreas geboren. Die Geburt war zwar ohne Komplikationen verlaufen, aber die nächste Katastrophe wartete nicht lange.

Das nächste Familiendrama erlebten wir bei der Geburt von Elisabeth. Während des Geburtsvorgangs war bei Maria eine Hauptschlagader geplatzt. Nur durch schnelles Eingreifen des Arztes war es möglich gewesen, Maria zu retten. Nach der Operation ging es meiner Frau nicht so gut, in der Nacht dramatisierte sich die Lage. Meine Frau erlitt einen Herzstillstand, wurde aber gerettet. Unserer Tochter ging es gut. Unsere Tochter ist gut drauf. Sie ist die Königin unserer Familie.

Maria hat alles überlebt und ich auch. Kinder können wir keine mehr bekommen, obwohl wir viele wollten. Manchmal waren wir traurig darüber, dennoch waren wir dankbar und zufrieden, dass wir drei wunderbare Kinder geschenkt bekommen haben. Nach der Geburt von Thomas sah es zunächst so aus, als ob wir überhaupt keine Kinder mehr haben würden. Wir haben Grund, dankbar zu sein, und sind es vom ganzen Herzen.

17

Als sich das dritte Kind angesagt hatte, entschieden wir uns, ein Haus zu bauen. Unsere Mietwohnung war zu klein geworden. Wir beantragten öffentliche Mittel für kinderreiche Familien. Etwas hatten wir gespart, den Rest bekamen von der Bank.

Während wir unser Haus bauten, geriet mein Arbeitsplatz in Gefahr. Das Jugendzentrum sollte geschlossen werden. Mittlerweile waren die jungen Strafgefangenen in eine andere niedersächsische Stadt verlegt worden und hier am Standort unseres Jugendzentrums sollte die alte historische Zitadelle freigelegt werden. Unser Jugendzentrum passte nicht mehr ins Bild.

Auch konnten die laufenden Kosten für die Unterhaltung des Hauses nicht mehr allein von den Einnahmen des Jugendzentrums getragen werden.

Die Stadt gab uns zwar jetzt einen Zuschuss in Höhe von 2000 Mark monatlich, aber es war zu wenig. Wir hatten Personalkosten, Energiekosten, Betriebskosten, Abgaben für die Müllabfuhr, Straßenanliegerkosten, Unterhaltskosten und mussten die Arbeit der Fachschaften und Referate finanziell selber tragen. Viele Vorschriften und Auflagen mussten erfüllt werden, egal ob für die Versammlungsstättenverordnung oder Notbeleuchtung und Brandschutzerneuerung.

Auch die Sicherheitsvorschriften waren erhöht worden, die Erfüllung der neuen Auflagen kostete viel Geld.

Der Sanitärbereich entsprach schon seit längerer Zeit nicht mehr den Vorschriften. Auch die Stromleitung musste nach und nach neu verlegt werden, da sie nicht mehr den Brandschutzvorschriften entsprach. Immer wurde Geld gebraucht, es war aber zu wenig da. Wir konnten dagegen kein Geld verdienen, auch bei den Feten und den Live-Veranstaltungen nicht.

Wir stellten einen Antrag bei der Stadt auf Erhöhung des Zuschusses, aber es geschah nichts. Ich lud alle Eltern zu einer großen Versammlung ein. Fernsehen und Rundfunk, die Presse und viele Jugendliche waren ebenfalls anwesend. Ich hielt einen Vortrag über die Situation unseres Hauses. Meine ernsten Worte wirkten und kamen an.

Die Eltern gründeten einen Förderkreis, der sich vor allem um den Erhalt unseres Jugendzentrums bemühen sollte. Wir stellten einen Bürgerantrag bei der Stadt. Aber der herbe Rückschlag kam, als zwar über 5000 Bürger diesen Antrag unterschrieben hatten und der monatliche Zuschuss erhöht wurde – aber das nur befristet auf wenige Monate.

Das Jugendzentrum sollte verschwinden. Die Stadt hatte hier an dieser Stelle ganz andere neue Pläne. Sie wollte das ehemalige Festungsgelände wieder erstellen und die Zitadelle ausbauen. Unser Jugendzentrum war dabei im Weg. Man musste den neuen Plan nur noch offiziell beschließen – dann konnte man endlich den alten Bauernkotten abreißen.

Immer deutlicher erkannte ich, dass ich somit bald ohne Arbeitsplatz sein würde. Ein arbeitsloser Bauherr und wieder einmal werdender Vater. Keine gute Situation. Was könnte ich tun, wo würde ich neue Arbeit finden? Sollte ich schon jetzt, noch vor dem endgültigen Aus, das Jugendzentrum verlassen? Wie in dem Sprichwort „Die Ratten verlassen zuerst das sinkende Schiff."

Diese Gedanken erweckten in mir Schuldgefühle. Ich wollte die Jugendlichen nicht alleine lassen. Ich hatte sie noch nie im Stich gelassen und würde es auch jetzt nicht tun.

Dennoch musste ich erkennen, dass das Haus nicht mehr in der Lage war, weiterhin mein Gehalt zu bezahlen. Der Arbeitsvertrag wurde aufgelöst, ich meldete mich arbeitslos. Unentgeltlich führte ich meine Arbeit für das Jugendzentrum fort. Nach wie vor war ich der Geschäftsführer dieser Jugendzentrumsgesellschaft. Zwei Sozialarbeiter, die wir vor einiger Zeit als ABM-Kräfte eingestellt hatten, bestritten weiterhin mit den Jugendlichen die inhaltliche Arbeit.

Doch das war sehr schwer, denn ohne Geld ließ sich nicht viel machen. Von den geringen Einnahmen, die wir hatten, wurde das Nötigste bezahlt und vor allem versucht, die Schulden abzutragen. Für mich war wichtig, dass zumindest alle Schulden bezahlt waren, wenn sie das Haus schließen wollten.

Der Bau unseres Wohnhauses ging gut voran. Die erste Finanzierung war schon vor Baubeginn gesichert worden, aber wie sollte nach der Fertigstellung der große Rest bezahlt werden? Notfalls mussten wir das Haus sofort wieder verkaufen. Schon während der Bauzeit kamen Sachbearbeiter der Bank und machten Fotoaufnahmen vom Rohbau. Sie stellten eine solide Bauweise fest und meinten, dass wir das Haus bestimmt ganz gut verkaufen könnten. Das beruhigte einerseits, machte aber anderseits auch Angst.

In früheren Zeiten hatte ich mir, als ich mal absolut kein Geld mehr hatte, ein neues Auto gekauft. Verstehen konnte das keiner.

„Keine Arbeit, kauft sich aber ein neues Auto, obwohl der andere Wagen noch nicht einmal zwei Jahre alt ist. Wie macht er das bloß?"

„Na, der bekommt bestimmt Geld von seinen Schwiegereltern zugesteckt. Anders geht das doch gar nicht!"

So sprachen und rätselten sie. Die Wahrheit sah aber anders aus. Ich war von der Polizei angehalten worden und die hatte festgestellt, dass das Profil der Reifen abgelaufen war. Neue Reifen aber konnte ich nicht bezahlen. Keine Bank war bereit, mir für neue Reifen einen Kredit zu geben, wohl aber – und hier liegt die Lösung des Rätsels – wollten sie die Neuanschaffung eines Autos finanzieren.

Mit dem Autoverkäufer, der einen guten Draht zur Bank hatte und auch ständig die Kreditverträge für diese Bank erledigte, fast schon wie ein bankeigener Außendienstmitarbeiter, verstand ich mich gut. Wir füllten den Finanzierungsvertrag aus und trugen die Summe des neuen Wagens ein. Ein paar Extras kamen hinzu, und schon erhielt ich mehr Geld von der Bank, als der Wagen tatsächlich kostete. Auf die meisten Extras habe ich dann verzichtet.

Ich konnte die Reifen nicht bezahlen, aber ein neues Auto hat in der Regel gute Reifen. Zudem hatte ich ja noch zusätzliches Geld in der Hand, das ich zwar fürs Auto erhalten, aber nicht ausgegeben hatte. Die ersten Monatsraten konnte ich gut bezahlen. Für einige Monate hatte ich vorerst einmal wieder ausgesorgt. Damals!

Ein solcher Fallrückzieher war mir jetzt nicht mehr möglich. Hier, beim Bau unseres Wohnhauses ging es um mehr Geld. Die Sorge war groß. Noch ging es, aber wie sollte es weitergehen? In dieser Situation erfuhr ich, dass die Sozialstation einen neuen Leiter einstellen wollte. Sofort bewarb ich mich um diese Stelle.

Bald schon flatterte gute Post ins Haus. Ich erhielt eine Einladung, mich vorzustellen. Die verantwortlichen Priester des Nordkreises waren anwesend. Sie kannten mich zwar alle, zumindest aus der Zeitung und von unseren Ferienlagern her, aber der Ordnung musste Genüge getan werden. Sie baten mich, draußen Platz zu nehmen. Sie wollten sich beraten, kurze Zeit später wurde ich wieder in das Besprechungszimmer gebeten und mir wurde mitgeteilt, dass ich die Stelle bei der Sozialstation erhalten würde. Sie hatten sich für mich entschieden. Damit war meine Existenz gesichert und unser Wohnhaus war gerettet.

Es war eine angesehene Stelle und viele beneideten mich um diesen neuen Arbeitsplatz. Viele Familien, Eltern und Kinder, die von meiner Notlage wussten, hatten mit mir empfunden und mir die Daumen gedrückt. Jetzt freuten sie sich mit mir. Der Arbeitsvertrag wurde aufgesetzt und unterschrieben.

Am 1. August 1986 konnte ich meinen neuen Job beginnen. Die Sozialstation war groß, viele Mitarbeiter, ein großer Fuhrpark und viele organisatorische Tätigkeiten warteten auf mich. Bestimmt würde es eine interessante Aufgabe werden. Selbstständiges Arbeiten war ich gewohnt. In dieser verantwortlichen Tätigkeit konnte ich mich bestimmt entfalten und meine Zufriedenheit finden. Geld bekam ich auch genug. Die Welt – meine kleine Welt – war wieder in Ordnung.

Der Kampf um den Erhalt des Jugendzentrums ging unterdessen weiter, aber genauso hart, wie er geführt wurde, ging er letztlich auch verloren. Das Jugendzentrum wurde geschlossen. Wir verkauften das Inventar so gut es ging und schlossen das Kapitel ab. Die Schulden waren letztendlich alle beglichen und die letzten tausend Mark, die wir am Ende noch übrig hatten, spendeten wir der Kirche für karitative Zwecke.

Wieder kam der Sommer, wieder organisierte ich mein Sommerferienlager. In den letzten zwei Jahren waren wir im Schwarzwald und in Frankreich gewesen, aber in diesem Jahr wollten wir wieder nach Italien. Weit über 400 Mädchen und Jungen hatten sich angemeldet. Zu groß war die Gemeinschaft für Terracina, die vielen Lagerteilnehmer konnten dort nicht mehr untergebracht werden. Denn sowohl die Schule als auch das Pfarrheim waren für uns zu klein geworden. Wir wechselten in die Bergstadt nach Priverno.

Hier hatte ich ein altes Schloss entdeckt, in dessen 30 Hektar großen Park konnten wir hervorragend zelten. Das Schloss war sehr alt und nicht mehr bewohnt. Doch trotz des maroden Zustandes konnten wir es für unsere Zwecke gut nutzen. Im früheren Ahnensaal wurde gekocht.

Im Innenhof vom Castel St. Martino wurde gespült, in den vielen anderen Zimmern wurden Unterkünfte für Personal und für erkrankte Kinder errichtet. Die Zentrale war ebenfalls hier im Schloss untergebracht.

Wir fuhren nicht mehr mit dem Zug nach Italien, sondern mit Bussen. Das war viel bequemer. Mit dem Zug hatten wir oft Verspätung gehabt und waren dann erst in den frühen Morgenstunden in Roma-Termini angekommen. Zum großen Übel streikten dann auch noch oftmals die Busunternehmen in Italien und wir saßen mit Hunderten von Kindern auf dem Bahnhof Termini. Das war dann immer eine mittlere Katastrophe.

Einer echten Katastrophe sind wir tatsächlich durch glückliche Umstände entgangen. Es war der 2. August 1980. Gegen 8 Uhr morgens hatten wir den Bahnhof von Bologna verlassen. Um genau 10.25 Uhr explodierte eine in einem abgestellten Koffer versteckte Zeitbombe in einem gut besuchten Wartesaal. Der Sprengsatz bestand aus TNT und T4. Die Explosion zerstörte einen Großteil des Hauptgebäudes und beschädigte den Ancona-Chiasso-Zug, der auf Gleis 1 wartete. Die Explosion war kilometerweit zu hören. Das Dach des Wartesaals brach über den wartenden Fahrgästen zusammen, was die Zahl der Todesopfer massiv erhöhte. Bei dem Anschlag starben 85 Menschen, mehr als 200 wurden schwer verletzt.

An jenem Samstag im Sommer 1980 hielten sich besonders viele Touristen im Bahnhof auf, kurz zuvor waren wir noch mitten unter ihnen gewesen. Die Stadt war auf eine solch massive Katastrophe nicht vorbereitet. Es standen nicht genügend Krankenwagen zur Verfügung, sodass Busse und Taxen zum Transport vieler Verletzter in die Krankenhäuser eingesetzt werden mussten.

Jetzt hatten wir auf den Sonderzug verzichtet und waren die lange Strecke nach Italien mit dem Bus gefahren. Zunächst hatte ich zwar etwas Sorgen, aber dann stellten wir fest, dass die Busfahrt nach Italien angenehmer war als die Zugfahrt. Seit dieser Zeit erreichen wir unser Feriendomizil mit Bussen.

Jetzt waren wir in Priverno, einer kleinen Bergstadt an der Via Appia.

„Via Appia" – das ist ganz alte, römische Geschichte, die wir hier betraten – die wohl berühmteste der römischen Straßen. Die Via Appia wurde 312 v. Chr. von Appius Claudius Caecus angelegt. Sie beginnt in Rom an der Porta San Sebastiano (früher Porta Appia) und wurde zu einer der wichtigsten Handelsstraßen Italiens oder gar des römischen Reiches. Nicht zufällig erhielt sie schon in der Antike den Beinamen Regina Viarum, Königin der Straßen.

Die Via Appia ist heute als Staatsstraße 7 (SS 7) ausgeführt und noch auf ihrer vollen Länge von ca. 540 km befahrbar. Ein Teil der Straße ist zwar mittlerweile asphaltiert, doch auf weiten Strecken findet man noch immer die alte römische Pflasterung vor.

Und hier waren wir nun. Es gefiel uns äußerst gut und das herrliche Gelände mit seinen uralten Bäumen sorgte für einen würdigen Rahmen unserer Ferienlager.

Am Abend, wenn die Sonne untergegangen war, tanzten die vielen Mädchen und Jungen zur Discomusik. Hier waren sie frei. Frei von den Zwängen des Alltags und der Schule. Frei vom Elternhaus und vom Arbeitsplatz. Hier waren sie unter sich. Und ich war bei ihnen. Kann es etwas Schöneres geben, als mit so vielen jungen Menschen unter dem Sternenhimmel am Mittelmeerstrand zu feiern? Wir gehörten zusammen.

Doch das sollte nun bald vorbei sein. In meinem Arbeitsvertrag mit der Sozialstation stand, dass ich die Jugendreisen im Sommer und Winter einstellen musste. Ich hatte diesen Arbeitsvertrag unterschrieben. Warum ich meine Jugendreisen nicht mehr machen durfte? Ich sollte meine Kräfte schonen und mich im Urlaub wirklich erholen.

Ich stand auf der italienischen Bühne unseres Ferienlagers, vor mir tanzten die Jugendlichen. Ich fühlte mich traurig. Es sollte mein letztes großes Ferienlager sein. Ein großes Stück meines Lebens sollte nun zu Ende gehen. Konnte ich damit überhaupt leben? Würde ich das überhaupt aushalten? War ich dazu überhaupt bereit?

Die Situation hatte mich dazu gezwungen, aber diese Situation würde sich auch wieder ändern, würde sich wieder verbessern – und dann? Hätte ich dann noch genügend Kraft und Solidarität, mich für meinen neuen Arbeitsplatz zu engagieren? Mir kamen berechtigte Zweifel.

Das Ferienlager ging zu Ende. Wir kehrten zurück. Die Zeitungen sprachen von einem Meisterstück der Organisation und Programmgestaltung. Ich war mit dem Verlauf des Lagers sehr zufrieden.

Der Heilige Vater hatte uns wieder in seiner Sommerresidenz auf Castel Gandolfo in einer Privataudienz empfangen, die Kinder waren total begeistert. Ebenso angetan waren sie von dem Besuch der viel besungenen Insel Capri. Den Vesuv hatten wir bestiegen und die antike Stadt Pompeji besucht.

Wir waren auf dem Montecassino und hatten in Rom den Trevi-Brunnen, das Colosseum und den Vatikan besichtigt. Die Atmosphäre des Lagers war bombastisch gewesen, die Gemeinschaft hatte ein tolles Niveau gehabt. Alles war gut gelaufen. Beim Abschied waren wieder viele Tränen geflossen.

18

Nun saß ich wieder daheim im Wohnzimmer und dachte über meine Situation nach. Ich hatte ein beklemmendes Gefühl bei dem Gedanken, in wenigen Tagen bei der Sozialstation meine Arbeit aufzunehmen. Dort sollte ich dann bleiben bis zur Rente, vorausgesetzt, ich würde das Rentenalter überhaupt erreichen. Ich war traurig bei dem Gedanken, meine Verbindung zu den vielen Jugendlichen aufgeben zu müssen. Eigentlich hätte ich den Kontakt wohl ausbauen wollen. Aber das waren Träume. Träume sind die Sonntage der Gedanken. Der Alltag sieht anders aus.

Ich hatte eine Familie zu versorgen und Schulden für das Haus abzutragen. Es war kein Platz für Träumereien und Experimente, aber ich wusste, dass ich nur in dieser Notlage zur Sozialstation gegangen war, unter normalen Umständen wäre ich dort nie gelandet. Ich wusste zusätzlich, dass sich diese Situation eines vielleicht auch fernen Tages wieder ändern und entschärfen würde. Nur ob ich dann noch immer bereit oder fähig gewesen wäre, meine volle Kraft einzusetzen?

Der Ärger schien programmiert. Ich entschloss mich, meine Arbeit bei der Sozialstation nicht anzutreten.

Meine Schwiegereltern waren an diesem Tag bei uns zu Besuch und gemeinsam saßen wir in der Küche. Ich erzählte von meinen Gedanken und von meinen Überlegungen, mich selbstständig zu machen. Meine Schwiegermutter war einverstanden, das war das Startzeichen. Ich ging nicht zur Sozialstation.

Bewerber für diesen Arbeitsplatz gab es genug. Der Sozialstation dürfte es nichts ausmachen. Ich ging zu unserem Propst.

„Ich habe Ihnen eine schlechte Mitteilung zu machen", sagte ich ihm und schaute ihn an. Er schmunzelte und sagte:

„Sie wollen nicht zur Sozialstation, stimmt's?"

Er hatte Recht, und er sagte mir während des Gesprächs, dass er schon damit gerechnet hätte. Ich schrieb einen Brief an den Direktor des Krankenhauses, der die Sozialstation betreute, und teilte ihm mit, dass ich auf den Arbeitsplatz verzichten würde.

Er und einige meiner Bekannten waren verwundert, sie konnten nicht verstehen, was ich getan hatte beziehungsweise nicht bereit war zu tun.

„Einen so guten und sicheren Arbeitsplatz, keine anstrengende Arbeit, gutes Geld, ein angesehener Posten, und eine verantwortliche soziale Tätigkeit. Was willst du denn noch mehr?"

Ja, es war eine sichere und bestimmt gute Stelle. Aber der Preis, den ich dafür zu bezahlen hatte, war mir einfach zu hoch. Ich wollte frei sein. Ich konnte nicht mit

Stelzen unter dem Teppich laufen. Für nichts in der Welt wollte ich meine Freiheit noch aufgeben. Für nichts in der Welt meine Kontakte zu den vielen Jugendlichen abbrechen. Da würde ich lieber auf dieses Sozialprestige verzichten, wollte lieber meine Erfahrungen, die ich bisher im Leben gemacht hatte, an die vielen Jugendlichen weitergeben. Sie sind mein Leben. Sie geben mir die Kraft zum Atmen und schenken mir neben meiner Familie das Licht des Lebens und die notwendige Wärme.

Doch wovon sollte in Zukunft meine Familie leben? Ich wusste es nicht genau, aber ich dachte mir, wenn die Ferienlager nicht 100, 200, 300, 400 oder 500 Teilnehmer hätten, sondern 600 oder gar 700 Jugendliche, müssten sich die Kosten kompensieren, wenn ich außerdem zwei statt ein Ferienlager durchführen würde, würden sich auch automatisch einige Kosten verteilen, und dadurch würde ich Geld einsparen. Jetzt fuhr bereits ein LKW nach Italien, um das Material zu bringen. Und, heilige Synergie, wenn 700 Teilnehmer dabei wären und zwei Ferienlager nacheinander stattfänden, dann würde auch nur ein LKW fahren müssen.

Jetzt zahlten wir eine Platzgebühr unabhängig von der Frage, wie viele Teilnehmer im Lager waren. Die Gebühr würde sich nicht erhöhen. Auch wenn doppelt so viele Mädchen und Jungen kommen würden. Jetzt zahlten wir die Instandsetzung des Hauses und des Gebäudes unabhängig von der Teilnehmerzahl. Diese Kosten würden sich auch nicht erhöhen. Jetzt gab ich viel Geld für die Organisation aus; wenn mehrere Jugendliche mitfahren würden, käme die Organisation nicht teurer. Es müsste also Geld übrig bleiben. Garantiert!

Der Wert unseres Ferienlagers würde dabei nicht verloren gehen, im Gegenteil, diese große Gemeinschaft bot noch mehr Möglichkeiten für Aktivitäten. Aus den kleinen Gruppen könnten kleine Dörfer entstehen, nicht jede Gruppe hatte einen Gruppenbetreuer, sondern jedes Dorf bekam einen Dorfleiter sowie einen Betreuer und eine Betreuerin. Nicht mehr verschiedene Gruppen saßen in einem Bus, sondern jeder Bus war ein eigenes Dorf, und das Dorf war unter sich. Der Gemeinschaft des Dorfes stand nichts im Wege. Meine Gedankenspiele gefielen mir.

Die Lagerteilnehmer konnten während der Vorbereitungszeit selber bestimmen, mit wem sie in einem Dorf zusammen sein wollten. Im Ferienlager wurden diese Dörfer dann auch noch durch die Art und Weise des Aufbaus optisch dargestellt. Am Gruppentag konnte jedes Dorf alleine über seinen Bus verfügen, die einzelnen Dörfer konnten so ihr Programm individuell gestalten. Kompetenzstreitigkeiten unter den Gruppenbetreuern gab es im Bus nicht mehr.

Bei der Essensausgabe wurden nicht 50 Gruppen nacheinander aufgerufen, sondern nur noch 10 oder 20 Dörfer mit jeweils 40 bis 50 Jugendlichen. Innerhalb des Dorfes hatten die Lagerteilnehmer für einen adäquaten Tischdienst selber zu sorgen. Die Säuberung des Essplatzes war ebenfalls ihre Aufgabe. Im Innenhof hatte stets ein ganzes Dorf das gesamte Geschirr zu spülen. Dieses wurde abwechselnd von den einzelnen Dörfern erledigt. Die Vorbereitung der Tagesschau und der Lagerrunde wurde ebenfalls von den einzelnen Dörfern abwechselnd vorgenommen.

Ich arbeitete an einem großen Ferienlager. Ich fuhr nach Italien und sprach meine Pläne mit den Behörden ab. Sie hatten keine Einwände. Das Gelände war groß genug, das Meer auch. Zwar gab es anfänglich Probleme am Badestrand, aber die wurden auch gelöst. Don Amedeo war wieder bereit, mich zu unterstützen. Ich konnte mein Angebot veröffentlichen.

19

Es meldeten sich 1800 Mädchen und Jungen, und alle kamen mit. Das sollte ein Festival der Jugend unter dem Sternenzelt Italiens werden, das war eine große Herausforderung. Aber eine tolle und einmalige. Um nach Italien fahren zu können, benötigten wir für den Sommer 38 Busse.

Ich arbeitete konzentriert und sehr gewissenhaft. Dieses Ferienlager musste aus verschiedenen Gründen sehr gut werden, wenn nicht sogar die beste Jugendfreizeit überhaupt.

Als die Teilnehmerzahl öffentlich bekannt wurde, brach ein Sturm der Entrüstung los. Nicht die Teilnehmer oder deren Eltern beschwerten sich, nein, Außenstehende. Die konnten in der Nacht vor lauter Verantwortungsgefühl nicht schlafen. Dass ich mit fast 2000 Mädchen und Jungen nach Italien fahren wollte, ließ sie einfach nicht ruhen.

Vereine beschwerten sich, dass ihre Mitglieder von mir angeblich weggelockt wurden und mit nach Italien fuhren. So konnten sie ihre eigene Sommerfahrt nicht durchführen. Bislang hatte es keine Alternative gegeben, aber jetzt war das Monopol aufgehoben und die vielen Jugendlichen hatte eine Chance, sich zu entscheiden. Sie entschieden sich für mein Angebot!

Christliche Gruppen und Vereine meldeten sich. Und mit dem Schwert in der Hand begann ihr Kampf gegen das Böse. Selbst Seelsorger meldeten sich zu Wort. Auch ihnen war etwas Schlechtes an der Sache aufgefallen. Schon fiel das Schlagwort vom modernen „Rattenfänger von Hameln". Sie sprachen gar von einem „Kinderkreuzzug über die Alpen" und vom „Massentourismus".

In ihren Leserbriefen warfen sie die Frage auf: „Höffmann – Jugendfreund oder Geschäftemacher?" Sie priesen ihre eigene Arbeit und verteufelten meine. Sie spielten sich als Propheten auf und sagten große Verluste, sogar Tote voraus.

Besonders einige Mitglieder kirchlicher Gruppen führten die härtesten Angriffe – überall sahen sie nur

Schlechtes, meinten, auf der angestrengten Suche nach vermeintlichen Defekten fündig zu werden. Argumente wie Anklagen: Die Teilnehmerzahl sei zu groß, die pädagogische Ausbildung der Betreuer zu gering, der religiöse Aspekt zu wenig berücksichtigt.

Parallel zu ihrer Kritik rühmten sie sich ihrer eigenen tollen Bundestreffen, an denen dann 6000 Jugendliche gleichzeitig teilnahmen. Die Betreuung ihrer Gruppen konnten engagierte Jugendliche machen. Bei mir war das nicht möglich.

Wenn wir gemeinsam mit dem Heiligen Vater den Gottesdienst feierten, dann war das in ihren Augen Gotteslästerung, aber wenn sie mit dem Papst eine Messe hätten feiern können, dann wäre das die Würdigung ihrer Jugendarbeit gewesen.

Bei der Elternversammlungen hatte ich mich den vielen Eltern vorgestellt und u. a. auch gesagt, dass ich Mitglied im Pfarrgemeinderat war und ebenfalls Mitglied im Rat der Kreisstadt Vechta. Dieses wurde mir besonders angelastet, meine Kritiker behaupteten, ich mache damit Werbung. Das war zwar nicht meine Absicht gewesen, denn die Anmeldungen der Teilnehmer lagen schon seit Monaten vor, aber es war für mich irgendwie eine Selbstverständlichkeit, diese Ämter zu erwähnen.

Ich dachte, die Priester und christlichen Vereine sollten sich doch freuen, wenn es möglich war, mit der Mitgliedschaft im Pfarrgemeinderat Werbung zu machen.

Aber sie suchten etwas, um ihrem Neid und ihrer Missgunst Luft zu machen. Ihre Liebe zum Nächsten wurde von ihrer Selbstsucht schamlos erstickt. Es war auch schwer für sie, vor allem als sie erkennen mussten, dass jemand da war, der ihnen nicht unterlegen zu sein schien.

Ich veranstaltete mein Ferienlager. Wäre ich nach meiner Entlassung als Jugendpfleger arbeitslos geblieben und der Allgemeinheit zur Last gefallen, hätten wir das Haus verkaufen müssen und meine Familie wäre in eine Sozialwohnung gezogen, dann hätten sie gesagt: „Warum arbeitet der Mann eigentlich nicht? Man hätte doch mit den Jugendreisen auch Geld verdienen können, warum macht er das nicht?"

Nun, ich hatte mich nicht in den sozialen Würgegriff dieser Menschen begeben, sondern den Kopf hochgehalten. „Hilf dir selbst, hilft dir Gott!" Und so war es nun! „Einfach anfangen." – Das hatte ich mir gedacht und nicht nach der Meinung dieser Meinungsmacher gefragt. Ich hatte gar nicht an sie gedacht! „Wer immer nach dem Winde sieht und auf das passende Wetter wartet, der kommt weder zum Säen noch zum Ernten!" Und zu Wetter und zum Wind gehörte für mich auch der Gegenwind!

„Wer sich in den Kampf begibt, muss Trommeln und Pfeifen vertragen können", hatte mir vor vielen Jahren ein älterer Ratsherr geantwortet, als ich mich angegriffen fühlte und mich darüber beklagen wollte. Diese Weisheit hatte ich mir zu eigen gemacht.

Während einer Auseinandersetzung wurde mir von einem Priester vorgehalten, dass wir immer vom Papst in einer Privataudienz empfangen würden. Er würde seit eh und je mit seinen Jugendgruppen nach Rom und Assisi pilgern, aber hätte bis heute noch keine Audienz bekommen.

Einmal hätten sie sogar auf dem Petersplatz Kardinal Ratzinger getroffen und aus einer respektvollen Distanz heraus Fotos gemacht. Der Kardinal habe sie daraufhin angesprochen und gesagt: „Aber meine Herren, kommen Sie doch näher!", und so hätten sie sich gemeinsam dem Fotografen gestellt. Wenn sie in diesem Moment gewusst hätten, dass sie direkt neben dem direkten Nachfolger von Papst Johannes Paul II. posierten, wären sie bestimmt sehr glücklich gewesen und hätten den weiteren Verlauf nicht so bedauert. Der Augenblick war also in Wirklichkeit auch eine absolute Besonderheit.

Den Augenblick genießen und nutzen. Hätten sie diesen Augenblick ergiebiger genutzt, würden sie heute bestimmt eine Privataudienz beim Heiligen Vater erhalten. Doch damals war das nicht abzusehen und deshalb war nur das erwünschte Foto wichtig.

Später habe man dieses Foto dem Kardinal geschickt und angefragt, ob es möglich sei, dass diese Gruppe wohl vom Papst in einer Privataudienz empfangen werden könne. Der Kardinal habe auf diesen Brief nicht einmal geantwortet. Der Priester erzählte diese Geschichte und war schon etwas enttäuscht. Aber ich konnte auch nichts dafür!

Hochnäsig und arrogant hatte ich geantwortet: „Sie müssen nicht den Kardinal fragen, Sie sollten mich fragen!"

Dass sie auf mich nicht gut zu sprechen waren, konnte ich sehr gut verstehen. Ich musste für ein demütiges Herz ein wahnsinniges Feuer und sehr schmerzhaft sein.

Sie bekämpften mich weiter, aber ich war kampferprobt und dachte mir: „Auch wenn die Zukunft wie eine Schlange aussieht, ich muss mich ja nicht wie ein Kaninchen verhalten!"

Ich fuhr gegen alle Widerstände mit den vielen Jugendlichen nach Italien. Es waren wieder absolut schöne und erlebnisreiche Tage. Kein Kind kam zu Schaden, und der Papst lud uns wieder zu einer Sonderaudienz in die große Audienzhalle nach Rom ein. Eine solche Privataudienz mit so vielen Jungen und Mädchen hatte ich noch nicht erlebt.

Ich stand oben neben dem Heiligen Vater, der auf seinem Thronsitz Platz genommen hatte, und stellte ihm meine Feriengruppe vor, und der Heilige Vater begrüßte die vielen Jugendlichen mit viel Lob und offenem Herzen. Dann setzten sich alle und Johannes Paul II. hielt eine sehr persönliche Ansprache an die Südoldenburger Jugendlichen. Diese Ansprache wurde anschließend vom Osservatore Romano, der Vatikan-

Zeitung, in deutscher Sprache und im Wortlaut veröffentlicht.

„Liebe Jungen und Mädchen, eure Großeltern sind vor fünfzig Jahren berühmt geworden, als sie sich dagegen auflehnten, dass gottlose Staatsführer die Kreuze aus euren Schulen entfernen wollten …"

Der Heilige Vater sprach über den Kreuzkampf während des Zweiten Weltkriegs und die vielen „Enkelkinder" dankten es ihm mit großem Applaus.

Anschließend begrüßte der Heilige Vater viele Kinder mit Handschlag. Sie bekamen Bilder und Rosenkränze geschenkt. Fernsehen und Radio, Presse und Hoffotografen waren dabei.

Die Jugendlichen standen auf den Stühlen und waren begeistert. Diesmal waren wir nicht mehr stumm vor Ergriffenheit, sondern ließen lauthals unsere Begeisterung heraus. Wir sangen Lieder und nochmals Lieder. Aber nicht etwa Heiligensongs, sondern z. B. „Marmor, Stein und Eisen bricht – aber unsere Liebe nicht, alles, alles geht vorbei, doch wir sind dir treu!" Eine einmalige Liebeserklärung an den Nachfolger des Heiligen Petrus.

Dem Papst schien es zu gefallen. Er stand da und applaudierte. Wenn ein Lied zu Ende war, motivierte er die vielen Mädchen und Jungen, das nächste zu beginnen. „An der Nordseeküste, am plattdeutschen Strand …" Die Stimmung war bombastisch. Auch die Bediensteten des Vatikans hatten so etwas noch nicht erlebt. Einer der Schweizer Gardisten sagte anschließend zu mir: „Heute sind Sie gut gekommen!" Er meinte, unsere Begegnung mit dem Oberhaupt der katholischen Kirche sei wohl ein voller Erfolg gewesen.

Nach unserer Rückkehr aus dem Lager gab es wieder große Zeitungsberichte, wir wurden gelobt, es hatte gefallen, wir hatten Recht behalten. Die anderen schwiegen, sie schweigen noch heute.

20

Unsere Ferienlager entwickelten sich. 1990 besuchten wir Ungarn und erlebten so das „Paris des Ostens"! Wir lebten in Felsőgöd und besuchten den Balaton und die Puszta, die Königssitze Esztergom und Visegrád und die Künstlerstadt Szentendre und frühstückten gemeinsam mit allen Teilnehmerinnen und Teilnehmern im Café Hungária.

Doch zunächst gab es noch einen unvorhergesehenen großen Schrecken: Unsere Einreise nach Ungarn war gefährdet und – hätte eigentlich nicht stattfinden können.

Es war auf der Hinreise nach Ungarn. Die Hauptakteure: Beamte der fernen Verkehrspolizeiinspektion Freising.

Während der Anreise ins Ferienlager nach Ungarn hatte ein Betreuer in seinem Bus alle Reisepässe der Kinder eingesammelt und diese in einer Aktentasche auf einer Raststätte an der Autobahn nach der Pause vergessen. Um 3.20 Uhr fand ein Urlauber diese Aktentasche mit 51 Reisepässen auf dem Parkplatz an der BAB A 9 und gab sie bei der Autobahnpolizei ab. Diese startete eine Suchaktion und forderte uns u. a. über Radio auf, uns bei der Polizei zu melden. Da wir aber alle im Bus entweder schliefen oder Musik hörten, bekamen wir zunächst von dieser Suchaktion nichts mit.

Erst am Grenzübergang Deutschland-Österreich erfuhr ich von der Grenzpolizei, was geschehen war. Was sollten wir tun? Keine Pässe – die Pässe an der deutschen A 9 – also konnte diese Busgruppe nicht nach Ungarn einreisen. Doch da bekamen wir ein kleines Wunder frei geliefert. Völlig unbürokratisch startete die Polizei einen Kurierdienst und brachte uns die Pässe an die österreichisch-ungarische Grenze.

Gleich darauf noch eine staatsmännische Geste: In Budapest wurden wir vom Landwirtschaftsminister persönlich im Parlamentsgebäude empfangen. Staunend schritten wir die Treppen hinauf. Ein solches Märchenschloss hatten wir noch nicht gesehen.

Begeistert waren wir auch von der Margareteninsel, dem Panoramabad, dem Gellért Berg, der Zitadelle, dem Gellért Bad, der Matthiaskirche, der Fischerbastei, der Basilika und dem Prater.

Die Holzachterbahn im Prater, die Schifffahrt auf der Donau und vor allem das Endspiel der Fußball-WM, das wir in großer Gemeinschaft auf einer Leinwand und durch eine Telefonleitung zum Fernsehgerät nach Hause mit deutschen Kommentaren erlebten, waren der Höhepunkt unserer Ungarnreise.

In früheren Jahren war meine Frau als Betreuerin mit ins Ferienlager gefahren, jetzt war sie mit unseren Kindern dabei. Immer wieder wurde von „Sissi", der Kaiserin Elisabeth von Österreich, erzählt. Unsere kleine Tochter Elisabeth war ganz stolz, diesen Namen zu tragen.

Während unserer Fahrt durch die beiden Stadtteile links und rechts der Donau, Buda und Pest, stoppte unser Bus zu Ehren unserer Tochter Elisabeth auf der über hundert Jahre alten Elisabethbrücke, eine Kettenhängebrücke, die die Donau in einer Breite von 260 m überspannt. Das Hupkonzert der vielen anderen Verkehrsteilnehmer, die nur unseretwegen auf diesem Meisterwerk von 1903 warten mussten, genossen wir als ein akustisches Salut. Servus!

Eines der schönsten McDonald's der Welt fanden wir am Westbahnhof in Budapest, den „Nyugati pályaudvar", 1877 von Gustave Eiffel – noch vor dem Bau seines Eiffelturmes in Paris – errichtet. Sehr auffällig ist die große Glasfassade des Westbahnhofes mit den drei weit ausladenden Eingangstüren. Dahinter befindet sich die aus Stahl und Glas errichtete Mittelhalle.

1990 suchte man einen Investor für das ehemalige Bahnhofsrestaurant und fand ihn im Fast-Food-Konzern McDonald's. Es war nicht einfach, die architektonisch interessanten Räumlichkeiten des Bahnhofsrestaurants den Bedürfnissen eines modernen Schnellrestaurants anzupassen. Doch beides gelang.

Von diesem Ambiente waren wir so begeistert, dass wir das ganze Lokal kurzerhand für einen Abend nur für uns alleine mieteten. Motto der Gaumen-Show: Essen und Trinken satt!

Übrigens: Am anderen der drei großen Budapester Bahnhöfe, am Ostbahnhof, wurde das Musikvideo zu „From Sarah With Love" von Sarah Connor gedreht. Und eine kleine, vergnügliche Anmerkung am Rande: Dieser internationale Star hatte 1999 als eine unserer Lagerteilnehmerinnen noch vor ihrer offiziellen Entdeckung in unserem Sommerferienlager in Portugal an unserem Karaoke- und Playbackabend den ersten Platz belegt.

1990 besuchten wir Ungarn und 1991 waren wir am Atlantik in Portugal. Ungarn war für uns neu und die Erfahrungen ebenso, aber in Portugal haben wir Erfahrungen gesammelt, die wir auch wirklich nur hier machen konnten. Lass es mich dir erzählen:

Schon viele, viele Monate vorher hatten wir während unserer Organisationsfahrt in Portugal in der Nähe von Lissabon direkt am Meer einen „Natur-Campingplatz" entdeckt. Die portugiesischen Pfadfinder nutzten schon damals dieses Gelände, das ihnen bis heute vom Staat zur Verfügung gestellt wird.

Der Platz liegt ideal, doch die Einrichtungen ließen damals noch viele Wünsche offen. Toiletten und Duschen waren nicht vorhanden. Auch fehlte eine Küche. Um diesen Platz für uns nutzen zu können, mussten wir viel Geld investieren und bauen.

Im Gespräch mit den Verantwortlichen wurde hin- und herüberlegt und Großes vereinbart. Viele, viele Hunderttausend DM stellten wir für den Bau einer neuen Sanitäranlage, einer Großküche und eines kleinen „Stadions" für circa 1500 Personen zur Verfügung. Unsere großen vertrauensvollen Investitionen setzten viel Naivität voraus, getreu dem Motto: „Dummheit fördert die Entscheidungsfreude!"

Die Planungen waren abgeschlossen und die Umsetzung konnte beginnen. Natürlich lag die Betreuung der Baumaßnahme in den Händen unserer portugiesischen Freunde, denn von zu Hause aus diese Baumaßnahmen zu leiten, schien uns unmöglich.

Nach und nach überwiesen wir das Geld nach Portugal und zwischendurch konnten wir uns bei kurzen Stippvisiten vor Ort vom Fortschritt und Erfolg der Bauarbeiten überzeugen.

Im Mai, einige Wochen vor Beginn unseres ersten Ferienlagers, besuchten wir die Baustelle zum letzten Mal vor Beginn des Sommers. Alles war in Ordnung und die restlichen Arbeiten konnten in den verbleibenden Wochen gut erledigt werden. Alles lief nach Plan, alles war gut, wir freuten uns auf unseren ersten gemeinsamen Sommer in Portugal.

Drei Ferienlager waren geplant und an jedem nahmen über 1500 Jugendliche teil. 4500 Mädchen und Jungen waren gespannt darauf, wie unsere Urlaube an der Atlantikküste wohl werden würden, und hofften auf Sommer, Sonne, Strand und ein himmelblaues Meer mit hohen Wellen.

Wellen, freilich ganz andere, sollten schon bald über uns zusammenschlagen.

21

Schon seit Beginn meiner ersten Ferienlager hatte ich mir immer für die jeweilige Jugendreise einen Schirmherrn gesucht. Persönlichkeiten aus Politik und Kirche übernahmen die Schirmherrschaft. Rita Süssmuth war als Bundesfamilienministerin ebenso dabei wie Wolfgang Schäuble als Bundesinnenminister und Theo Waigel als Bundesfinanzminister und einige Jahre später Gerhard Schröder als Bundeskanzler (Bild 30). Auch Don Amedeo aus Terracina hatte zwischendurch die Schirmherrschaft übernommen.

Jetzt, bei unserer ersten großen Jugendreise nach Portugal, übernahmen der Jugendminister von Portugal, António Fernando dos Santos, und unser damaliger Außenminister Hans Dietrich Genscher die Schirmherrschaft für diese Ferienlager.

Als der Sommer gekommen war und die Schulferien begonnen hatten, starteten wir mit 37 Bussen in

Richtung Süden. Von Deutschland durch Belgien, Frankreich und Spanien näherten wir uns der Iberischen Halbinsel. Hätten wir gewusst, was uns im Land des Fados erwartete, hätten wir unterwegs noch kehrtgemacht.

Doch voller Erwartung und frohen Mutes steuerten wir mit Frohsinn und Heiterkeit unserem Ferienort – und dem Elend entgegen. Naivität hilft zu leben! Nur wer seinen eigenen Weg geht, kann von niemandem überholt werden!

Nach 36-stündiger Busfahrt erreichten wir wohlbehalten unser Feriendomizil in Portugal und wurden schon vor den Toren der Stadt von einer Delegation unseres Vortrupps empfangen. Mit großer Umarmung begrüßten wir uns. Sie stiegen zu uns in den Bus und gemeinsam setzten wir die letzten hundert Meter fort.

Fast beiläufig erzählte man uns auf diesen letzten Metern: „Es gibt kein Wasser, die Toiletten funktionieren nicht, die Kläranlage ist nicht angeschlossen und die Küchengeräte sind nicht aufgebaut, aber unser Stadion funktioniert, die ansteigenden Sitzreihen sind ausreichend, die Bühne ist aufgebaut und die Musik- und Lichtanlage sind installiert!"

„Ey, prima, dann kann es ja losgehen", dachte ich und hielt alle negativen Mitteilungen für einen netten Ulk.

Unsere Busse konnten nicht direkt auf unseren Campingplatz fahren und so wurde das Gepäck auf der Straße ausgeladen. Schwer mit den persönlichen Schätzen beladen, zogen die vielen Mädchen und Jungen in ihre Zeltdörfer.

„Erst einmal duschen, dann etwas essen und sich anschließend die Gegend und vor allem den Strand und das Meer ansehen", so planten viele.

Doch nichts von alldem war möglich. Wo waren wir denn hier gelandet? Was hatte Hans in den Rundbriefen geschrieben und auf den Informationsveranstaltungen uns und unseren Eltern erzählt und versprochen? Das hier konnte nicht wahr sein!?!

1500 Mädchen und Jungen im Alter von 13 bis 18 Jahren und 180 Betreuer und Betreuerinnen standen nach 36-stündiger Busfahrt und zweistündigem schweißtreibendem Einzug in die Zeltstädte auf einem „Natur-Campingplatz" voller Pinien.

Aber ohne Getränke, ohne Wasser, ohne Verpflegung, ohne Duschen, ohne Toiletten, ohne …, ohne …, ohne …, aber mit Sprachlosigkeit, Verwunderung und viel Enttäuschung!

Was war passiert? Was sollte geschehen? Wie sollte es weitergehen? Sollten wir direkt wieder nach Hause? Wer könnte das aushalten und überleben?

Ich hatte schon viel erlebt, aber dieses hier war für mich eine Premiere der absoluten Sonderklasse. Was sollte und konnte ich tun?

Nichts tun, hilft nicht. Die Situation bedauern, hilft auch nicht. Nach den Verantwortlichen fragen, hilft in dieser Situation genauso wenig. Handeln – das war die einzige Möglichkeit! Aber wie? Ich wusste es nicht, aber ich hatte die Erfahrung gemacht, dass man einfach anfangen muss, dann schiebt sich der Weg im Laufe der Zeit von selbst unter die Füße. Wer anfängt, der findet auch einen Weg – garantiert!

Da ist doch die Geschichte von den zwei Mäusen, die in den Milchkessel fallen: Beide drohen zu ertrinken. Die eine verhält sich ruhig, wartet ab, vertraut auf Hilfe von außen – und geht voller Hoffnung unter und ertrinkt.

Die andere kann es nicht fassen. Sie will ihre Situation einfach nicht akzeptieren. Sie ist erzürnt. Sie tobt und schreit, sie schlägt um sich und ist voller Panik. Immer wieder versucht sie, den rettenden Kesselrand zu erreichen, und immer wieder fällt sie zurück in die Milch. Durch ihre hektischen Bewegungen und Stürze bildet sich zusätzlich in der Milch noch eine kleine tückische Wellenbewegung. Diese Wellen erschweren ihr den Kampf ums Überleben.

Weise Beobachter würden jetzt mit gemäßigter Stimme sachlich korrekt feststellen, dass die Maus an ihrer jetzigen verschlimmerten Situation auch irgendwie selber Schuld hat, warum macht sie auch solch ein Theater? Dadurch wird ihre Situation anscheinend auch nicht besser. Sie verschlimmert höchstens ihre Lage. So hat sie letztendlich selber Schuld, wenn sie von den selbst erzeugten Wellen überschüttet wird und untergeht.

Aber diese Maus steht nicht als unberührter Beobachter irgendwo am Kesselrand und sie ist nicht relaxed. Sie ist im Todeskampf und benötigt aktive Hilfe statt weiser Ratschläge. Es ist ihr gar nicht möglich, mit leiser Stimme zu sprechen und sachlich korrekt zu urteilen. Täte sie's, so wäre es ihr Todesurteil.

Sie will leben. Leben wie du und ich. Und leben wie die, die sie selbst bestaunt und beneidet. Doch niemals möchte sie leben wie ihre Beobachter. Ihr fehlen die gemäßigte Stimme, das unberührbare sachlich korrekte Urteilsvermögen und die Gefühllosigkeit.

Ihr Leben ist Leidenschaft, Liebe, Freude, Verständnis, Trauer, Hilfe, Arbeit, Verzicht und Kampf.

Ohne es zu planen und ohne es zu ahnen, ohne es zu berechnen und ohne es selber zu verstehen, entsteht durch ihr Schlagen, Paddeln und Toben aus dem Fett der Milch die Butter ihres Lebens. So hat sie auf einmal und unverhofft einen festen Boden unter ihren Füßen und mit einem gewaltigen Sprung befreit sie sich aus dem für sie todbringenden Milchkessel.

Wer gewinnen will, muss kämpfen können.
Wer kämpft, kann verlieren.
Wer nicht kämpft, hat schon verloren!

Unser Campingplatz lag direkt neben zwei anderen Campingplätzen. Der eine wurde von der Nationalgarde bewohnt und der andere war ein öffentlicher Campingplatz. Hier kauften wir eine Überkapazität an Duschkarten und jeder erhielt zunächst fünf davon. Zusätzlich erhielt jeder Reiseteilnehmer 15 Mark, um sich damit in den nächsten Tagen in der nahe gelegenen Stadt Trinkwasser zu kaufen.

Die Toiletten- und Duschhäuser waren zwar gebaut. Türen waren eingesetzt, doch die Türschlösser fehlten. Ebenso das Wasser für die Spülung.

In unserer eilig herbeigerufenen Leiter- und Betreuerrunde wurde über die Misere gesprochen und wir trafen weitreichende Entscheidungen. In dieser Stunde zeigte sich, dass wir nicht nur Personal für die Sonnenstunden hatten. Alle zeigten sich in dieser Notsituation solidarisch und halfen, wo immer sie konnten.

Eine große Bautonne, die wir direkt am Eingang des Toilettenhauses platzierten, wurde mit Meerwasser gefüllt. Es wurde von den Betreuern und Betreuerinnen ein dauernder Toilettendienst eingerichtet und jeder, der die Toilette benutzen wollte, musste einen mit Wasser gefüllten Eimer mitbringen. Ständig wurde das Wasser in der Tonne nachgefüllt.

Im WC-Gebäude wurde der Dienst des Personals verrichtet. Keiner kam ohne Wasser auf die Toilette, keiner öffnete die Tür, während die Toilette benutzt wurde, und jeder spülte anschließend mit dem mitgebrachten Wasser sauber ab. Nach der Benutzung kontrollierte das Personal die Sauberkeit der Toilette.

Man darf es kaum sagen, aber in diesem Ferienlager hatten wir die saubersten Toiletten aller Zeiten, und es machte Spaß, sie zu benutzen.

Man wurde im Toilettenhaus empfangen und schon am zweiten Tag konnte man am Gewinnspiel „Bingo" teilnehmen. Immer wenn mehr als zwei Toilettenkabinen besetzt waren, ging es um die Frage, welche Tür sich als erste wieder öffnen würde. Die verteilten Gewinne waren zwar klein, die Gewinnerfreude aber groß!

Schneller als sonst lernte sich unsere große Gemeinschaft kennen. Schon bald war klar, wer wer ist, wer vom Personal den Toilettendienst am besten verrichtete und bei wem es am saubersten und lustigsten war. Der Wunsch nach einem öffentlichen Dienstplan wurde laut, jeder wollte wissen, wen man wann wo treffen konnte!

Das Toilettenproblem war also vorerst gelöst, aber was machten wir mit den Duschen? Wo sollten wir warmes und fließendes Wasser herbekommen?

„Not macht erfinderisch!" Und so schickte ich einen Mitarbeiter zur Feuerwehr und ließ anfragen, ob es möglich sei, dass die Feuerwehr sauberes Wasser bringe und die Kinder unter dem Löschstrahl in unserem Stadion duschen könnten.

Ich fand meine Idee genial und wartete nun auf den Einsatz des Löschzuges und der Feuerwehrmänner! „Großeinsatz im Ferienlager!"

Alle Kinder waren informiert und wir erfuhren, dass die Feuerwehr um 18.00 Uhr eintreffen werde. Kurz vor 18.00 Uhr informierte man mich und teilte mir mit, dass die Feuerwehrkapelle eingetroffen sei und nun in festlicher Tracht vor dem Eingang unseres Campingplatzes stand. Und tatsächlich, ich traute meinen Augen nicht, die Feuerwehr war da. Aber nicht mit Leiterwagen und Löschzug, sondern mit Lyra, Schellenbaum, Querflöten, Trommlern und Tambourmajor. Als ich das Tor des Campingplatzes öffnete, ertönten die Klänge der Kapelle und kein Mozart der Welt hätte für diese Musik jemals Noten schreiben können.

Da stand ich nun, über 1700 Menschen schwitzend, erschöpft und voller Erwartung im Rücken, und vor mir die örtliche Feuerwehrkapelle. Sie waren gekommen, um, wie sie meinten, unseren Schirmherrn, den Herrn Außenminister Genscher, zu empfangen.

In der Stadt war schon seit geraumer Zeit über unser großes Ferienlager gesprochen und spekuliert worden. Keiner hatte eine Vorstellung von dem, was hier laufen sollte, und bestimmt waren viele davon überzeugt, dass, wenn über 1700 junge Deutsche in ein großes Sommerferienlager nach Portugal fahren, bestimmt auch der Außenminister dabei sei, zumal er ja auch für diese Reise die Schirmherrschaft übernommen hatte.

Doch kein Genscher war da und kein Außenminister in Sicht. Wir saßen am Atlantischen Ozean wortwörtlich auf dem Trockenen und brauchten Hilfe von der Feuerwehr!

„Wasser, marsch! Aber bitte möglichst schnell!"

Die Klänge der Musikkapelle waren noch nicht ganz verhallt, als dann doch noch der Mannschaftswagen der Feuerwehr anrückte. 30.000 Liter Wasser hatten sie dabei, nicht zum Trinken, aber – endlich – zum Duschen.

Damit der Tankwagen mit seinem harten Wasserstrahl nicht gefährlich wurde, standen alle Jugendlichen drinnen im neuen Stadion und von draußen schossen fünf Kanonen über 30.000 Liter erfrischendes Wasser von oben in die Arena. Unsere Musik- und Lichtanlage war abgedeckt und geschützt, aber funktionstüchtig. „Wasser-, Musik- und Lichtorgel" vom Feinsten, aber nicht gemächlich von Vivaldi, sondern fetzig und von jetzt. Unser DJ heizte allen so richtig ein, und die Stimmung im Stadion war nicht mehr zu übertreffen.

Zwischen dem blauen Himmel und dem Betonboden, in der Abendsonne, die ein natürlicher Scheinwerfer und Disco-Super-Spot war, tanzte und duschte unser junges Publikum wie entfesselt zu den Hits aus den Charts. Und weil keine Fete der Welt besser sein konnte, wiederholten wir dieses kollektive Duschtheater jeden Tag.

Auch die Feuerwehrmänner waren begeistert und schnell sprach sich diese Sonderaktion im Großraum Lissabon herum. Nach einigen Tagen beteiligte sich auch die Berufsfeuerwehr von Lissabon an den musikalischen Löscharbeiten. Selbst die Kinder und Frauen der Wehrmänner tanzten mit uns unter den Wasserstrahlen.

Unsere Wasserfete, die sich im Laufe der nachfolgenden Jahre zur Schaumfete entwickelte, war geboren und ist bis heute ein fester Bestandteil unserer Ferienlager.

Der Kontakt zur Feuerwehr war hergestellt und wurde ausgebaut. Die Feuerwehr versorgte uns mit

Trinkwasser und half sogar in der Küche mit. Auf Hockerkochern wurde gekocht und das Essen schmeckte, wie immer, hervorragend.

Eigentlich hätte unser Ferienlager so weiterlaufen können, aber wir lebten ja letztlich doch auf einer Baustelle – überall lagen Schutthaufen und Baureste. Zum einen war es ungemütlich und zum anderen gefährlich. Auch fehlte uns der Anschluss an die städtische Wasserversorgung, die man uns schon bei den ersten Verhandlungen zugesichert hatte.

Ich fuhr nach Lissabon. Im Parlamentsgebäude traf ich unseren portugiesischen Schirmherrn Dos Santos. Telefonisch hatte ich ihn schon vor Tagen informiert und um Hilfe gebeten, und er half, wo er nur konnte. Innerhalb weniger Tage erhielten wir eine Hauptwasserleitung vom städtischen Wasserwerk und eine Anbindung an die Kläranlage. Herr Santos war sehr um uns bemüht, mehrmals besuchte er uns im Ferienlager. Er zeigte sich interessiert und sehr hilfsbereit.

Wir erhielten Hilfe, wo es nur ging. Und eigentlich ging es uns gut. Aber in jeder Gruppe gibt es immer wieder einige, die es lieben, im Trüben zu fischen. Auch wir hatten Jugendliche dabei, die für erhebliche Unruhe sorgten. So erhielten wir von ihnen quasi die Retourkutsche zu unserer Misere.

Die Tage waren schwer und die Nächte kurz, so langsam war ich erschöpft, und das Geschehen drohte mir über den Kopf zu wachsen. Der Unsinn, den einige Jugendliche verzapften, kam hinzu. „Schwäche als passive Provokation", und wir zeigten durch unsere Situation erhebliche Schwächen. Nur mit der Hilfe und Zustimmung der vielen Jugendlichen konnte es überhaupt weitergehen.

Unsere anfängliche Euphorie schien zu kippen. Unmut kam auf und ich trug mich mit dem Gedanken, das Ferienlager abzubrechen. Natürlich würde das das Ende meiner Firma sein, aber das musste ich in Kauf nehmen.

Ein Abbruch unseres Ferienlagers würde mich viel Geld kosten, aber auch damit war ich einverstanden. Einige Jahre zuvor hatte ich ein zweites Wohnhaus gebaut, das nutzte ich als Bürogebäude, wir müssten es dann verkaufen.

Ich rief alle Jugendlichen und das Personal zu einer großen Lagerrunde ins Stadion. Ich entschuldigte mich für die Misere und die Umstände, für das Elend und die Katastrophe, ich brachte meine Gefühle zum Ausdruck und meine Bereitschaft, das Ferienlager abzubrechen und nach Hause zu fahren.

Die Kinder waren entsetzt. Nach Hause fahren wollten sie nicht. Hier bleiben und weiter machen, aufräumen und den Strand, das Meer, die Sonne, die Lagerrunde mit Tagesschau, Shows, Musik und Tanz, die Gemeinschaft und unser großartiges Zusammensein genießen. Viele Teilnehmer kamen als Sprecher aller auf die Bühne und plädierten ausnahmslos für „WEITERMACHEN". Tosender Applaus hallte schon während der einzelnen Beiträge durch unser Stadion.

Als ich wieder das Mikrofon in die Hand nahm, standen alle auf und applaudierten so feste, wie sie nur konnten. Ich war gerührt und mir kamen die Tränen.

Ich bot allen, die doch nach Hause wollten, einen kostenlosen Rückflug an.

Doch niemand meldete sich dafür!

Mit den vereinten Kräften von über 1700 Personen räumten wir unseren Campingplatz auf. Die Baustelle wurde abgebaut und die Schutthaufen wurden entfernt. Die Wände wurden gestrichen und unser Stadion wurde geschmückt. Bodenplatten wurden verlegt und kleine Duschstellen eingerichtet. Fantasie und Kraft schienen kein Ende zu kennen.

Nach kurzer Zeit hatten wir eine Oase der Glückseligkeit. Überall hingen in den Bäumen Wasserbehälter, jeder konnte sich hier außerhalb unserer Feuerwehrtermine während des Tages und in der Nacht duschen.

Es war wohl das anstrengendste Ferienlager, das ich bis dahin erlebt hatte, aber es war für mich und alle anderen auch das intensivste und schönste Ferienlager, das wir jemals erlebt hatten und in Zukunft wahrscheinlich nie wieder so erleben würden.

Ein Jahr später fuhren wir wieder nach Portugal und erhielten noch mehr Anmeldungen als im Jahr zuvor. Als ich in dem Jahr vor Beginn der Ferienlager zur Infoveranstaltung die Bühne betrat, klatschten die anwesenden Eltern und Kinder. Ich bedankte mich für diese Unterstützung und wunderte mich, dass die Leute mir immer noch Glauben und Vertrauen schenkten. Das sagte ich ihnen auch und bedankte mich herzlich dafür. Und auch dafür erhielt ich kräftigen Applaus.

Der damalige Präsident der portugiesischen Pfadfinder hatte uns die Misere eingebrockt, er hatte einen Großteil des Geldes anderweitig ausgegeben und sowohl die Lieferanten als auch die Handwerker nicht bezahlt.

Kurz nach unserem Besuch im Mai hatten die Handwerker und Arbeiter ihre Arbeit niedergelegt und waren nicht wiedergekommen. Selbst die Küchengeräte in der Originalverpackung lagen noch so vor dem Gebäude, wie sie auch schon im Mai gelegen hatten. Aber so bedauerlich und beklagenswürdig sein Verhalten und die anschließende Situation auch waren, die Erfahrung war für uns einmalig und gut!

Vielen Menschen habe ich in dieser Sache zu danken, allen voran den vielen Jugendlichen, die damals als Teilnehmerinnen und Teilnehmer dabei waren. Es hat sich gezeigt, dass auf junge Menschen Verlass ist und dass sie treu zur Seite stehen, wenn es bedingungslos darauf ankommt. Ihre Aura und Selbstlosigkeit sind stärker als alle Gesetze und alles oft nur scheinbar Glänzende dieser Welt. Mit Einsatz, Solidarität und Verzicht konnte unsere große Lagergemeinschaft über sich hinaus wachsen. Alle waren gefordert und gefragt und jeder konnte spüren: „Gemeinsam sind wir stark."

Wenn man am Ort des Schicksals Blumen oder Plüschtiere niederlegt, Briefe ablegt und Kerzen entzündet, dann sind das symbolische Zeichen des Herzens. Hier, im ersten Sommerferienlager 1991 in Portugal, wurden diese Zeichen des Herzens in aktive Arbeit umgesetzt.

Lob und Anerkennung gebührt auch den nassforschen Feuerwehrleuten, den Bombeiros von Trafaria. Sie waren die Garanten für unser Wohlergehen in diesen Tagen!

Als ich wieder zu Hause war, wollte ich unser portugiesisches Treueerlebnis in einem aussagekräftigem Firmenlogo für immer zum Ausdruck bringen. Lange versuchte ich eine in sich aufsteigende und alles umfassende Spirale zu entwerfen, aber es klappte nicht. Meine Geschicke reichten für das, was ich ausdrücken wollte, nicht aus. Ich konnte meine Empfindungen und die gemeinsamen Erlebnisse mit den vielen Jugendlichen nicht sichtbar zu Papier bringen.

Einer langen Zeit und vieler Ideen und Diskussionen hat es bedurft, bis etwas Aussagekräftiges entstand. In Anlehnung an meine ursprünglichen Gedanken entstand unser heutiges Firmenlogo, das durch Form und Farbe die Erlebnisse von Portugal wiedergibt. Harmonie, Kraft, Treue, Arbeit, Liebe – ein umfassendes WIR.

So großartig die Erfahrung von Portugal auch war, noch eine Misere dieser Art konnte ich mir nicht erlauben, und noch einmal eine Investition dieser Größenordnung in den Sand zu setzen, war mir ebenfalls nicht möglich.

22

In den ersten Jahren unserer Ferienlager hatten unsere Kochfrauen – wie in Portugal – mit Hockerkochern gearbeitet und stundenlang an diesen heißen Gasbrennern gestanden. Das wollten sie nicht mehr und eigentlich sollte das mit Beginn unserer Sommerferienlager in Portugal auch vorbei sein. Trotzdem, in der Not war Bewährtes gut, und so wurden die Mahlzeiten in Portugal wieder auf Hockerkochern zubereitet. Dennoch, jetzt musste eine Veränderung folgen.

Mir kam der Gedanke, eine große fahrbare Industrieküche zu bauen. Wenn man zwei Lkws mit Kücheneinrichtungen ausbauen und dann parallel zueinander stellen würde, müsste man nur noch eine Bodenplatte dazwischenlegen und von oben ein Schattendach installieren, und schon hätten wir eine Großraumküche mit modernster Technik.

Gedacht, gemacht! Anschlüsse und Abflüsse wurden unter einen großen Lkw montiert. Im Kasten auf dem Lkw standen unsere Kochkessel und Kombidämpfer, unsere Heißwasserboiler und Spülbecken sowie Kipppfanne und Knetmaschine.

Vorne waren die Treppen als Aufgang zur Küche, hinten stand mit dem Rücken zur Küche ein Kühler, den wir als überdimensionalen Kühlschrank nutzten, daneben – ebenfalls rückwärts der Küche zugewandt – ein großer Anhänger mit vielen Regalen für Trockenlebensmittel.

Meine Küche war perfekt. Von außen wurde sie mit Energie versorgt und innen konnte sie mit jeder Großküche der Welt mithalten. Alles war vorhanden und fest installiert. Wir konnten unsere Küche mitbringen, aber auch wieder mitnehmen! Egal, wohin wir fuhren, unsere Küche fuhr mit. Eine Investition, die sich gelohnt hat.

Nach und nach wurde unsere Küche erweitert und modernisiert. Heute ist unser Küchenpersonal in der Lage, täglich für 10.000 Menschen die Verpflegung zuzubereiten. Allein in unserer Sommersaison werden in dieser Küche über 620.000 Mahlzeiten hergestellt.

„Essen und Trinken hält Leib und Seele zusammen!" Und auch das stimmt: „Liebe geht durch den Magen!"

Natürlich stehen bei den Jugendlichen oftmals Pommes, Hamburger und Pizza im Vordergrund, aber ein reichhaltiges Frühstück mit frischen Brötchen und Butter, Rührei und Speck, Spiegelei und Pfannkuchen, Milch und Kakao, Kaffee und Tee, Apfelsaft und O-Saft, Cornflakes und Müsli, Nutella und Marmelade, Wurst und Käse, Paprika und Tomaten, Gurken, Möhren und Obst sowie ein erstklassiges warmes Abendessen kommen bei ihnen auch gut an! Engagiertes Küchenpersonal ist für eine erstklassige Verpflegung die beste Voraussetzung.

Unsere Küchenfrauen und -männer kennen sich aus und kochen mit Leidenschaft. Mütter und Väter fahren mit ins Ferienlager und auf Schulfahrten und sorgen an den verschiedensten Destinationen für eine erstklassige Küche. Einsatz und Freude, Können und Wollen, vor allem aber viel Liebe zu den Jugendlichen sind die Voraussetzungen für ihr erfolgreiches Tun.

Natürlich gehören auch entsprechende mobile Küchen dazu; so haben wir im Laufe der Jahre drei dieser außergewöhnlichen Großküchen gebaut und sind damit in der Lage, drei Großdestinationen zu versorgen.

Die Fluktuation in unserem Küchenteam ist groß, doch „Wilma" und „Annegret", die schon vor 39 Jahren als Kochfrauen mit mir auf Reisen gingen, sind auch heute noch dabei; gemeinsam haben wir viele Höhen und Tiefen erfolgreich durchgestanden, sie sind die Kochfrauen der ersten Stunde. Vor einigen Jahren hat nun Conni das große Erbe übernommen und mit ihr haben wir weiterhin eine „Sterne-Köchin" für unsere vielen Lagerteilnehmerinnen und Teilnehmer!

Und nicht nur unsere Reisegäste können die Kochkünste unseres hervorragenden Küchenteams genießen, auch Johannes Paul II. erhielt im Sommer immer wieder die Möglichkeit dazu.

Während unsere Lagerteilnehmer dem Pontifex zu den Privataudienzen Wurst, Würstchen, Schinken, Käse, selbst gebackenes Brot und manchmal sogar einen Eintopf mitbrachten, schenkten unsere Küchenfrauen dem Heiligen Vater selbst gebackenen Kuchen.

Auf großen Backblechen wurden die mit äußerster Sorgfalt gebackenen Kuchen von unseren Kochfrauen selbst in die Sommerresidenz getragen (Bild 11). Die Sicherheitsbeamten staunten nicht schlecht und freuten sich, wenn sie am Ende alle etwas abbekamen.

Die Begeisterung war groß und der Stolz unserer Küchenfrauen nicht mehr zu überbieten, wenn der Papst schon während der Audienz ein Stückchen vom Kuchen, der zur Zierde mit seinem Wahlspruch „Totus Tuus" versehen war, abbrach und genoss.

23

Schon lange spürte ich in mir den Wunsch, die Vereinigten Staaten von Amerika zu besuchen, aber ich hatte Angst vor dem langen Flug. Doch im Februar 1992 machte ich mich mit drei Freunden auf den Weg. Wir überquerten den Atlantischen Ozean und unternahmen eine große USA-Rundreise.

New York, Washington DC, Buffalo, Chicago, New Orleans, Los Angeles, San Francisco, Yosemite Nationalpark, Las Vegas, Orlando, Kissimmee und Miami standen auf unserem Programmzettel.

Vier Wochen waren wir unterwegs und ich war am

Ende von den USA so begeistert, dass ich unbedingt mit den Jugendlichen hierher wollte.

Da mir eine große Rundreise zu waghalsig erschien, plante ich einen Besuch in Florida.

Über 500 Mädchen und Jungen im Alter von 12 bis 24 Jahren meldeten sich für diese Reise an. Ärzte, Krankenschwester, Foto- und Videoteam und natürlich Betreuer und Betreuerinnen waren dabei. Kochen mussten die Jugendlichen in ihren Unterkünften selbst.

Der Supermarkt von nebenan versorgte uns mit Lebensmitteln. Mit jeweils acht Personen wohnten wir in einem Appartement. Drei Schlafzimmer und ein Ausziehsofa im Wohnzimmer, zwei Badezimmer und eine große Küche standen jeder Gruppe zur Verfügung.

Die Zubereitung des Frühstücks war für alle kein Problem. Wer konnte nicht Kaffee kochen oder Orangen auspressen? Wer konnte nicht die Cornflakestüten öffnen und Milch aus dem Kühlschrank nehmen? Wer konnte kein Toastbrot zubereiten und Eier und Speck braten?

Alle konnten es! Obendrein erhielten wir aus dem Clubhaus auf Wunsch Kaffee, Tee und Donuts.

Während des Tages waren wir unterwegs, aber am Abend kam dann die große Herausforderung. Jetzt musste gekocht werden. Die Jugendlichen unterstützten sich gegenseitig, irgendwie wusste jeder etwas. Am Ende kam ein köstliches Mahl heraus und alle wurden satt. Wenn es doch einmal danebenging, bewahrte uns der Pizzaservice vor dem Hungertod.

Drei Wochen erlebten wir Florida und Florida erlebte uns. Wir besuchten viele Attraktionen und Sehenswürdigkeiten: Sea World und die Universal Studios, Disney World und Epcot Center und das Hard Rock Cafe. Während unserer Airboat-Tour flogen wir über die Sümpfe Floridas und waren erschrocken beim Anblick der Alligatoren. Wir besuchten Cape Canaveral und verfolgten in der Nacht von unserer Wohnanlage aus den atemberaubenden Start der Space Shuttle. Wie ein glühender Feuerball stand die Raumfähre am Abendhimmel.

In der Church Street besuchten wir die Blues Brothers, Charlie Chaplin, Laurel und Hardy und viele andere Stars und Sternchen. Im Saloon erlebten wir zum ersten Mal amerikanische Cowboys zu stilechter Westernmusik.

Wir wanderten durch die Innenstadt von Kissimmee und mit Todesverachtung wagten die Jugendlichen den freien Fall aus dem 300 Fuß (100 m) hohen Sky Jump.

Einen Tag lang vergnügten wir uns im Badeparadies Wet'n Wild und nutzten auch hier die Todesrutschen und die Fallrakete.

„Nur wer tollkühn ist, nutzt dieses Abenteuer."

In vierzig Metern Höhe öffnet sich der Boden und du fällst aus einer Rakete im freien Fall in die Rutsche. Adrenalin pur und Action live!

Nicht nur der Badepark war für uns interessant, sondern auch die Green Meadows Farm am South Poinciana Boulevard in Kissimmee in Florida, eine 24.000 Hektar große Tierfarm und ein beliebter Themen-Park zugleich. Im Reiseführer hatte ich davon gelesen, und nun besuchte ich das Farmerehepaar. Ich erzählte ihm von meinen 500 Kindern und mietete die Scheune für unsere Barbecueparty am Abend des Osterfestes.

DJ und Licht- und Musikanlage hatte ich in der Stadt gebucht. Zum Osterfest hatten wir die Scheune gemietet und für einen DJ und Musik gesorgt! Bis zum frühen Morgen feierten und tanzten wir auf der Green Meadows Farm.

Unsere Shoppingtouren durch die riesigen Outlet Malls waren großzügig angelegt, wir konnten gar nicht alles kaufen, was wir am liebsten hätten mitnehmen wollen. Modeboutiquen, die es bei uns nicht gab, fanden wir hier. Jeans, Schuhe, Tops, die wir in Europa nirgendwo finden konnten, lagen uns zu Füßen. Zu Preisen, dass es sich lohnte, hier zu kaufen.

Wir besuchten St. Petersburg und den schneeweißen Strand am Golf von Mexiko. Wir besuchten Mc-Donald's und Steakhäuser und feierten in der Kirche mit dem Gospelchor den Ostergottesdienst. Und – nichts ist hier unmöglich – selbstverständlich kam auch der Osterhase in jede Unterkunft.

Wir waren glücklich und zufrieden, gesund und munter, erfüllt und voller neuer Eindrücke. Eigentlich hätten wir jetzt nach Hause fliegen können, aber irgendwie wollten wir der ganzen Reise noch eine Krone aufsetzen.

In der Betreuerrunde wurde die Idee geboren, vor der Rückreise noch Busch Gardens, einen Vergnügungspark der Superlative, in Tampa aufzusuchen. Ein großes Allotria brach aus, als ich den 500 Jugendlichen diese Überraschung mitteilte. Busch Gardens in Tampa Bay ist der ultimative Abenteuerpark für die ganze Familie mit einer Vielzahl faszinierender Attraktionen rund um exotische Begegnungen mit dem afrikanischen Kontinent. Einzigartig die Mischung aus abenteuerlichen Fahrten, Liveshow, Restaurants, Läden, Spielen und einem der besten Zoos des Landes mit mehr als 2000 Tieren.

Der Tag in Busch Gardens war atemberaubend und ein wirklich krönender Abschluss unserer außergewöhnlichen Reise. Schwerelos flogen wir durch die Spiralachterbahn, schwerelos ging unsere erste USA-Florida-Jugendreise zu Ende!

Unsere Florida-Reise fand ein so großes Echo, dass der Wunsch laut wurde, jetzt einmal eine richtig große Rundreise quer durch die Vereinigten Staaten von Amerika zu unternehmen.

In den Osterferien 1995 machten wir uns daher also wieder auf den Weg über den Großen Teich. 533 Mädchen und Jungen hatten sich jetzt für unsere erste große USA-Rundreise angemeldet. In elf Gruppen war unsere große Teilnehmerzahl aufgeteilt und in elf Flugzeugen flogen wir nach Amerika. Die Einreiseflughäfen waren unterschiedlich, der Zielflughafen für alle gleich.

America, here we are!

Die erste Etappe unserer Reise war San Francisco und wir übernachteten in Petaluma auf einem KOA-Campingplatz an der Rainsville Road.

Ein Teil der Jugendlichen schlief in Hütten, ein anderer Teil in Zelten. Während des Tages war es sehr heiß und während der Nacht sehr kalt. Doch weitere Decken halfen uns, die Nächte gut zu überstehen.

Wir hatten eine Wücheneinrichtung gemietet und unser Küchenpersonal aus den Sommerferienlagern war mit uns nach Amerika geflogen. Sie sorgten in ganz besonderer Weise für unser leibliches Wohl.

Die Tage in San Francisco waren interessant und atemberaubend. Von der Fisherman's Wharf aus besuchten wir die Gefängnisinsel Alcatraz und dort die Zellen von Al Capone und Machine Gun Kelly. Wir charterten ein großes Schiff und fuhren durch die Bucht von San Francisco zur Golden Gate Bridge und unterquerten staunend dieses imposante architektonische Meisterwerk.

Im Yosemite Nationalpark bestaunten wir riesige Schleierwasserfälle und vor allem uralte Bäume, die so groß waren, dass eine Gruppe sie nicht umschlingen konnte. Wir erlebten im Yosemite Nationalpark einen wunderschönen Tag, eine Gruppe hatte sogar am Wegesrand einen wilden Bären gesehen.

Nach fünf Tagen verließen wir San Francisco und flogen nach Florida.

Wir wohnten im „Orange Lake Country Club" in Orlando. Als wir am Abend ankamen, waren die Jugendlichen von ihren Unterkünften restlos begeistert. Jeder musste jeden besuchen und schauen, ob auch die anderen so schön untergekommen waren. Es wurde zum Ärgernis anderer Urlaubsgäste eine lange und unruhige Nacht.

Golf- und Tennisplätze, Schwimmbäder und Fitnessraum, weißer Sandstrand und Jetski, alles, was Abenteuer und Spaß versprach, war vorhanden. Vorgewärmte Handtücher erhielten wir am Pool, Cocktails an der Bar.

In Florida blieben wir eine Woche, besuchten alle Attraktionen und Parks im Umfeld. Dann machte sich die Karawane erneut auf und zog weiter nach Washington DC. In der Hauptstadt der Vereinigten Staaten blieben wir drei Nächte, hier feierten wir auch das Osterfest.

Zu unserer aller Freude hatten wir das komplette zwölfstöckige Vier-Sterne-Maritim-Hotel für uns gemietet. Wir zogen ein wie die Könige, wurden fürstlich empfangen und bedient und staunten über zahlreiche Eisskulpturen am Frühstücksbüfett und über die Pianoklänge zum Abendessen.

Im Ballsaal feierten und tanzten wir die ganze Nacht und am nächsten Morgen, am Ostertag, besuchten wir die Crystal Cathedral. Gemeinsam mit den Einheimischen und vielen anderen Touristen feierten wir einen großartigen Ostergottesdienst.

Wir besuchten das Weiße Haus, das Raumfahrtmuseum und das Capitol, das Washington Memorial und das Lincoln Memorial. Wir besuchten den Arlington Friedhof und hielten am Grab des unbekannten Soldaten inne. Still besuchten wir auch die Grabstätte von John F. Kennedy. Am Vietnam Memorial fühlten wir uns überwältigt, betroffen waren wir von den vielen tausend Toten, deren Namen hier in Marmor gemeißelt sind.

Bevor wir am dritten Tag Washington DC wieder verließen, „besetzten" wir das Zentrum der Macht und hielten unseren Besuch auf den Stufen des Capitols im Bild fest (Bild 31). Es musste schnell gehen, denn eine Genehmigung dafür hatten wir nicht.

Unzählige Polizisten rückten an und hielten Rückfrage, doch bevor die Rückfrage durch alle Instanzen abschlägig beantwortet werden konnte, hatten wir unsere Motive schon längst im Kasten. Kaum zu glauben, aber wir hatten die Weltmacht überrumpelt und gehörig ins Wanken gebracht!

Nach einigen Stunden Busfahrt erreichten wir New Jersey. Hier, vor den Toren der Weltmetropole New York, bezogen wir für weitere drei Nächte unser Quartier. Wir mussten nur den Lincoln Tunnel durchfahren und schon waren wir im „Big Apple".

Wir wohnten im Hilton Hotel und fühlten uns wieder wie die Könige. Wir genossen New York, besuchten es bei Tag und am Abend und wurden von unserem Hotelpersonal vorzüglich bedient.

Am zweiten Tag unseres Aufenthalts stellte sich mir ein Herr vor und erzählte mir, dass er aus der Nähe von Vechta komme. Schon vor 15 Jahren hätten wir uns im dortigen Jugendzentrum gesehen. Er kannte mich, aber ich kannte ihn nicht.

Er hatte in Deutschland eine Ausbildung zum Hotelmanager gemacht und war dann einige Jahre in einem Hotel in der Schweiz gewesen. Von dort aus war er erst nach Kanada und dort in Vancouver in ein großes Sporthotel gegangen und nun war er schon seit zwei Jahren Manager dieses Hilton Hotels in New Jersey. „Die Welt ist klein, und es ist schön, dass man sich wieder treffen kann!"

Wir reisten unter den kritischen Blicken der amerikanischen Öffentlichkeit – denn eine solch große Gruppe fiel auf. Aber ganz gleich, wo wir in Amerika waren, überall lobte man die außergewöhnliche Disziplin unserer Jugendlichen, die somit allesamt erstklassige Botschafter unseres Landes waren.

An allen Orten berichteten die Zeitungen über unsere große Gruppe, machten Interviews und waren voll des Lobes. Die New York Times titelte „DIE DEUTSCHEN SIND DA" und begrüßte uns als Freunde ihres Landes.

In der letzten Nacht gab es eine große Abschiedsfete und wir haben die ganze Nacht gefeiert, gesungen und getanzt; Tränen liefen uns über die Wangen, als wir Abschied nehmen mussten.

Am Samstagmorgen hatte die Heimat uns wieder. Die Osterferien waren zu Ende und am Montag begann wieder der Schulunterricht.

24

Ich war Unternehmer geworden, obwohl ich das nie geplant hatte. Die Umstände hatten mich dazu gemacht. Ein Unternehmer plant und macht, verfolgt Ziele und sein Unternehmen ist auf Gewinn ausgerichtet. Ein Unternehmer agiert, das heißt, er verfolgt zielstrebig eine Richtung.

Bei mir war das anders. Ich verfolgte kein Ziel und machte keine Pläne, war nicht auf Gewinn ausgerichtet und reagierte nur auf das, was tagtäglich auf mich einbrach.

Durch unsere Kinder- und Jugendferienlager kam ich automatisch auch mit den Eltern in Kontakt, und immer öfter wurde ich gefragt: „Machen Sie solche Fahrten auch für Erwachsene?"

„Nein, nein!", war stets meine Antwort gewesen, aber irgendwann habe ich gedacht: „Warum denn eigentlich nicht?", und bot die erste Elternreise an. Aus meinen Erwachsenenreisen ist ein ganzer Firmenzweig geworden und mehr und mehr sind wir auch mit Erwachsenen unterwegs, egal ob mit dem Bus oder dem Flugzeug.

25

Unsere Jugendreise in die Vereinigten Staaten war vorbei, am Montag begann wieder der Schulunterricht. Aber nur zum Teil. Die Osterferien 1995 endeten in Niedersachsen am Samstag und der Schulunterricht begann am Montag, in Nordrhein-Westfalen aber waren die Ferien am Mittwoch vorbei gewesen und der Schulunterricht hatte schon am Donnerstag begonnen.

Viele Schülerinnen und Schüler aus diesem benachbarten Bundesland waren mit uns in den USA gewesen und hatten nun drei Tage den Unterricht geschwänzt. Am Montagmorgen kamen sie wieder zur Schule und die Schulleitung erfuhr, warum sie geschwänzt hatten und wo sie gewesen waren.

Folgerichtig klingelte schon am Nachmittag mein Telefon. Ich erhielt einen Anruf vom Schuldirektor des Gymnasiums St. Mauritz aus Münster. Er beschwerte sich darüber, dass wir eine Jugendreise über die Ferienzeit hinaus anbieten würden. Schülerinnen und Schüler würden so verführt, den Schulunterricht zu ignorieren.

Ich wollte mich zunächst mit dem Argument, dass wir uns an der Osterferienzeit von Niedersachen orientiert hätten, entschuldigen, aber das ließ der Schulleiter nicht gelten. Wir waren mit seinen Schülerinnen und Schülern über die Ferienzeit hinaus unterwegs gewesen und darüber war er nun böse.

Ich hörte mir an, was er zu sagen hatte, und dachte:

„Eigentlich könnte man dazu ja auch etwas sagen, nicht in der Funktion als Reiseveranstalter, aber in der Funktion als Vater." Letztendlich hatte ich ja auch drei Kinder, die zum Gymnasium gingen.

Und so erwiderte ich: „Eigentlich haben die Schulen selber Schuld, in den letzten Tagen vor den Ferien läuft nichts mehr und in den ersten Tagen nach den Ferien auch nicht!"

Jetzt entwickelte sich ein Wortgefecht zwischen dem Schuldirektor und mir. Keiner wollte von seiner Position abweichen.

Der Schulleiter sagte mir: „Das können Sie doch nicht sagen, wir sind eine erfolgreiche Schule und feiern in zwei Jahren unser 100-jähriges Jubiläum!"

Ich stockte einen kurzen Augenblick und antwortete ihm:

„Wenn Sie in zwei Jahren ihr 100-jähriges Jubiläum feiern, dann fahren Sie doch mal aus diesem Anlass für eine Woche mit Ihrer gesamten Schule nach Rom!" – Der Schulleiter war verwundert und empört zu gleich. Er wollte sich bei mir beschweren und keine Reise buchen.

Das Gespräch ging zu Ende. Doch nach etwa sechs Wochen rief der Schulleiter mich an. Im Gespräch erfuhr ich, dass durch meine Anregung, mit der Schulgemeinschaft zum 100-jährigen Jubiläum die Ewige Stadt Rom zu besuchen, im Kollegium Interesse geweckt worden war.

In der nächsten Lehrerkonferenz stellte ich dem Kollegium die mögliche Romreise vor, und zwei Jahre später machte sich das Gymnasium St. Mauritz Münster mit über 1000 Personen und 22 Bussen auf den Weg nach Rom, um die Heilige Stadt und den Papst zu besuchen. Unsere Schulfahrten waren geboren.

Da niemand je von einer solchen Schulfahrt gehört oder eine solche gar selbst erlebt hatte, meldeten sich wieder sehr weise Leute als Bedenkenträger zu Wort, doch der Schulleiter bewies Mut, er vertraute dem, was ich ihm über eine solche Romfahrt sagte, und sein Kollegium stand unumstößlich hinter ihm. Das Vertrauen war größer als die Angst!

Die Schulfahrt des Gymnasiums St. Mauritz Münster wurde ein großer Erfolg, und so stand der Entwicklung für weitere Schulfahrten nichts im Wege.

Große und kleine, wichtige und unwichtige Kritiker schwiegen. Der Anfang unserer Schulreisen war gemacht. Gymnasien, Realschulen, Hauptschulen und sogar Berufskollegs sind mit uns in ganz Europa unterwegs. Oftmals sind wir mit mehr als 1000 Personen auf Achse, und es sind pädagogische Veranstaltungen, die keiner Klassen- oder Kursfahrt nachstehen.

Mit einigen Schulen waren wir in den letzten Jahren schon wiederholt unterwegs. Andere Schulen erfahren erst heute von uns. Einige Schulen haben in ihren Gesamtkonferenzen Beschlüsse herbeigeführt, die anstatt Klassen- und Kursfahrten die gemeinsame Schulfahrt empfehlen.

Oftmals ist eine Klassenfahrt mit circa 23 bis 27 Personen allein schon aufgrund der Buskosten zu teuer. Um die Kosten im Rahmen zu halten, fahren dann zwei Klassengemeinschaften zusammen. Diese müssen aber von mehreren Lehrpersonen begleitet werden. So kommt es, dass während dieser Fahrt Fachlehrer im Unterricht anderer Klassen fehlen. Die Konsequenz ist, dass Unterrichtsstunden ausfallen, und das kann sich kaum noch eine Schule erlauben.

Bei unseren Schulfahrten sind alle dabei. Von der Sekretärin bis zum Schulleiter, von der jüngsten Klasse bis zur ältesten, alle sind dabei, und die Krankmeldung am Tag der Abfahrt ist geringer als an einem gewöhnlichen Schultag.

Längst sind unsere Schulfahrten integriert. Viele Persönlichkeiten aus Kirche und Politik begleiten oder besuchen die Schulgemeinschaften, wenn sie in großer Schar unterwegs sind.

Sowohl Bischöfe aus den jeweiligen Diözesen als auch Politiker besuchen unsere Schulfahrten und erleben einen Teil dieser Reise. Wir hören erfreulicherweise nur Gutes und erfahren viel Lob. Sowohl die kirchlichen als auch die staatlichen Schulträger sind mit unserer Arbeit sehr zufrieden.

Gemeinsam ist die Schule unterwegs. Gemeinsam haben sich Schülerinnen, Schüler und Lehrpersonen auf die Reise vorbereitet. Gemeinsam wohnen sie in einer großen Wohnanlage und gemeinsam erleben sie Gemeinschaft.

Unser Küchenpersonal sorgt erstklassig für ihr leibliches Wohl. Unsere Großküche – meine stolze Erfindung – ist immer dabei. Vom Frühstück bis zur Nachtmahlzeit wird alles angeboten. Erstklassige Vollverpflegung ist garantiert.

Das Programm ist interessant, informativ und individuell und durch die Ansprüche der Schulen nach pädagogischen Gesichtspunkten aufgestellt.

Für eine Woche schließt die Schule ihre Tore und für diese eine Woche sind alle gleich. Die Schulgemeinschaft vollzieht einen Quantensprung und das Gemeinschaftsleben erfährt eine Aufwertung der absoluten Sonderklasse. Lehrerschaft, Schülerinnen und Schüler erleben eine Beachtung und Achtung, wie sie sonst kaum gegeben ist.

Jeder hat die Möglichkeit, sich einzubringen, keiner muss draußen stehen oder hinten sitzen. Hier ist kein Verständnis für Mathe oder Physik gefragt, hier wird kein Leistungskurs besetzt und hier werden keine Punkte vergeben. Dabei sein, mitmachen, Rücksicht nehmen, über sekundäre Wege primäre Ziele erreichen, sich integriert und wohlfühlen, das sind Ziele der Reise. Gemeinsam Spaß haben, gemeinsame Erlebnisse verarbeiten, gemeinsam staunen, gemeinsam Erfahrungen sammeln, gemeinsam diskutieren und sich gemeinsam freuen.

Verständnis aufbringen und Verständnis erfahren. Menschlichkeit spüren. Sich an der Sonne, am Wasser, am Duft des Meeres und der Pinien, an der Freiheit und der großartigen Gemeinschaft erfreuen.

Für alle wird klar: „Wir sind eine menschliche Schule, eine Bildungseinrichtung für Menschen von Menschen, mit Stärken und Schwächen, niemand wird und ist ausgeschlossen!"

Wir wollen keine Amokläufer. Wir lassen es nicht zu, dass Menschen unter uns isoliert werden und in die Krallen von Verführungen geraten. Wir gehören zusammen und nehmen Rücksicht. Wir wissen: „Keiner kann alles, niemand kann nichts!"

Auch wenn Schulzeit oftmals schwerfällt – wenn wir auf Schulfahrt sind, vergessen wir alle Zwänge und jeden Leistungsdruck und sind trotzdem mit denen zusammen, die uns schon von Kindesbeinen an umgeben, unseren Mitschülern und Lehrern. Der Hort unserer Entwicklung soll keinem zum Verhängnis werden, wir finden und gehen gemeinsame Wege!

Schulen aus ganz Deutschland meldeten sich bei uns, und mit 1000 Schülerinnen, Schülern und Lehrpersonen besuchten wir Rom und Prag, Budapest und Florenz, Assisi und den Gardasee, Brüssel, Berlin und Barcelona.

26

Meine Firma entwickelte sich stetig, schon bald war die Arbeit allein nicht mehr zu bewältigen. Im kleinen Nähzimmer in unserem Wohnhaus hatte ich mich selbstständig gemacht, aber mit der Zeit wurde es auch räumlich zu eng. Unserem Wohnhaus gegenüber war noch ein unbebautes Grundstück, das ich kaufen konnte; das tat ich dann auch.

Ein Wohnhaus als Bürogebäude, das konnte ich immer wieder verkaufen, wenn es mal nicht so gut laufen sollte.

Als ich in der letzten Dezemberwoche 1989 in mein neues Büro eingezogen war, gehörte mir die Welt. So viel Platz, unvorstellbar. Niemals würde es hier für uns zu eng werden, dachte ich, aber es entwickelte sich anders.

Stetig kamen Fahrten und Aufträge hinzu. Stetig wuchs die Anzahl meiner Mitarbeiter und stetig verringerte sich der freie Platz in meinem Bürogebäude, unsere Wohnstraße glich des Öfteren einem Großraumparkplatz. Zwar beschwerte sich keiner unserer Nachbarn, aber schön und angenehm war es trotzdem nicht.

Ich ging zur Stadtverwaltung und sprach mit den zuständigen Verantwortlichen über eine Möglichkeit, irgendwo für meine Zwecke ein Grundstück zu finden. Es sollte schon eine größere Fläche sein, denn ich wollte nicht nur ein Bürogebäude darauf bauen, sondern ebenso über eine größere Fläche verfügen, auf der ich mich mit den Jugendlichen treffen konnte.

Wir fanden eine Ackerfläche, die groß genug und im Besitz einer Person war. Die Bediensteten der Stadt führten mit dem Eigentümer ein Vorgespräch und informierten mich mit dem Hinweis, dass ein Kauf des Ackers möglich schien. Ich nahm Kontakt zu dem Eigentümer auf, und wenige Wochen später gehörte mir dieser Acker.

Alles schien klar zu sein, ich hatte mein dringend benötigtes Land und damit für meine Firma einen bleibenden Standort gefunden. Wir konnten uns entwickeln.

Im Kauf des Grundstücks gab es aber eine Besonderheit. Nach der Regel „Bauernland in Bauernhand" hatten die Landwirte ein Vorkaufsrecht. Das heißt, alle Bauern der Gegend erhielten von der Behörde eine schriftliche Mitteilung, dass ich diesen Acker gekauft hatte. Nun hatten sie die Möglichkeit, mein Angebot zu überbieten und so für sich den Acker zu erwerben.

Kein Bauer machte ein Angebot, denn der Preis, den ich geboten hatte, zu überbieten, würde sich für keinen landwirtschaftlich genutzten Acker rechnen. Keiner wollte mehr bezahlen.

Nur eine war interessiert, die Kirche!

27

Direkt neben meinem neuen Acker, quasi als Nachbar, hatte auch die katholische Kirche ein Grundstück und darauf ein Begegnungszentrum. Hier fanden Einkehrtage, Besinnungstage, Jugendtreffen und andere Aktivitäten statt. Meinen Betrieb als Nachbarn zu haben, schien für einige von ihnen unerträglich zu sein.

Ein neuer Kampf begann. Mittlerweile war ich kein Zauberlehrling mehr, keiner musste mir den Kampf noch beibringen, und die Scheu vor meiner Kirche hatte ich in den letzten Jahren auch abgebaut.

Die irdischen Vertreter der Kirche kämpften mit allen Mitteln. Legal oder illegal, alles schien ihnen scheißegal.

Uns als Nachbarn wollten sie nicht, und was sie dagegen unternehmen konnten, unternahmen sie. Von Anstand und Fairness war in ihrem Bemühen wenig zu sehen; sie schreckten in ihrem Kampf nicht einmal davor zurück, illegale Wege zu beschreiten und dabei zu versuchen, auch noch Anlieger dafür zu gewinnen.

Als man hörte, dass ich auch noch vorübergehend Asylsuchenden Unterkunft und Herberge gewähren wollte, war alles vorbei. Jetzt wurde jede Hemmschwelle überschritten. Weit über unsere regionalen Grenzen hinaus registrierte man diesen Schlagabtausch.

Rundfunk, Fernsehen und Zeitungen berichteten über unseren Kampf. Selbst der „Spiegel" berichtete von der Auseinandersetzung mit den zukünftigen Nachbarn. Wir waren wieder einmal in aller Munde. Und unsere Kämpfer waren wieder einmal fernab von Pfingsten.

Natürlich gab es auch kirchliche Würdenträger, die zu mir hielten und mir in meinem Kampf beistanden, aber ich sage dir: *„Schon eine tote Fliege bringt duftendes Öl zum Stinken!"* Und von diesen toten Fliegen gab es mehrere!

Es ist wirklich ein großes Elend. Auf der einen Seite ist man in diese Kirche hineingeboren und hat sie mit der Muttermilch aufgesogen, auf der anderen Seite wird man von eben dieser Kirche gequält, gedemütigt und gepeinigt. Auf der einen Seite hängt man mit Leib und Seele und mit aller Energie und Leidenschaft an dieser heiligen Mutter Kirche und ist ihr dienlich, auf der anderen Seite wird man von ihr immer wieder in den Würgegriff genommen, sodass es einem die Luft nimmt.

Entweder du unterwirfst dich oder du hast verloren. Natürlich, weggehen und dich entfernen kannst du zu jeder Zeit, es ist aber ein Scheinangebot, denn „gehen" musst du vor allem innerlich, und das ist kaum möglich. Eine gesunde Distanz von Anfang an wäre ein großes Glück.

Doch wer als Kind diese gesunde Distanz nicht erlebt hat, der kann sie schwerlich finden. In früheren Jahren wollte ich unbedingt Priester werden. Ich bin es nicht geworden. Lange habe ich die Priester am Altar wegen ihres Amtes und ihrer Aufgaben beneidet. Aber aus meinem Neid wurde Mitleid, und heute bin ich dankbar, dass ich nicht Priester geworden bin, dass alles so gekommen ist, wie es gekommen ist.

Unser Herrgott hat mir viele gute Priester als Freunde geschenkt. Sein größtes Geschenk war Johannes Paul II., der mir zum Freund und größten Therapeuten meines Lebens wurde. Durch solche Menschen wird diese Kirche Bestand haben und wirken können.

Und dann eines Tages, als wäre es eine himmlische Wendung, geschah ein kleines Wunder. Am Montag, den 25. Februar 1994, klingelte um 9.30 Uhr mein Telefon. Ich nahm den Hörer ab und traute meinen Ohren nicht, als ich die Stimme eines meiner stärksten Gegner hörte.

Er fragte mich: „Können wir miteinander reden?"

„Selbstverständlich, jederzeit", gab ich ihm zur Antwort.

„Kann ich vorbeikommen?"

„Ja, bitte, meinetwegen jetzt!"

30 Minuten später saßen der Geschäftsführer der katholischen Jugendeinrichtung und der beauftragte Priester des Offizialats bei mir im Büro.

„Wir möchten ihr Grundstück kaufen und ihnen ein Angebot unterbreiten. Ist das möglich?"

„Ja, das ist möglich! Was wollen Sie mir denn dafür geben?"

Sie schauten mich an und machten mir ein sehr großzügiges Angebot. Ich war überrascht über die Höhe und staunte, einen kurzen Augenblick hielt ich inne und sagte dann:

„Ich glaube nicht, dass Sie autorisiert sind, mir dieses Angebot zu machen!"

„Doch, der Kirchensteuerrat hat gestern Abend in einer Sondersitzung diesen Betrag festgelegt und uns beauftragt, Ihnen dieses Angebot zu unterbreiten!"

Es war mir peinlich, die wollten mir fast das Doppelte der Kaufsumme geben. Ich sagte ihnen:

„Ihr Angebot ist hoch, und ich möchte es so nicht annehmen, ich bin mit 250.000 DM weniger zufrieden."

„Gut, abgemacht."

Abgemacht ist abgemacht, aber wenn, dann sofort, dachte ich und sagte:

„Der Kaufvertrag muss aber heute noch unterschrieben werden!"

„Wenn Sie so schnell einen Notar finden!"

„Das werde ich wohl!"

Ich rief bei meinem Anwalt und Notar an und fragte ihn, ob wir in der Mittagsstunde vorbeikommen könnten, um den Kaufvertrag zu besiegeln. Er stimmte zu.

Um 13.30 Uhr konnten wir uns in der Kanzlei treffen, bis dahin wollte er alles vorbereitet haben. Jetzt war es die Aufgabe meiner Gäste, eine Person ihres Hauses zu finden, die auch berechtigt war, eine verbindliche Unterschrift zu leisten. Sie machten sich auf den Weg und sicherten mir zu, rechtzeitig beim Notar zu sein.

Um 13.15 Uhr fuhr ich zum Notar und dachte mir: „Die werden niemals kommen", aber als ich beim Notar eintraf, waren sie bereits da. Ich konnte es kaum glauben, aber es war so!

Es dauerte nur einen kurzen Augenblick und der Kaufvertrag war unterschrieben. Nun war die Kirche stolzer Besitzer dieses ach so kostbaren Ackers, und ich hatte viel Geld. Ehrlich gesagt, man kann mit der Kirche wirklich gute Geschäfte machen. Wenn die interessiert ist, gibt es für sie keine Grenze und kein Preis scheint ihr zu hoch.

Durch meinen Verkauf verbesserte sich meine Situation. Einige Jahre später kaufte ich am anderen Ende der Stadt ein neues Grundstück, auf dem sich meine Firma endlich entfalten konnte. Hier baute ich einige Jahre später unser erstes großes Bürogebäude, weitere Gebäude folgten im Laufe der Zeit.

Die Geschichte um mein Bauvorhaben hatte dramatische Augenblicke und selbst der Heilige Vater in Rom war involviert.

Der tägliche Morgengottesdienst des Papstes, der unter Benedikt XVI. zum strikten glaubensorientierten Privatissimum erklärt wurde, wurde unter Johannes Paul II. auch für inoffizielle Privataudienzen genutzt. Und so hatte ich das große Glück, am 1. Februar 1992 in der Privatkapelle des Papstes der heiligen Messe von Johannes Paul II. beizuwohnen.

Nach der heiligen Messe traf ich den Papst in seiner Bibliothek. Ich erzählte ihm von meinen Plänen, in Vechta einen großen Betriebshof zu bauen, und fragte ihn, ob er den Grundstein für dieses Bauvorhaben segnen würde. Ich dachte schon daran, mit meinem Architekten, den Handwerkern, dem Grundstein und der Urkundenrolle nach Rom zu pilgern, um den päpstlichen Segen zu empfangen. Doch Johannes Paul II. hatte eine andere Idee.

Er rief seinen Sekretär Don Stanisław und informierte ihn. Don Stanisław Dziwisz sprach daraufhin mit dem zuständigen Kardinal, und als wir am nächsten Tag den Vatikan verließen, hielten wir für unser Bauvorhaben in Vechta einen Grundstein aus dem Grab des Heiligen Petrus in unseren Händen.

Erst als wir das in lateinischer Sprache verfasste Begleitschreiben übersetzt hatten, wussten wir, welches außergewöhnliche, einmalige und überaus kostbare Geschenk wir vom Heiligen Vater, Papst Johannes Paul II., erhalten hatten.

Mein Bauvorhaben wurde, wie du gelesen hast, an dieser Stelle nicht verwirklicht. Den wertvollen Grundstein aus dem Petrusgrab ließen wir einige Jahre später in den Sandsteinsockel ein, der in der Mehrzweckhalle unseres jetzigen Betriebsgeländes die Muttergottesstatue trägt.

Dieser Platz ist würdig, um an Petrus und seinen 264. Nachfolger zu erinnern.

In unserer Mehrzweckhalle haben wir im Eingangsbereich eine Fürbitte konstruiert. In einem großen Kreis wird in der oberen Hälfte durch einen Spiegel die Unendlichkeit des Universums dargestellt. Ein aufgesetzter Edelstein stellt auf dem Spiegel den Navigationsstern da. In der unteren Hälfte wird durch eine schwere Marmorplatte der Planet Erde verkörpert, blaue Naturstreifen, die die Marmorplatte durchziehen, symbolisieren die Wellen und Wogen des Meeres.

Auf dem Sandsteinsockel, der besonders hervorgehoben ist, steht die Muttergottesstatue. Im Inneren des Sockels befindet sich der integrierte, aus weißem Marmor bestehende Grundstein aus dem Petrusgrab.

In längst vergangenen Jahren fuhren die Fischer in den Nächten mit ihren Booten aufs Meer hinaus und der Navigationsstern diente ihnen als sicherer Wegweiser.

Auch wir benötigen auf unseren Reisen in allen Bereichen einen äußerst sicheren Navigator; so empfehlen wir uns der Gottesmutter „Stella Maris" und erbitten für jede Fahrt und Reise ihren besonderen Schutz. Sie möge uns, wie einst der Navigationsstern, stets den sicheren Weg weisen und für eine glückliche Heimkehr sorgen.

In diesem Vertrauen machen wir uns voller Freude auf den Weg und kehren nach interessanter Reise wohlbehalten nach Hause zurück.

Hier haben wir das kostbare Geschenk von Johannes Paul II. integriert, und ich bin davon überzeugt, dass es ihm vom Himmel aus sehr gefällt.

1995, während unserer Sommerferienlager in Italien, entschieden wir uns, im nächsten Jahr Griechenland zu besuchen. Zwei Mitarbeiter unserer Firma machten sich auf den Weg, um im Land des Olymp einen entsprechenden Campingplatz für uns zu finden.

Mit dem Fährschiff erreichten sie Patras in Griechenland. Von dort aus ging es mit dem Auto der Küste entlang. Auf dem Weg nach Kato Achaia entdeckten sie ein Hinweisschild mit der Aufschrift: „Camping Golden

Sunset". Sie meldeten sich an der Rezeption und baten darum, den Verantwortlichen des Campingplatzes sprechen zu können.

Dieser wunderte sich nicht schlecht, als er von seiner Rezeptionistin mit der Bemerkung „Hier sind zwei Männer, die im nächsten Jahr mit über 1000 Jugendlichen den Campingplatz nutzen möchten!" aus seinem Nachmittagsschlaf gerissen wurde.

Er rieb sich die Augen und schlaftrunken fragte er: „Wie sehen die aus? Sind die normal?" Dann unterbrach er seine Siesta, und ein Jahr später legten wir mit unseren großen Jugendgruppen im Fährhafen von Patras an.

Weiter ging es mit den Bussen nach Alissos zum Campingplatz „Golden Sunset", an den Mittelmeerstrand. Wunderschöne Ferientage auf der Halbinsel Peloponnes und in ganz Griechenland fanden ihren Beginn.

Wir besuchten Patras und Delphi, Olympia und Korinth, die Akropolis und die Plaka, die Fußgängerzone von Athen, den Syntagmaplatz und das Parlamentsgebäude, den Präsidentenpalast und landestypische Tavernen.

Im Marmorstadion von Athen veranstalteten wir unsere große Lagerolympiade und zeigten uns so zur 100-Jahr-Feier der Olympischen Sommerspiele mit Griechenland solidarisch.

Die Bürger von Athen waren begeistert, und der Bürgermeister der griechischen Hauptstadt eröffnete unsere Olympischen Spiele mit einer großen Dankesrede. Er bedankte sich bei uns und den vielen Mädchen und Jungen für dieses großartige Zeichen der Verbundenheit.

Griechische und deutschsprachige Zeitungen in Griechenland veröffentlichten am nächsten Tag ganze Sonderseiten und berichteten über unser Zeichen der Solidarität. Viel Lob und Anerkennung wurde uns zuteil.

Für uns war es ein wahres Highlight und wir sonnten uns nicht nur in der breiten öffentlichen Aufmerksamkeit. Wir hatten großen Spaß daran, uns an historischer Stelle und im Schatten der Akropolis zu präsentieren und, ganz nebenbei, spielend die Herzen der Einheimischen zu erobern.

Alle Griechen waren traurig darüber, dass die 100-Jahr-Feier der Olympischen Sommerspiele nicht im Ursprungsland der Olympischen Spiele, sondern in Atlanta stattfand. Doch so traurig sie darüber auch waren, so froh waren sie auch über unsere farbenprächtigen Olympischen Spiele in ihrem Marmorstadion. Unsere 1500 Jugendlichen bewiesen sich als wahre Athleten und erstklassige Botschafterinnen und Botschafter unseres Landes.

Das Interesse, mit uns Griechenland zu besuchen, ist bei unseren jungen Reisegästen nach wie vor riesig groß. Innerhalb von fünf Tagen waren schon im ersten Jahr die drei Ferienlager ausgebucht.

4500 Mädchen und Jungen nahmen 1996 an unserer Jungfernfahrt teil. Die Anreisen mit Bus und Fähre sind bequem und angenehm, waren aber von Beginn an nicht so selbstverständlich.

Spott und Hohn wurde uns zuteil, nachdem wir uns im Winter 1995 bei den griechischen und italienischen Fährgesellschaften und deren Agenturen in Deutschland nach Konditionen für eine Überfahrt unserer großen Jugendgruppen von Ancona in Italien nach Patras in Griechenland erkundigt hatten.

Einige Gesellschaften verfielen in Unglauben und antworteten uns erst gar nicht, eine Gesellschaft schickte uns unsere Faxanfrage mit dem Vermerk „Bauen Sie sich selbst ein Schiff" zurück.

Die Anmietung von großen Fährschiffen gestaltete sich im ersten Jahr unserer Griechenlandreise sehr schwierig. Doch ich ließ mich nicht entmutigen und flog kurzentschlossen nach Athen und sprach bei der größten Fährgesellschaft in Griechenland persönlich vor. Schon am nächsten Tag hatte ich die notwendigen Fährplätze und unserer ersten Jugendreise zur Akropolis stand nichts mehr im Wege!

Griechenland als Feriendomizil ist bis heute eine wunderbare Bereicherung unserer Feriendestinationen und immer wieder sehr gefragt.

28

Eigentlich lief alles ausgesprochen gut, nur die Gesundheit unseres Sohnes Martin war sehr schlecht. Die Operation acht Monate nach seiner Geburt war zwar gut verlaufen, aber keiner ahnte damals, dass noch viele weitere folgen würden.

Martin litt seit seiner Geburt unter einem Reflux. Das bedeutet, dass der Schließmuskel des Mageneingangs nicht so funktioniert, wie es sein müsste. Immer wieder stieg Magensäure in die Speiseröhre und verätzte diese und den Rachenraum. Martin konnte nicht mehr schlucken und nicht mehr schmerzfrei leben. Hinzu kam die Angst weiterer schwerer Folgekrankheiten.

Immer wieder wurde Martin operiert und immer wieder wurden Teil- und Momenterfolge erzielt.

Bei den Kontrolluntersuchungen stellte sich eine Verschlechterung seiner Krankheit heraus. So konnte Martin nicht mehr lange leben, es musste eine dauerhafte Lösung her.

Doch keiner wusste, wie man Martin helfen konnte. Die Ärzte versuchten alles, aber sie hatten mit dieser Krankheit nur geringe Erfahrungen. Alle Kinder, die vor Martin mit dieser Krankheit geboren worden waren, waren daran gestorben.

Im Frühjahr 1997 machten wir uns wieder voller Hoffnung und Zuversicht auf den Weg zur Kinderklinik nach Bremen. Hier arbeitete ein Professor, der sich mit

Martins Krankheit auseinandergesetzt hatte, er hatte Martin auch schon in den vergangenen Jahren immer wieder operiert.

In vielen Vorgesprächen erklärte dieser Spezialist meiner Frau, mir und Martin, was er in der nächsten großen Operation zu tun gedachte. Einen Erfolg konnte er uns trotz aller Hoffnung freilich nicht garantieren, aber die dringende Notwendigkeit der Operation machte er uns eindeutig klar.

Wir hatten keine Alternative. Uns war klar, dass Martin ohne diesen Eingriff nicht mehr lange leben würde.

Alles würde gut verlaufen, meinte der Professor, dennoch sollten wir kurz über die Eventualitäten sprechen, was alles passieren könnte, aber mit an Sicherheit grenzender Wahrscheinlichkeit nicht passieren würde.

Es waren zwar viele Eventualitäten, die vorkommen konnten, aber in ihrer Vielfalt noch nicht vorgekommen waren. Wir sollten uns nicht beirren und beunruhigen lassen.

Wir vertrauten darauf, dass alles gut verlaufen würde. Aber Martin hatte wohl eine tiefe Vorahnung, denn wie wir hatte auch er sich alles genau angehört und aufzeichnen und erklären lassen. Als der Vortrag des Professors zu Ende war, kollabierte unser Martin und lag bewusstlos vor dem Schreibtisch seines späteren Retters.

Als der Tag gekommen war, verabschiedete sich Martin zu Hause von seinen Geschwistern und wir machten uns auf den Weg. Es war eine schlimme Zeit.

240

Wie eine große dumpfe Glocke hing der Termin dieser schweren Operation täglich über unserem Küchentisch. Keiner konnte etwas machen, wir konnten nur beten und den Tag abwarten.

Immer wieder sprachen wir gemeinsam über die Krankheit, die Heilungschancen und über unser gemeinsames Schicksal. Natürlich sprachen wir auch über den Tod und die Möglichkeit, im Himmel Thomas zu begegnen.

In der Kirche steckten wir Kerzen an und hofften, bangten und vertrauten. „Martin wird wieder gesund!" Nur so konnte es funktionieren.

Andreas und Elisabeth blieben schweren Herzens zu Hause. Sie weinten, eigentlich hätten sie mit zur Klinik nach Bremen fahren wollen, aber sie mussten zur Schule. Meine Mutter kam zu uns und wohnte in dieser Zeit bei uns und sorgte für Andreas und Elisabeth.

Meine Frau und ich fuhren mit Martin in die Kinderklinik nach Bremen. Nach der stationären Aufnahme kam der Professor. Untersuchungen wurden durchgeführt und Aufzeichnungen gemacht.

Für den nächsten Tag war die Operation geplant.

Maria und ich saßen vor dem OP-Zimmer. Martin lag auf dem OP-Tisch. Es ging für ihn und uns um alles. Mehr als fünf Stunden dauerte die Operation, und am Ende sagte der Professor uns nur: „Wir müssen abwarten." Die Nacht wurde lang.

Als Martin erwachte, hatte er Schmerzen, aber trotzdem schien es, als habe er alles gut überstanden. Die Werte waren in Ordnung, das Blutbild normal, der allgemeine Zustand zufriedenstellend. Auch während des Tages ging es ihm sichtlich besser, und wir waren bangend froh darüber.

Doch unser Eindruck war trügerisch. Stets waren die Ärzte um das Wohl unseres Sohnes mehr besorgt, als sie es hätten sein müssen, wenn es ihm tatsächlich gut gegangen wäre. Da stimmte irgendetwas nicht.

Unruhe verbreitete sich. Was war geschehen? Die Kurve zeigte plötzlich nach unten. Martin lebte nicht auf, sondern baute ab. Die Werte verschlechterten sich dramatisch.

Das Unwahrscheinliche war wahr geworden. Eines der großen Risiken der Operation war eingetroffen. Die inneren Nähte hatten sich gelöst. Jetzt ging es um Leben oder Tod.

Wieder saßen wir im Vorzimmer des Operationssaals. Wieder warteten wir stundenlang, und als der Professor endlich kam, schien es nicht mehr viel Hoffnung zu geben. Wir sollten den Mut nicht verlieren, wir müssten abwarten, wie die Nacht verlaufe.

Am nächsten Morgen hatte Martin die Nacht überlebt, aber die Situation war angespannt und dramatisch. Auch bis zum nächsten Tag hatte sich der Zustand von Martin nicht gebessert. Er lag im Koma und alle Werte waren besorgniserregend.

Der Arzt holte uns ins Sprechzimmer und teilte uns

mit, dass es aus medizinischer Sicht für Martin keine Hoffnung mehr auf ein Überleben gebe. Wenn noch nahe Angehörige Abschied nehmen wollten, so sei jetzt die Zeit dazu gekommen.

Martin hatte am nächsten Tag Geburtstag und wurde 15 Jahre alt. Ich fragte den Arzt, ob Martin morgen noch leben würde. Dann könnten Oma und Opa und die Geschwister ja morgen, an seinem Geburtstag, von Martin Abschied nehmen. Der Arzt stimmte zu, machte aber darauf aufmerksam, dass wir Martin morgen bestimmt nicht mehr erkennen würden, sein Körper würde sich in den nächsten Stunden dramatisch verändern.

Meine Frau Maria hatte Bedenken, ob Andreas und Elisabeth Martin so sehen sollten. Aber der Arzt vertrat wie ich die Meinung, dass es gut sei, wenn die Geschwister Martin auch so schwer krank sehen würden.

„Die Kinder haben ihren Bruder aus dem Haus gehen sehen und müssen jetzt hinter seinem Sarg hergehen, das können sie nicht verstehen. Die schwere Erkrankung gehört dazu."

Am nächsten Morgen fuhren die beiden Großmütter und der Großvater, die Geschwister Andreas und Elisabeth und ich wieder zum Krankenhaus. Maria war schon von Anfang an auch in der Nacht bei Martin geblieben.

Zusätzlich hatten wir den Schulleiter, Martins Klassenlehrer, Martins besten Freund mit seiner Mutter und meine beiden ältesten Brüder eingeladen, von Martin Abschied zu nehmen.

Nun standen wir am Sterbebett unseres Sohnes, Bruders, Enkels, Schülers, Freundes und Neffen.

Keiner sagte etwas, nur unser Propst, der bei uns war, erteilte die Krankensalbung und sprach die Sterbegebete.

Mark, Martins bester Freund, saß am Bett und legte seinen Kopf auf die Matratze und war totenstill. Martins Klassenlehrer sprach unseren im Koma liegenden Sohn an und machte ihm Mut. Er überbrachte die Grüße der ganzen Klasse und sagte, dass Martin unbedingt zurückkommen müsse, die Klassengemeinschaft brauche ihn sehr.

Der Tag ging zu Ende, unser Martin war 15 Jahre geworden und noch nicht gestorben. Selbstheilungskräfte und Wunder könnten noch helfen, hatte uns der Professor gesagt, und Maria, Andreas, Elisabeth und ich und alle Menschen, die ihm und uns nahestanden, hofften weiterhin auf diese Selbstheilungskräfte und ein Wunder.

Die Tage waren schwer. Erschwerend kam noch hinzu, dass die großen Sommerferienlager vor der Tür standen und die Lkws beladen werden mussten. Das gesamte Material musste in diesem Jahr wieder nach Portugal transportiert werden.

Morgens fuhr ich zu Maria und Martin ins Krankenhaus, vormittags arbeitete ich in der Halle, in der Mittagsstunde fuhr ich wieder zur Kinderklinik, am Nachmittag saß ich wieder auf dem Gabelstapler in der Halle und am späten Abend wieder am Krankenbett bei Martin.

Der Zustand von Martin besserte sich nicht. Dadurch, dass sich die Wunde im Innenraum des Körpers geöffnet hatte, war der ganze Körper vergiftet worden. Das zweite große Risiko dieser Operation war somit ebenfalls eingetroffen. Martin hatte zusätzlich eine lebensbedrohliche Vergiftung.

„Wir schießen mit Kanonen auf alles, was sich bewegt", sagte mir ein Arzt, „aber wir wissen nicht, was wir tun sollen und womit wir Erfolg haben. Wir hoffen weiterhin auf Gottes Hilfe."

„Gottes Hilfe", das war das Stichwort. Ich dachte an den Heiligen Vater, er hatte uns schon in vielen Situationen beigestanden. Ich rief bei Don Stanislaw im Vatikan an und bat ihn, den Heiligen Vater zu informieren und den Papst um seine Hilfe und sein Gebet zu bitten.

Don Stanislaw machte es sofort, und nur wenige Minuten später erhielt ich die Nachricht, dass der Heilige Vater, Papst Johannes Paul II., der schon oft für Martin gebetet hatte und ihn persönlich kannte, Martin in diesen schweren Stunden im Gebet begleitete.

Aber nicht nur der Papst und seine Sekretäre, der Priester aus Terracina, Don Amedeo, und unsere Verwandtschaft beteten für Martin und für uns, sondern ebenso unsere Nachbarn, unsere Freunde, unsere Mitarbeiter und sogar die ganze Schulgemeinschaft von Martins Schule.

Am Nachmittag dieses Tages trafen sich alle bei unserem Bürogebäude, und unter der Leitung unseres Propstes fuhren sie nach Lage zum Kreuztragen.

In Lage-Rieste, 25 Kilometer entfernt von Osnabrück, hängt in der Pfarrkirche ein über 700 Jahre altes schweres Kreuz, und wenn ein Mensch in Not und Bedrängnis ist, egal wodurch, soll er durch das Tragen dieses Kreuzes Gnade und Beistand finden.

Natürlich können kranke Menschen dieses Kreuz nicht selber tragen, und so fahren Freunde und Angehörige nach Lage, um diesen Beistand und diese Gnade für den Betroffenen durch das Tragen des 134 Kilogramm schweren Lager Kreuzes und die begleitenden Gebete zu erflehen.

Es ist schon eine lange Tradition von vielen Hundert Jahren, dass Menschen nach Lage fahren, um dort zu beten und dabei gemeinsam das schwere Kreuz in einer Prozession um die gotische Wallfahrtskirche mit dem spitzen Turm und dem dunklen Schindeldach tragen. Das Lager Kreuz kann – außerhalb der Gottesdienstzeiten der Pfarrei Lage – jederzeit von mindestens drei Personen um die Kirche getragen werden. Dabei wird gewöhnlich der Schmerzhafte Rosenkranz gebetet.

Das Tragen dieses Kreuzes ist eine Fürbitte an Gott, die Lasten, die einer alleine nicht tragen kann, zu verteilen. Ob es hilft? Ich weiß es nicht. Ich denke, in einer solch schweren Situation sucht man in allem Hilfe. Warum also nicht im Glauben und bei Gott?

Auch die Schulgemeinschaft setzte ein sichtbares Zeichen. Die gesamte Schule fuhr mit einem Sonderzug nach Bremen. Diese Schulfahrt war zwar schon vorher geplant, aber man nutzte diesen Besuch in Bremen nun auch, um gemeinsam im Dom einen Gottesdienst zu feiern und für Martin zu beten. Nach dem Gottesdienst pilgerten viele seiner Klassenkameraden zum Krankenhaus und saßen schweigend draußen auf dem Rasen unter dem Fenster von Martins Krankenzimmer.

In einer Zeit, wo der Numerus clausus so wichtig ist und oftmals menschliche Gesten auf der Strecke bleiben, hat diese Schulgemeinschaft bewiesen, dass Schulzeit mehr ist als nur die Vermittlung von Lehrstoff.

Immer stehen auch die Menschlichkeit und die Gemeinschaft im Vordergrund. Ängste, Gefühle, Sorgen, Nöte und Sehnsüchte sind nicht unbedingt Fremdwörter.

Wir sagen allen Danke, die damals dabei waren und sich in diesen Stunden innigst mit Martin verbunden fühlten, die für ihn beteten und mit uns die Zeit durchlitten.

Martin lag da wie ein Häufchen Elend. Er hatte viel Gewicht verloren und war mit allen Maschinen verbunden. Maria war Tag und Nacht bei ihm, doch 24 Stunden konnte auch Maria nicht wach am Bett sitzen. Wir waren froh, dass Martins Opa, Marias Vater, abwechselnd mit bei seinem Enkel war.

Für mich war gerade diese Zeit wieder einmal besonders schwer. Oft habe ich in der Nacht geweint, aber ich musste in diesen schweren Stunden Martin verlassen. 1700 Mädchen und Jungen hatten sich für das erste

Ferienlager angemeldet und die Sommerferien standen unmittelbar vor der Tür.

Schweren Herzens bin ich zum Krankenhaus gefahren und habe mich von Martin verabschiedet. Ich saß an seinem Bett, und obwohl er im Koma lag, erzählte ich ihm von meinen Ängsten und Gefühlen. Ich wollte ihn nicht verlieren. Wir hatten schon unseren Thomas verloren, und ich war nicht bereit, noch einen Sohn zu beerdigen.

Martin musste überleben.

Mit stillen Worten versuchte ich Martin zu erklären, dass ich jetzt mit den vielen anderen gleichaltrigen Mädchen und Jungen in den Sommerurlaub fahren würde. Wir durften auch von diesen Mädchen und Jungen keinen verlieren.

Ich verabschiedete mich und bat die Gottesmutter, ganz besonders auf Martin aufzupassen.

„Wer hat je umsonst deine Hilf angefleht?
Wann hast du vergessen ein kindlich' Gebet?
Drum ruf ich beharrlich in Kreuz und in Leid!
Maria hilft immer! – Sie hilft jederzeit!
Ich ruf voll Vertrauen in Leiden und Tod!
Maria hilft – in jeglicher Not!"

Ich betete zu Thomas, unserem Sohn und dem ältesten Bruder von Martin, und bat ihn, für uns ein gutes Wort einzulegen.

Irgendwie war ich böse und zornig auf unseren Herrgott. Als kleines Kind hatte man mir immer gesagt, auf unseren „lieben Heiland" kann man vertrauen und man kann an ihn glauben. Viele Geschichten hatte man uns über ihn erzählt, und ich habe sie alle geglaubt! Ich wollte immer ein artiger und lieber Junge sein, ich wollte unbedingt zum „lieben Heiland" in den Himmel kommen. Das Leben war egal, der Himmel war wichtig!

„Sieh, nun sollst du alles haben,
was in meinem Herzen ist,
alles leg ich dir zu Füßen,
weil du ja mein König bist!"

Wen Gott liebt, den züchtigt er! – Das hatte ich oft gehört, und irgendwie musste unser Herrgott uns wohl ziemlich lieb haben, oder hatte Gott Urlaub? Oder vielleicht gar keine Lust mehr auf uns? Gab es ihn überhaupt? War alles nur eine Erfindung? Ich musste es einplanen.

Zynisch bedankte ich mich bei meinem „lieben Heiland", meinem allmächtigen „König aller Länder", für die tolle Leistung, die er bislang hingelegt hatte.

Ich setzte mich in meinen Wagen und machte mich auf den Weg nach Lissabon.

Meine Mutter hatte mir einmal gesagt: „Und wenn dich auch das Schicksal auf allen Linien schlägt, bleibt immer noch die Haltung, mit der du es erträgst." Toll!

Noch niemals zuvor ist es mir so schwergefallen, meine Familie für viele Wochen zu verlassen. Ich war Opa sehr dankbar für seine Hilfe, aber gleichzeitig war es mir ein großes Opfer, dass er an meiner Stelle bei Martin war.

Zwei Tage war ich mit dem Wagen unterwegs, natürlich hielten meine Frau und ich ständigen Kontakt. Immer hörte ich nur: *„Ist noch nicht besser."*

Am zweiten Tag, wir waren in der Nähe von Salamanca in Spanien, rief Maria mich an und erzählte, dass Martin erneut operiert werden müsse. Jetzt litt er auch noch unter einem Darmverschluss.

So böse ich mit dem Himmel in diesen dramatischen Tagen auch war, so dankbar bin ich dem Himmel heute. Die Selbstheilungskräfte, die Wunder, die Gebete und der unermüdliche Einsatz der Ärzte und des Pflegepersonals haben geholfen.

Martin überlebte, und mit seinen 15 Lebensjahren und seinem Gewicht von nur 24 Kilogramm entwickelte er sich prächtig. Ohne ein Schuljahr zu wiederholen, machte er sein Abitur und ist heute vollständig von seiner Krankheit geheilt.

Nach einem anfänglichen Jurastudium und abschließenden Studium an der Berufsakademie ist er jetzt bei mir in meiner Firma. Gemeinsam mit seinem Bruder Andreas wird er den Konzern übernehmen und leiten.

29

Für Andreas war der berufliche Werdegang schon immer klar. Er geht selbstverständlich in die Firma des Vaters und das demonstrierte er auch schon als kleiner Junge. Er interessierte sich stets für alles, was unsere Fahrten und Reisen betraf, und gab schon bald Ratschläge in der einen oder anderen Sache.

Dabei hatte er schon früh in Hierarchien gedacht. Als Sechsjähriger hatte er einer langjährigen älteren Kochfrau während einer Busreise die Herausgabe eines Erfrischungsgetränks verweigert und auf den Hinweis „Dein Papa würde mir das aber geben", geantwortet: „Mein Papa ist nicht da, und solange bin ich der Chef!"

Nach seinem Abitur studierte Andreas an der Berufsakademie Ravensburg. Erfolgreich und mit Auszeichnung konnte er sein Studium beenden und ist heute als Prokurist und Teilhaber in unserer Firma. Auch auf seinen Schultern ruht unsere Zukunft.

Elisabeth studiert an der Hochschule, wie ihre beiden Brüder auch, Wirtschaftslehre. Nach ihrem Abitur war sie zunächst für ein halbes Jahr auf einer Sprachschule in Neuseeland, und am liebsten möchte sie nach ihrem Studium dorthin zurück und eine Farm betreiben. Ich würde mich sehr freuen, wenn sie ihre Pläne und Träume realisieren könnte. Meine Unterstützung ist ihr dabei garantiert. Ich bin sehr gespannt, was die Zukunft uns bringt.

Die Zukunft bringt uns täglich Neues und oft sind wir darüber sehr erfreut. Schon kurz nach ihrer Rückkehr aus Neuseeland heiratet Elisabeth ihren Freund Andreas. Eine große Farm in Neuseeland gibt es nicht, aber eine tolle Familie mit zwei wunderbaren Kindern gibt es bei uns in Vechta.

Die Familie entwickelte sich und unsere Firma ebenso. Oft ist es schwer, oft ist es anstrengend. Egal, wie es auch immer ist oder war, niemals war ich ohne Mut und Kraft. Geschenke Gottes gab es viele, menschliches Fehlverhalten auch. Mit dem einen konnte ich besser, mit dem anderen weniger gut umgehen. Unser Leben war alles, außer gewöhnlich!

Wir hatten ja in Portugal unter anderem bereits eigene Sanitäranlagen gebaut. Zwei Jahre hatten wir dann nacheinander hier am Atlantik unsere großen Ferienlager veranstaltet. Dann waren wir wieder nach Italien ans Mittelmeer gefahren. Nun planten wir, erneut Portugal zu besuchen.

Als wir aber während der Vorbereitungszeit unseren Campingplatz am Atlantik besuchten, mussten wir feststellen, dass vieles unserer Investition schon längst nicht mehr vorhanden war.

Die Toilettenschüsseln fehlten, es gab keine Spiegel und keine Waschbecken mehr, die Stromkabel waren von der Wand gerissen und irgendwie war alles Notwendige verschwunden.

Was jetzt? In Portugal noch einmal bauen oder renovieren wollte ich nicht. Aber trotzdem benötigte ich Duschen, Toiletten, Heizung und alles weitere.

30

Ich kam auf den Gedanken, das, was ich eigentlich überall brauchte, selber mitzubringen. Und so entstand der Plan, die Toiletten, die Duschen und auch alles weitere auf Lkws zu bauen. Im Winter suchte ich die Fachbetriebe auf und lud die Meister zu einem gemeinsamen Gedankenaustausch zu mir nach Vechta ein.

Ich stellte ihnen meine Idee vor: Eine Zugmaschine und ein Anhänger sollten es sein, insgesamt 18 Meter lang, und auf beiden Seiten Platz für dort fest installierte Toilettenkabinen von je 1 x 1 m.

Ebenso einen Dusch-Lkw mit den gleichen Ausmaßen. Zusätzlich einen Heizungswagen mit vier Wasserkesseln von je 2000 Litern für kochendes Wasser. Dazu einen Wasserwagen für 30.000 Liter kaltes Wasser, mit großen Pumpen und Mischbatterien, die beim Duschen für eine angenehme Temperatur sorgen.

Zu guter Letzt einen Strom-Lkw, also einen großen Lkw, auf dem ein großes Stromaggregat befestigt ist, denn Stromschwankungen wie in Südeuropa konnte meine hoch technische Anlage bestimmt nicht verkraften.

Mit der Abwärme des Aggregats schließlich konnten

wir das Wasser in den Boilern vorheizen, den Rest wollten wir mit unserem eigenen Strom erledigen.

Die Fachleute hatten zwar zu Beginn Bedenken, aber gemeinsam machten wir uns ans Werk, und zum Frühsommer standen uns acht große, nagelneue funktionale Lkw-Züge zur Verfügung.

Jetzt konnten wir sogar eine Wüste beleben.

Das Geld für die Finanzierung habe ich damals von meiner Bank bekommen. Sie glaubten, wie auch ich, dass dieses der richtige Weg sei. Bestimmt würde man heute das Geld für eine solche Aktion von keiner Bank der Welt mehr bekommen. Aber damals war es noch möglich. Die Menschen und die Zeiten waren, Gott sei Dank, auch schon mal anders!

Die Bankgeschäfte waren noch wirkliche Geldgeschäfte und nicht nur Spekulationsgeschäfte. Damals ging es tatsächlich auch noch nach dem Grundsatz von Friedrich Wilhelm Raiffeisen: „Einer für alle, alle für einen!"

31

Es ist nicht leicht, große gute Campingplätze für eine solch große Gruppe wie die unsrige zu bekommen. Ja, Geld verdienen wollen alle wohl, aber eine solch riesige Gruppe aufzunehmen, dazu gehört dann doch schon etwas mehr Mut. Die Dauercamper, von denen es sehr gute, aber auch echte Ekel gibt, machen immer wieder Ärger.

Allein der normale Geräuschpegel von 2000 Menschen ist natürlich lauter, als wenn man nur zehn stille Camper neben sich hätte. Und einige ältere Menschen sind allein schon deshalb verärgert, weil unsere Teilnehmer junge Menschen sind. Sie neiden der Jugend oftmals ihr jugendliches Alter und die damit verbundenen Möglichkeiten und Freiheiten.

Sie haben schon längst vergessen, dass auch sie mal in diesem Alter waren. Natürlich waren früher die Jugendjahre anders. Meine auch! Alles war anders und alles war Sünde, sowieso, wir durften nichts.

Wir lebten „sauber" und lagen nicht auf dem warmen Asphalt und küssten uns. Wir lagen nicht eng umschlungen auf dem Boden und das auch noch im Sand.

Bei uns ging es gesitteter zu.

Zum einen war die Zeit eine andere, zum anderen wollten wir gleich in den Himmel. Die Jugend von heute will leben und später in den Himmel. Und ich glaube, unser Herrgott hat seine helle Freude daran, denn er schenkt ihnen das Leben und bereitet ihnen die Umstände dazu! Und warum sollte sich die Jugend nicht darüber freuen und es genießen?

Auf der Suche nach für uns geeigneten Campingplätzen finden wir des Öfteren zwar größere Plätze, die aber in der Regel nur für eine relativ kleine Besucherzahl ausgerichtet sind. Der eine oder andere Platz wäre zwar ideal für uns, aber dann fehlen die notwendigen und ausreichenden Anlagen.

Mit unseren Lkw-Einrichtungen aber haben wir alles dabei: Toiletten, Heizung, warme Duschen, eigene Stromversorgung, eigene Wasserreserven, eigene Kühlzüge, eigene Wagen für Lebensmittel, große Industrieküchen, Internetcafé, Bürowagen, Bühnen und schwere Lkw-Auflieger zum Transport von großen Materialien. So können wir jeden Campingplatz nutzen, der über eine ausreichende Größe verfügt. Den Rest bringen wir mit!

Mit den Bussen fahren wir ins Ferienlager. Dreißig oder mehr Busse sind fast bei jeder Fahrt unterwegs. Rund 1500 Jugendliche sind dabei. Alle sind gesund und munter. Doch natürlich kann es unterwegs vorkommen, dass jemand während der Hin- und Rückfahrt erkrankt.

Auch kann es passieren, dass ein Bus plötzlich defekt ist und nicht so schnell repariert werden kann. Aus diesem Grunde setzen wir bei großen Fahrten zusätzlich immer einen „Krankenbus" ein. Dieser fährt, ein wenig zeitversetzt, hinter den anderen Bussen her.

Wenn nun in irgendeinem Bus ein Kind erkranken sollte, werden nicht nur die besorgten Betreuerinnen und/oder Betreuer sich um das Wohl des Kindes kümmern, sondern vor allem die mitreisenden Ärzte.

Im Krankenbus sitzen die Ärzte und das Pflegepersonal, die unsere Fahrt begleiten, und ich. Bei Schulfahrten ist auch die Schulleitung mit im Krankenbus.

Vom Krankenbus aus sind wir mit jedem weiteren Bus telefonisch verbunden und können sofort reagieren, wenn ein Kind erkrankt oder ein Bus liegen geblieben ist. Wir könnten das kranke Kind aufnehmen, aber auch alle Kinder aus einem kaputten Bus. Je nach Situation tun wir das eine oder das andere.

Mit unserer neuen Lkw-Anschaffung kamen auch neue Aufgaben auf uns zu. Die Fahrzeuge und die Technik müssen gewartet und gepflegt werden. Einer unserer Mitarbeiter nahm sich dieser Aufgabe an. Er hatte zwar nicht Technik und Maschinenbau studiert, aber dennoch erfüllte er seine neue Aufgabe gut.

Immer auf Sicherheit bedacht, empfahl ich diesem Mitarbeiter aber nach einiger Zeit, eine Umschulung zum Bürokaufmann zu machen. Zwar lief zurzeit alles sehr gut, aber wer weiß schon, was kommt, und dann könnte es für ihn unter Umständen schwer werden.

Die Umschulung war gut, hatte aber einen Nachteil: Der Mitarbeiter musste die Berufsschule besuchen und konnte so nicht über die Sommerferienzeit unseres Bundeslandes hinaus seine Arbeit als Techniker bei uns im Ferienlager ausüben. Gemeinsam suchten wir eine Lösung und fanden sie. Sein Freund suchte gerade einen neuen Arbeitsplatz und – fand ihn bei uns.

Jetzt hatte ich zwei Techniker. Das war eine große Hilfe. Doch wenn die Förderung der Umschulung durch das Arbeitsamt zu Ende ging, hatte ich auch zwei Personen statt einer auf der Lohnliste.

Die Umschulung näherte sich ihrem erfolgreichem Abschluss, und ich überlegte, was ich nun mit beiden

Mitarbeitern machen sollte. Meinen Umschüler nach erfolgreichem Abschluss entlassen? Oder den Helfer in der Not wieder auf die Straße schicken?

Nein, beides war nicht schön!

Ich kam auf den Gedanken, dass beide einen Busführerschein machen könnten und wir uns einen Bus kaufen und dann in Zukunft den Krankenbus nicht mehr anmieten, sondern selber stellen würden. Ich sprach mit meinen Angestellten und sie waren einverstanden.

In wenigen Monaten machten sie den Busführerschein und wir kauften uns einen wirklich tollen und sehr eleganten, schwarz lackierten Luxus-Fernreisebus. Eines wollte ich vermeiden. Wenn es dazu kam, dass wir Fahrgäste aus einem defekten Bus übernehmen mussten, dann sollte sie nicht auch noch in einen schlechten Bus unserer eigenen Firma umsteigen müssen.

Unsere beiden Fahrer erfüllten jetzt zusammen zwei Aufgaben: Der eine kümmerte sich um die Technik, der andere fuhr den Bus, und wenn in der einen oder anderen Aufgabe zwei Personen gefordert waren, ergänzten sie sich hervorragend.

Unser kleiner Busbetrieb mit seinem einzigen Bus machte auf sich aufmerksam. 1997 nahmen wir zum ersten Mal mit einem eigenen Bus an einem Ferienlager teil. Alles lief gut und schon bald kauften wir den nächsten Bus. Und tatsächlich, es lief prächtig, weitere Busse folgten. Heute haben wir einen großen Busbetrieb mit vielen schwarz lackierten Luxus-Fernreisebussen.

2007 wurde unser Busbetrieb eine eigene GmbH mit eigenem Geschäftsführer und eigener Betriebsstätte. Schon 2002 hatten wir eine große Bushalle mit großen Büroräumen gebaut und hier agiert nun unser moderner und sehr erfolgreicher Omnibusbetrieb.

Wir haben allerdings keine Schulbusse und fahren nicht den Schülerverkehr. Täten wir dieses, hätten wir auch dafür sehr, sehr gute Busse, denn diese alten Klapperkisten, die oftmals unsere Kinder zur Schule fahren, sind eine Schande für unsere Schülerinnen und Schüler.

Wenn wir nicht mehr in die Sicherheit und das Wohl unserer Kinder investieren, dann dürfen wir uns auch nicht wundern, wenn eines Tages unsere Altersheime mehr einem Stall als einer Stube gleichen. Von Anfang an Maßstäbe setzen und wertvolle Vorbilder sein und das in allen Dingen, das ist das Einzige was zählt und wirkt!

Bustouristik ist gefragt. „Baggersee statt Übersee" ist der Trend der Zeit, und genau den erfüllen wir.

Durch glückliche Fügung ist es uns vergönnt, erfolgreich zu sein, und dafür arbeiten wir unentwegt. Die Freude und die Zufriedenheit unserer Reisegäste motivieren uns und halten uns aktiv. Unserem Fleiß und der Fantasie sind keine Grenzen gesetzt. „Die Arbeit macht nicht nur dem Ochsen Ehre", und die weltweite Schöpfung Gottes ist viel zu schön, um sie zu Hause zu verschlafen!

Schon bevor wir den ersten Bus gekauft hatten, waren wir mit dem Flugzeug unterwegs. Unsere großen

USA-Jugendreisen hatten auch das Interesse bei den Eltern und anderen Erwachsenen geweckt. Wir besuchten mit großen Erwachsenengruppen Florida und unternahmen ein Jahr später, wie auch mit den Jugendlichen, eine große USA-Rundreise mit Erwachsenen.

Auch bei diesen Reisen war die Stimmung erstklassig. Auch sie tanzten in den Ballsälen der Hotels nach Herzenslust und die Klavier- und Gesangseinlagen unserer Reiseleiter wurden mit tosendem Beifall belohnt. Auch hier ereichte die Stimmung ihren Siedepunkt und auch diese Flugreisen entwickelten sich schnell.

Nach und nach bereisten wir die ganze Welt, heute fühlen wir uns sowohl in Afrika als auch in Asien, in Amerika wie in Australien zu Hause. Unsere eigene Flugabteilung war geboren und wurde ausgebaut.

Unsere Reiseangebote sind sicher und luxuriös, exklusiv und fantasiereich. Überall spüren unsere Reisegäste das starke Engagement unseres jungen Teams. Wir sind stolz auf unsere Leistungen und auf unser Team, wir freuen uns über die Anerkennung und das Lob und fühlen uns dadurch weiterhin hoch motiviert.

Eigentlich waren unsere Reiseangebote ausreichend, aber dennoch fehlte uns das letzte i-Tüpfelchen. Reisen anderer Anbieter konnte man bei uns nicht buchen. Unsere Kunden mussten also bei Bedarf zusätzlich ein fremdes Reisebüro aufsuchen. Diese Lücke musste von uns dringend geschlossen werden. Deshalb eröffneten wir 2003 unser erstes Reisebüro und konnten dafür sogar die besten und erfahrensten Reiseverkehrskaufleute der Region gewinnen.

Längst war ich voll in meine Arbeit eingebunden. Schon lange war ich nicht mehr im Rat der Stadt Vechta, schon lange war ich nicht mehr im Pfarrgemeinderat unserer Propsteigemeinde, schon lange hatte ich keine Zeit mehr für den Chor oder die Parteiarbeit. Ich widmete mich ganz und gar meiner Familie und meiner Firma.

Der Erfolg meiner Arbeit und der Kontakt zum Heiligen Vater hatten mich therapiert und von den Zwängen und Beklemmungen meines Lebens befreit. Mein Selbstwertgefühl hatte sich wie Phoenix aus der Asche von seiner in jungen Jahren erlittenen Verstümmelung befreit.

Ich lebte und konnte frei atmen.

Im Frühjahr 1999 fand ich auf meinem Schreibtisch eine Notiz. Der Schulleiter eines Gymnasiums hatte angerufen und gesagt, dass die Schulgemeinschaft mit über 1000 Personen im Juni 2000 über den berühmten Jakobsweg, den „Camino" nach Santiago de Compostela pilgern möchte. Er bat um Rückruf. Ich dachte, „Der spinnt!", und warf die Notiz in den Müllkorb.

Es dauerte vier Tage, dann hatte ich diesen Schulleiter direkt am Telefon. Noch immer dachte ich, dass er spinne, aber um ihn nicht zu verärgern, vereinbarten wir ein gemeinsames Treffen.

„Wissen Sie, worauf Sie sich einlassen?" fragte ich in die Runde und alle waren der Meinung: „Ja!" Ich lud sie ein, mit mir kurzfristig übers kommende Pfingstwochenende nach Spanien zu fahren und Teile des Jakobsweges zu erkunden. Und obwohl dieses Wochenende bei vielen schon längst verplant war, stimmten alle zu, und wir machten uns auf den Weg nach Santiago de Compostela zum Probewandern.

Und zwei Jahre später wanderten über tausend Schülerinnen und Schüler, Lehrpersonen, Eltern und Helfer über den Jakobsweg von Puente la Reina, Burgos, León und Monte do Gozo nach Santiago de Compostela.

Wie ein Wanderzirkus zogen wir mit Sack und Pack, dem überall zu findenden Zeichen der Jakobsmuschel folgend, das als Wegesmarkierung an Häusern, Zäunen, Bäumen, Kirchen oder gar in den Boden eingelassen war, durch Nord-West-Spanien. Ein strahlend blauer Himmel begleitete uns während der ganzen Zeit.

Der Ministerpräsident empfing eine Delegation unserer Schulgemeinschaft und betonte in besonderer Weise das wunderschöne Wetter. Normalerweise sei Galizien der „Pisspott" der Nation, meinte er, und noch nie sei es vorgekommen, dass es sieben Tage nacheinander nicht geregnet habe, aber die Pilgerreise scheine wohl auch im Himmel gut anzukommen. Wir blieben trocken.

Auch in den Höhen Kastiliens, Leóns und Galiziens waren unsere Küche und unsere kleinen Zelte für jeweils zwei Personen mit dabei. In kleinen Tagesetappen legten über 40 Schülergruppen die 720 km lange Strecke über den Camino bis zur Kathedrale in Santiago de Compostela, dem Ziel der Pilgerreise, zurück.

1985 wurde die Altstadt von Santiago de Compostela, und damit auch die Kathedrale, zum UNESCO-Weltkulturerbe erklärt, und das Bild der Kathedrale schmückt die kleinen Euro-Cent-Münzen aus Spanien.

Die Kathedrale aus dem 11. Jahrhundert steht über dem Grab des Apostels Jakob. In ihrem Inneren befindet sich der Reliquienschrein mit einem Splitter aus dem Kreuz Christi. An den Außenseiten erheben sich die etwa 75 m hohen Türme, von denen der südliche nach seiner Funktion Glockenturm („Torre de las Campanas") und der nördliche „Torre de las Carracas" genannt wird – nach den Klappern oder Knarren, mit denen in der Karwoche („semana santa") das Läuten der Glocken ersetzt wird. Im Mittelgiebel erhebt sich das Standbild des Apostels Jakobus in einer Darstellung als Pilger. Zu seinen Seiten und etwas unterhalb begleiten ihn seine Schüler Athanasius und Theodor.

Zu hohen Feiertagen oder auf Bestellung wird der berühmte *Botafumeiro* durch das Querschiff geschwenkt. Es handelt sich dabei um ein etwa 1,60 m großes Weihrauchfass, das an einem etwa 30 m langen Seil von der Decke hängt und nach dem Hochamt von sechs Männern in Bewegung gesetzt und bis hoch unter die Decke geschwungen wird. Neben den üblichen Funktionen des Weihrauchs dient es dazu, die Ausdünstungen der Pilger zu überdecken, die nach Abschluss ihrer Wanderung auf dem Jakobsweg eine ganze Nacht wachend und betend in der Kathedrale verbringen.

Auch wir waren verschwitzt und nicht nur deshalb glücklich über das schwingende Weihrauchfass.

Das Fernsehen berichtete über diese Pilgerreise und politische und kirchliche Prominenz besuchte die Schulgemeinschaft. Die Zeitungen schrieben euphorische Berichte, überall rief diese außergewöhnliche Schulfahrt Bewunderung und Respekt hervor.

In mühevoller Kleinarbeit haben wir eigens für diese Pilgerreisen ein 312 Seiten umfassendes Pilgerbuch erstellt. Jede Besonderheit ist in diesem Buch beschrieben und jede kleinste Etappe vorgestellt. Wir sind stolz darauf und froh, dieses Meisterwerk „DER WEG" als Begleitbuch für alle weiteren Pilgerreisen nach Santiago de Compostela zu besitzen.

Natürlich blieb auch diese außergewöhnliche Schulfahrt anderen Schulen nicht verborgen und weitere Schulfahrten kamen hinzu. Im Jahre 2004 meldete sich auch diese Schule wieder bei uns. Diesmal wollte sie mit der gesamten Schulgemeinschaft die Ewige Stadt Rom besuchen. Der Ordensgründer ihres Schulträgers, der französische Pater Léon Gustave Dehon (1843–1925), ein engagierter Sozialkatholik und Ordensgründer der Dehonianer Herz-Jesu-Priester, sollte in Rom selig gesprochen werden. Dieser Seligsprechung wollten sie beiwohnen.

Schülerinnen und Schüler, Ehemalige und Freunde, Förderer und Lehrpersonen, Eltern und Helfer waren eingeladen, dabei zu sein; 1600 Personen waren für diese Fahrt bereits angemeldet und alles war vorbereitet, als sich der Termin der Seligsprechung aus unerwarteten Gründen um 14 Tage verschob.

Was sollten wir tun? Wir hatten zwar gesagt, dass diese Fahrt zu diesem Termin auf jeden Fall stattfinden werde, egal was passiere, aber sich nun tatsächlich so dicht am Ziel vorbeizuorientieren, schien mir verlorene Energie zu sein.

Natürlich war es möglich, die Schulfahrt zu verschieben, aber war es auch möglich, die 1600 Unterkünfte wieder zu erhalten? Nein, wenn wir den Reisetermin verschieben wollten, konnten wir die bereits gemieteten Unterkünfte zu dem neuen Termin nicht bekommen.

Der Schuldirektor und ich flogen kurzentschlossen nach Rom. Wir wollten nichts unversucht lassen, den eigentlichen Zweck der Reise auch als Höhepunkt dieser Schulreise zu erleben. Wir suchten neue Unterkünfte und fanden in zentraler Lage einen alten Campingplatz, der gerade abgerissen und komplett erneuert wurde.

Im Gespräch mit den jungen Verantwortlichen sagte man uns zu, dass im April 2005 alles fertig sein würde und wir über 1320 feste Unterkünfte verfügen könnten. Ein Teil der Schüler könnte zusätzlich in Zelten übernachten und ein Teil der Eltern zusätzlich im nahe gelegenen Hotel. So war eine Lösung möglich. Sollten wir dieses Wagnis eingehen?

Voller Gottvertrauen sagten wir den ersten Termin ab und verlegten den Reisetermin der Schulgemeinschaft um 14 Tage. Am Montag, den 18. April 2005, sollte es losgehen, um am Dienstag, den 26. April 2005, nach Hause zurückzukehren.

Die Vorbereitungen für die Schulfahrt liefen weiterhin gut. Alle waren glücklich, dass wir den Termin verschoben hatten und so den eigentlichen Höhepunkt der Schulfahrt, die Seligsprechung von Pater Dehon, wahrnehmen konnten.

32

Der Gesundheitszustand des Heiligen Vaters, Papst Johannes Paul II., war besorgniserregend. Schwer erkrankt und gezeichnet von seinem langen Leidensweg, hatte er im März 2005 auf eigenen Wunsch das Gemelli-Krankenhaus verlassen, um zu Hause im Vatikan in Frieden zu sterben.

Herzergreifend waren die letzten Auftritte dieses heiligen Mannes. Noch am Ostertag hatte er versucht, vom Fenster seines Arbeitszimmers aus den Ostersegen zu erteilen. Es war ihm nicht mehr möglich. Als er den Segensgruß sprechen wollte, stockte ihm der Atem, schwer rang er nach Luft. Kein Wort war ihm in dieser Stunde mehr vergönnt.

Erschütternde Szenen spielten sich in diesen Stunden im Vatikan und auf dem Petersplatz ab. Die geschockten Besucher auf dem Petersplatz verwandelten den Platz in ein Tränenmeer.

Am Mittwoch, den 30. März 2005, war ich noch in Rom gewesen, um die letzten Vorbereitungen für die große Schulfahrt zu treffen. Am Abend traf ich mich mit dem ehemaligen Sekretär des Heiligen Vaters. Als wir zu späterer Stunde auf dem Petersplatz standen, sah ich auf der Via della Conciliazione viele TV-Übertragungswagen.

Ich wunderte mich und fragte: „Was wollen die denn alle?"

Und der Erzbischof antwortete mir: „Die warten auf den Tod!"

Und tatsächlich, sie warteten nicht lange. Am Abend des 2. April 2005 verstarb nach langem Leiden Papst Johannes Paul II., nachdem er fast 27 Jahre lang als Pontifex sein Amt mit großem Gottvertrauen, Klugheit, Hingabe und Leidenschaft ausgeübt hatte.

Er hatte das Angesicht der Erde wahrhaftig erneuert.

Die Welt nahm großen Anteil. Millionen von Menschen zogen nach Rom, um von diesem Jahrtausendpapst Abschied zu nehmen. Riesige Menschenmengen standen auf der Via della Conciliazione und rund um den Vatikan.

Bis zur Erschöpfung warteten die Menschen, um im Petersdom von Johannes Paul II. Abschied nehmen zu können. Millimeter für Millimeter bewegten sie sich voran. Rettungskräfte waren Tag und Nacht im Einsatz. Die Ewige Stadt schien zu ersticken.

Eigentlich hätte auch ich gerne von meinem Papst Abschied genommen, aber mir fehlten die Kraft und die Demut, die Last dieses anstrengenden Wartens auf mich zu nehmen. Ich beobachtete die Entwicklung lieber vor dem Fernseher. In immer mehr Sondersendungen wurde auf der ganzen Welt über das Leben und Wirken dieses Papstes und von den jetzt ausgelösten Trauerzügen berichtet.

Meine Anteilnahme vor dem Fernseher dauerte allerdings nur so lange, bis ich einen Anruf des Sekretärs aus Rom erhielt.

Exzellenz fragte mich: „Kommt ihr nach Rom?"

Ich sagte ihm, dass ich Angst habe vor der großen Menschenmasse. Er ermunterte mich und meinte, in seiner Residenz im Vatikan seien keine Massen.

Kurzentschlossen flogen meine Familie und ich nach Rom. So konnten auch wir Abschied nehmen.

Dieser Papst war in den vergangenen Jahren wirklich zu unserem Vater geworden. Vor 25 Jahren war ich ihm durch glückliche Fügung begegnet und seit dieser Zeit hatte er mich und meine Familie aktiv begleitet.

Gemeinsam mit Erzbischof Emery Kabongo und John Kerry aus den USA, den wir im Innenhof des Vatikans trafen, gingen wir mit unserem Heimatpfarrer, der uns in den Vatikan begleitete, Paul Horst, in den Petersdom, und wieder einmal durften wir Papst Johannes Paul II. sehr nah sein, allerdings zum letzten Mal.

Dankbare Erinnerungen und das Gefühl der untrennbaren Verbundenheit bleiben zurück; ebenso viele Geschenke, die mich immer wieder an außergewöhnliche Augenblicke der Begegnung mit Johannes Paul II. erinnern.

Das kostbarste Geschenk, das ich mein Eigen nennen darf, wird neben dem Grundstein aus dem Petrusgrab die Mitra des späteren Papstes sein, die er, aus Polen kommend, am Tag des Einzugs zum Konklave trug. Nach dem Konklave war dieser Kardinal zum Pontifex erhoben und andere Mitren zierten ab jetzt sein geweihtes Haupt. Diese Mitra hatte der Heilige Vater Papst Johannes Paul II. seinem Sekretär Kabongo zu dessen Bischofsweihe geschenkt und Erzbischof Kabongo schenkte sie mir. Die historische Mitra ist mir eine heilige Reliquie dieses außergewöhnlichen Heiligen.

Am nächsten Tag fand die Beisetzung dieses Jahrtausendpapstes statt und die Menschmenge rief: „Sancto subito!" – Sofort heilig! – Sie plädierten dafür, dass der verstorbene Papst sofort heiliggesprochen würde.

Vor über dreißig Jahren hatte ich meinen leiblichen Vater zu Grabe getragen, jetzt war auch mein geistiger Vater gestorben. Zudem hatte es ein Jahr zuvor, am 5. März 2004, für mich durch den Tod meiner Mutter den schmerzhaftesten Verlust in meinem Leben gegeben.

Im Augenblick des Todes meiner Mutter spürte ich einen grausamen körperlichen Schmerz, so als ob es mich zerreißen würde. Ich kann und möchte die Sterbestunde meiner Mutter jetzt nicht näher erläutern, denn ich befürchte, dass ich die Tiefe der Gefühle und die Würdigung ihres Todes nicht zum Ausdruck bringen kann. Nur eines möchte ich dir sagen: „Ich vermisse meine Mama sehr", dies wurde mir gerade in den Tagen der Trauer in Rom wieder sehr bewusst.

Im Vatikan liefen die Vorbereitungen zum Konklave, bei uns liefen die Vorbereitungen für die Schulfahrt.

33

Das Konklave begann am 18. April 2005, unsere Schulfahrt mit 1600 Personen auch. Unterwegs im Bus fachsimpelten wir und gaben Prognosen ab. Wer würde der nächste Papst werden?

Am Dienstag, den 19. April 2005, trafen wir in unserer Wohnanlage, die tatsächlich fertig geworden war, in Rom ein.

Und gerade einmal drei Stunden später hieß es: „Habemus Papam!" – Wir haben einen neuen Papst!

Die Aufregung war groß. „Wollen wir zum Petersplatz?" – „Können wir jetzt einfach dahin fahren?"

„Nein, nein, das geht nicht! Die Stadt ist zu, die Straßen verstopft und die Menschenmenge unübersehbar."

Wie sollten wir uns da alle wieder finden? Wie sollten sich die Jüngsten orientieren? Viele waren noch nie in Rom gewesen!

„Nein, nein, das geht nicht!"

Einige Lehrpersonen und Eltern fuhren mit der Oberstufe zum Petersplatz, der nur vier Kilometer entfernt lag. Wir schalteten in unseren Bussen die Fernseher ein, und dann trat auf die Loggia der Peterskirche der neue Papst: Benedikt XVI., bisher Kardinal Joseph Ratzinger. Die Freude war groß und die Welt konnte es kaum glauben, nach 482 Jahren hatten wir wieder einen deutschen Papst.

Das Erstaunen und die Euphorie waren riesig. Die „Bild-Zeitung" machte am nächsten Tag groß auf: „WIR SIND PAPST!" Und in der Tat erfuhr ganz Deutschland durch die Wahl dieses Papstes eine enorme Aufwertung. Eine ebenso bedeutende Aufwertung aber erfuhr auch unsere Schulfahrt.

Als einziges katholisches deutsches Gymnasium mit über 1600 Personen zeitgleich zur Papstwahl eines deutschen Kardinals in Rom zu sein, war eine große Sensation. Mit Transparenten aus Bettlaken, auf denen spontane Grußworte verfasst wurden, zog die große Schulgemeinschaft am nächsten Morgen auf den Petersplatz.

Es bot sich ein tolles Bild für die Weltpresse, und die Schülerinnen und Schüler mit ihren Transparenten erschienen am nächsten Tag auf der Titelseite aller großen Zeitungen dieser Welt. Ich glaube, auf allen Kontinenten wurde von der Schulfahrt im Zusammenhang mit der Papstwahl berichtet, und ansprechende Aufnahmen und Fotos gab es in Hülle und Fülle.

Die gesamte Weltpresse war zur Beisetzung von Johannes Paul II. nach Rom gekommen und wartete nun auf die Amtseinführung von Benedikt XVI.

Die Trauerfeierlichkeiten und auch das Konklave waren vorbei, die Amtseinführung des neuen Papstes erst am Sonntag, in fünf Tagen. Worüber sollten die Reporter und Journalisten in den nächsten Tagen berichten? Da kam die große katholische Schule aus Deutschland gerade recht.

Zahlreiche Interviews wurden geführt und übertragen. Unsere Schulfahrt erhielt einen Beitrag in der Tagesschau und in den Tagesthemen.

In allen Programmen – selbst bei der Deutschen Welle – wurde über uns und unsere Schulreise berichtet, sogar Freunde aus Australien riefen mich an, weil sie in ihrem Fernsehen von unserer Schulreise im Zusammenhang mit der Papstwahl an unserem Ende der Welt gehört hatten.

Unzählige Politiker und kirchliche Würdenträger kamen zur Amtseinführung nach Rom, und es bot sich ihnen an, auch die große Schulgemeinschaft des Gymnasiums Leoninum Handrup (Emsland) in unmittelbarer Nähe des Vatikans zu besuchen.

Wir erhielten in diesen Tagen viele Besuche von Bischöfen und Kardinälen, Ministern und Präsidenten. Unsere Schulfahrt erfuhr eine außergewöhnliche Beachtung und Achtung. Eine solche Aufmerksamkeit kann man nicht planen und nicht organisieren, solche Augenblicke werden einem vom Himmel geschenkt.

Auch der ehemalige Sekretär des Papstes, Erzbischof Emery Kabongo, kam uns in unserer Wohnanlage besuchen. Mit großem Applaus wurde er von den vielen Schülerinnen und Schülern, Lehrpersonen und Eltern empfangen. Er war während seines Besuches in Deutschland schon Gast der Schule gewesen, somit kannten ihn bereits viele.

Wir hatten ihm aus Deutschland ein Fahrrad mit Hilfsmotor mitgebracht und überreichten ihm jetzt dieses Geschenk. Er freute sich sehr und nahm es dankbar an. Wir versprachen ihm, das Geschenk in den Vatikan zu bringen.

Am Samstagmorgen machten wir uns auf den Weg und brachten das Fahrrad in den Vatikan. Seine Exzellenz war sehr erfreut und wir zeigten ihm, wie dieses Fahrrad mit Hilfsmotor funktionierte. Im Innenhof unternahmen wir Probefahrten, die Sicherheitsbeamten schauten uns dabei interessiert und begeistert zu.

Es war ein schöner Vormittag, die Sonne schien, und es konnte der Eindruck entstehen, als habe niemand von der Dramaturgie der vergangenen Tage etwas mitbekommen.

Ich hatte meine Probefahrt beendet und das Fahrrad an den Schulleiter zur nächsten Probefahrt weitergegeben. Er war gerade aufgestiegen und losgefahren, als die Sicherheitsbeamten wild gestikulierten, dass er zur Seite fahren solle, denn es fuhr eine schwarze Limousine vor. In dieser Limousine saß der neue Heilige Vater, Papst Benedikt XVI.

Der Wagen hielt vor dem Eingang des Hotels St. Martha an. In diesem Hotel im Vatikan hatten die Kardinäle während des Konklaves gewohnt, und weil die Renovierungen im päpstlichen Appartement noch nicht abgeschlossen waren, wohnte der neue Heilige Vater weiterhin in seinem Kardinalszimmer.

Der Heilige Vater stieg aus. Ich rief „Herzlichen Glückwunsch!" Er drehte sich um und winkte.

Der Schulleiter rief: „Grüß Gott, Heiliger Vater!" Benedikt XVI. entschied sich, zu uns zu kommen.

Mit schnellen Schritten kamen der Papst und sein Gefolge auf uns zu. Der Erzbischof eilte ihm entgegen, kniete nieder und küsste den Ring des Papstes. Auch der Schulleiter, Pater Wilmer, gab dem Heiligen Vater die Hand und erzähle ihm, dass wir mit 1600 Personen angereist waren und morgen dafür ausreichend Plätze benötigten. Der Papst sagte ihm, dass er nur einen Platz habe und diesen nicht zur Verfügung stellen könne.

Auch mein Sohn Andreas gab Papst Benedikt XVI. die Hand und ich hatte mich dem Heiligen Vater zunächst ebenfalls genähert, war dann aber wieder etwas zurückgetreten. Ich hatte das wehmütige Gefühl, jetzt diesem Papst die Hand zu geben, wäre Verrat an „meinem" verstorbenen Papst gewesen. Alles schien mir viel zu schnell und fast schon zu alltäglich zu sein!

Der Sonntag, der Tag der Amtseinführung, war ein schöner Tag. Die Sonne schien, Frühlingsgefühle und eine gute Stimmung lagen in der Luft. Die Stadt Rom war über alle Maßen voll. Überall waren Großleinwände aufgebaut, allerorten konnte man den Heiligen Vater sehen und hören. Jeder, der wollte, konnte von überall bequem die Zeremonie der Amtseinführung verfolgen.

Unsere große Schulgemeinschaft saß in der oberen Hälfte auf der linken Seite des Petersplatzes. „Morgenstund' hat Gold im Mund", und so waren sie alle schon früh aufgebrochen, um von privilegierter Stelle aus die Feier zu verfolgen.

Natürlich sprach sich diese Schulfahrt, da ja auch bundesweit darüber berichtet wurde und die ja auch wirklich eine absolute Ausnahme war, in ganz Deutschland herum. Neue Anfragen weiterer interessierter Schulen erfreuten uns.

„Eine Schule im Konklave", hieß das anschließend über diese Schulfahrt von der Schule verfasste Buch. Alle waren überwältigt, keiner hatte mit dem gerechnet, was wir erlebt hatten. Allerdings, der eigentliche Grund unserer Romreise, die Seligsprechung des Paters Dehon, hatte nicht stattgefunden.

34

Nach unserer großen Schulfahrt zum Konklave und der bundesweiten Berichterstattung meldeten sich auch Firmen, Vereine und politische Gemeinden bei uns, alle wollten mit uns Rom besuchen. Mit großer Freude erfüllten wir diese Aufgaben und erhielten für die Organisation, Durchführung und Gestaltung höchstes Lob. Begeistert und sehr zufrieden kehrten die vielen Reisegäste aus der Ewigen Stadt zurück.

Während der Vorbereitung der großen Firmenreise in die Stadt von Romulus und Remus erhielten wir von einem anderen Unternehmen den Auftrag, eine Flugreise für circa 1000 Personen nach Las Vegas zu organisieren. Wir nahmen die Herausforderung mit großer Freude an und bestanden sie mit Bravour!

Erfolg und Lob geben mir Kraft und Stärke, aber auch Ängste vor einer Niederlage treiben mich an. Wenn die jungen Reisegäste begeistert sind, geht es mir gut. Kritik zermürbt mich. Für den Erfolg tue ich fast alles. Misserfolg ist mir ein Ratgeber und Kritiker berufe ich oft in mein Leitungsteam. Sie helfen uns Fehler zu vermeiden und in unserer Arbeit immer ein Stück besser zu werden. Manchmal lade ich sogar unzufriedene Teilnehmer ein, im nächsten Jahr kostenlos mit uns wieder los zufahren. Keiner soll sein teures Geld für einen Misserfolg ausgegeben haben. Wir wollen kostbare Zeit mit einzigartigen Erlebnissen füllen. Vielleicht läuft's ja im nächsten Ferienlager für beide Seiten besser!

35

Wenn am letzten Abend einer Reise alle Gäste zufrieden und zugleich traurig darüber sind, dass die schöne Zeit vorbei ist, bin auch ich froh und glücklich. Bei Erwachsenenfahrten bedanken sich unsere Reisegäste persönlich mit lobenden Worten. Bei unseren Schulfahrten hören wir von der Schülersprecherin oder dem Schülersprecher anerkennende Worte, die dann oftmals noch von der Schulleitung ergänzt werden. Und bei unseren Jugendreisen erhalte ich von den vielen Jugendlichen immer großen Applaus.

Am Ende eines Ferienlagers ertönt es aus dann über tausend Mündern: „Hans, wir lieben dich! Hans, wir lieben dich!" oder „Es gibt nur einen Hans Höffmann. Es gibt nur einen Hans Höffmann!" Es könnte mich eitel machen. Aber ich freue mich ganz einfach nur. In solchen Augenblicken bekomme ich Gänsehaut. In diesen Augenblicken muss ich aufpassen, dass mir nicht die Tränen kommen.

Aber es gibt auch die anderen, die offiziellen Ehrungen, die mich nicht minder stolz machen – mich und mein großes Team.

Gänsehaut hatte ich schon oft, auch während der Ehrung zum Touristiker des Jahres auf der ITB in Berlin.

Im Juni 1992 wurde mir im Rahmen einer großen Feierstunde in der ungarischen Botschaft in Bonn durch den Botschafter der Republik Ungarn der *Verdienstorden für internationale Beziehungen* der Republik Ungarn verliehen! Mit Stolz habe ich diese Auszeichnung entgegengenommen.

Nach der Grenzöffnung waren wir im Sommer 1990 mit unseren Jugendlichen in Ungarn gewesen und hatten dort eine tolle Beziehung zu ungarischen Jugendlichen aufgebaut. In den folgenden Jahren besuchten diese Jugendlichen mit uns ganz Europa und 1995 als unsere Gäste sogar die Vereinigten Staaten von Amerika.

Für dieses Engagement bedankte sich die ungarische Regierung bei mir.

Jetzt, einige Jahre später, im Winter 2001, hatte mich der Verband deutscher Reisejournalisten zum Touristiker des Jahres 2002 gewählt, und auf der Internationalen Tourismusbörse ITB 2002 wurde mir im Rahmen einer schönen Feierstunde die Urkunde überreicht. Professor Opaschowski sprach lobend über meine Arbeit, die Laudatio hielt der Reisejournalist Uwe Krist. Es war ein erhebender Augenblick, auf dieser größten und wichtigsten Reisemesse der Welt vor allen Reiseveranstaltern geehrt zu werden. Meine Mitarbeiter und ich haben uns darüber sehr gefreut.

Auch meine Gemeinde, die Stadt Vechta, hatte mich bei unserem Regionalverband „Oldenburger Münsterland" zu einer Ehrung vorgeschlagen, im Dezember 2002 erhielt ich hier den ehrenvollen Titel „Unternehmer des Jahres".

Ehrungen gibt es nicht am laufenden Band, aber in dieser Zeit schien es so, als habe man mich und meine Arbeit neu entdeckt. Das Wirtschaftsmagazin „Capital" berichtete in seiner Frühjahrsausgabe 2003 über unsere außergewöhnlichen Jugendreisen. Die Leser des „Capital" hatten uns zuvor in einer bundesweiten Bewertung zum besten Reiseveranstalter Deutschlands erkoren.

Lob ist wichtig und motiviert, es ist Balsam für die Seele, aber man kann und darf sich nicht darauf ausruhen! Wer denkt, jetzt habe er gewonnen, der hat in Wirklichkeit schon verloren!

„Auch wenn ein Flugzeug gut fliegt, darf man den Motor nicht abstellen!"

Stattdessen sollte man den schönen, bequemen, ruhigen und sicheren Flug mit dem vorzüglichen Service an Bord immer wieder genießen!

36

Seit fast 40 Jahren bin ich Jahr für Jahr, Sommer für Sommer und Winter für Winter gemeinsam mit den Jugendlichen unterwegs. Meine Firma hat sich in dieser Zeit in der Reisebranche prächtig entwickelt, darüber bin ich glücklich und froh. Aber was immer wir tun und was immer wir machen, im Sommer veranstalte ich nach wie vor meine großen Jugendferienlager. Das ist mein Leben.

Weit über 300.000 Mädchen und Jungen sind bisher mit mir auf Reisen gewesen und alle wohlbehalten wieder nach Hause zurückgekehrt. Es kann nichts Schöneres geben, als mit ihnen unterwegs zu sein. Auch heute noch erfüllt mich jede Stunde unserer Jugendreisen mit großer Freude.

Von den Erlebnissen mit den Jugendlichen könnte ich wochenlang erzählen, manchmal traurig und immer wieder heiter.

Es gibt viele tolle Erlebnisse, die ich hoch schätze, und Dinge, die man am besten gar nicht erfahren hätte. Beides gehört zusammen, beides macht die Begegnung wertvoll.

Man sagt: „Glück braucht der Mensch."

Ich sage dir: „Glück braucht Gelegenheit zum Andocken und diese Gelegenheit entsteht durch Bewegung. Man muss also viel bewegen, um vom Glück getroffen werden zu können!"

Zu Hause auf das Glück zu warten, scheint mir vergebens zu sein!

87 Mitarbeiterinnen und Mitarbeiter, Auszubildende und Studenten der Berufsakademie zählen zu unserem Betrieb und mehrere hundert externe Mitarbeiter.

Wir haben viel zu tun, darüber sind wir froh und dafür sind wir dankbar.

Mit einem ganz einfachen Ferienlager für Kinder im Alter von 8 bis 12 Jahren und 89 Teilnehmern habe ich als 16-Jähriger begonnen. Heute haben wir über 50.000 Reisegäste im Jahr.

Wir bereisen die ganze Welt, und ich mache immer noch meine Jugendferienlager im Sommer und zusätzlich meine Schulfahrten im Frühjahr und Herbst. Wir besuchen mit unseren Gruppen wunderschöne Destinationen in ganz Europa.

Aus der ehemaligen brotlosen Kunst ist eine große Firma geworden. Unser Wohnhaus konnten wir behalten, es wurde nicht verkauft. Meine Familie und ich wohnen in der Kreisstadt Vechta, in der Perle des Nordens.

Das Geld, was wir für ein normales Leben nicht benötigen, kommt wieder dem Betrieb zugute, direkt oder indirekt.

Ich habe die ganze Welt bereist, alle Kontinente und viele bekannte Städte besucht und noch lange nicht ist Schluss!

Jede Reise, die wir verkaufen, wird von uns selbst organisiert und vorbereitet und trägt das Siegel unserer Firma. Nichts wollen wir dem Zufall überlassen, unsere Arbeit darf nicht auf Mittelmäßigkeit beschränkt werden.

Ein Konto in Liechtenstein oder sonstwo habe ich nicht. Über viel Bargeld kann ich nicht verfügen. Alles, was ich verdiene und verdient habe, habe ich wieder in meine Firma investiert. Ich habe viele Schulden, aber mehr Vermögen, und so lässt mich meine Bank frei schalten und walten.

Über meine Arbeit und meine Erfolge bin ich glücklich und froh.

Von meiner kleinen Gießkanne mit dem langen Ausguss, die ich vor über 30 Jahren für 2,75 DM gekauft habe und wofür damals mein Bruder bei der Bank bürgen musste, habe ich vor einigen Jahren ein Duplikat in Gold anfertigen lassen. Ein kleiner Diamant symbolisiert am Ausguss dieser Goldkanne einen Wassertropfen und Weißgold umfasst den Griff, ansonsten ist die gesamte Wasserkanne in Gelbgold gearbeitet. Ein wahres Kunstwerk! Beide Kannen sind gleich groß, gleich dick, gleich lang …

Die alte Kanne, gezeichnet von den Jahren und den in dieser Zeit erfolgten Umzügen und der zwischenzeitlichen Zweckentfremdung als Kinderspielzeug, wiegt 86 Gramm, das Duplikat 1086 Gramm. Beide Gießkannen geben Zeugnis von den vergangenen 30 Jahren.

Oftmals werde ich gefragt: „Bist du nicht stolz auf das, was du geschaffen hast?" Ja, ich denke schon! Dennoch: „Keine Freude ohne Sorgen." Immer wieder hoffe und bange ich, dass alles gut gehen möge. Es ist keine Selbstverständlichkeit.

Mit jeder Reise setzen wir immer wieder alles aufs Spiel. Alles, was wir bis gestern erreicht haben, können wir schon heute wieder verlieren. Und wenn ich daran denke, dass meine Kinder bald das Zepter in die Hand nehmen (müssen/dürfen/wollen), erfüllt es mich mit großer Freude, aber auch mit Sorge.

Maria und ich sind stolz und froh, dass unsere Kinder Interesse an unserer Firma haben, und wünschen ihnen natürlich von ganzem Herzen alles Glück dieser Welt. Meine Frau und ich werden ihnen immer, solange wir dürfen und können, mit Rat und Tat zur Seite stehen, das ist gewiss.

Natürlich, alles kann passieren, und wenn man Pech hat, bricht man sich den Daumen in der Nase ab. Du kannst gar nicht so dumm denken, wie es kommen kann, aber das meiste ist machbar, man muss es nur wagen.

37

Ich sage dir: „Was du willst, das kannst du!" Und nehme damit meinen Mund sehr voll! Manchmal bekomme ich Zweifel, aber ein ander Mal wieder den Beweis.

Ich war 17 Jahre alt, als ich mit dem Rauchen begann. Es war eine große Dummheit, aber ich war noch zu jung, um dieses zu erkennen.

Ich rauchte gerne und viel und mein Nikotinkonsum wuchs im Laufe der Zeit. Mittlerweile war ich über 50 Jahre alt und meine Ärzte hatten mir schon mehrmals geraten, das Rauchen einzustellen. Immer wieder versuchte ich das, und oftmals gelang es auch für zwei oder drei Tagen, doch dann ging es wieder verstärkt weiter! Das Rauchen zu beenden, schien mir unmöglich zu sein.

Am ersten Abend eines jeden Sommerferienlagers stand ich auf der Bühne und erzählte von der Qual des

Rauchens, von meinen Niederlagen in den Versuchen, das Rauchen einzustellen.

Eindringlich versuchte ich meine jungen Reisegäste davon zu überzeugen, dass „rauchen" die größte Dummheit ist, und bat sie immer wieder, dass sie auf keinen Fall im Ferienlager damit beginnen sollten. Rauchen sei gesundheitsschädlich, teuer und schon längst nicht mehr gesellschaftsfähig. Ich glaube, ich stieß auf taube Ohren.

Warum sollten die Jugendlich meinen Rat befolgen? Ich rauchte ja selbst wie ein Schlot!

So oft ich es auch versucht habe, das Rauchen einzustellen, es klappte nicht! Niederlagen und Niederlagen krönten meine Aussage: „Was du willst, das kannst du!" – Es ist ein Elend!

Im Frühjahr 2006 flogen eine Delegation von Mitarbeitern, Andreas und ich über Singapur nach Australien. Bis zum Einchecken hatten wir noch Zeit und saßen im Flughafen Frankfurt/M. bei McDonalds. Ich aß und trank, wartete und rauchte.

Gleich geht es an Bord. Aber wie ist es dort mit dem Rauchen? Meine Gedanken verursachten bei mir schon jetzt Ängste! Wie sollte ich das durchstehen? Rauchen war im Flieger verboten, im Hotel in Singapur ebenfalls und auch draußen in der Stadt wird uns das Raucherleben schwer gemacht! Nur an extra dafür eingerichteten Plätzen durfte eventuell geraucht werden.

Und in Australien, während der langen Flüge und im Hotel und auch draußen – darf man da rauchen? Nein!!

Drei Schachteln Zigaretten rauchte ich am Tag. Zur Sicherheit hatte ich drei Schachteln bei mir am Körper und weitere drei Stangen Zigaretten im Koffer. Vorrat war ausreichend vorhanden. Nur die Erlaubnis zum Rauchen war nirgendwo gegeben.

Ich finde es entsetzlich, wenn andere über mich entscheiden, das kann ich nicht ab. Es raubt mir alles und macht mich wahnsinnig. Ich will selbst bestimmen!

Plötzlich hörte ich eine innere Stimme, die zu mir sprach. „Hör doch einfach auf zu rauchen!" Das hatte ich schon oft versucht und mit unmöglichen Versprechungen gegenüber Dritten mich zwingen wollen. Nichts hat geholfen, keine Vorsätze, keine Versprechungen, keine Wetten, keine … egal, es klappte nicht.

Aber diese Stimme sollte Gewicht haben. Ich entschied mich, das Rauchen aufzugeben. Mit Betreten des Fliegers würde ich zu den NICHTRAUCHERN gehören!

Bis zum Abflug dauerte es noch etwas. Ich rauchte, was ich konnte, und viele Besucher bei McDonalds beobachteten mich und erklärten mich bestimmt für verrückt. Drei Zigaretten rauchte ich gleichzeitig. Mehrmals immer drei Zigaretten hintereinander. Ich feierte das Ende meiner Raucherzeit.

36 Jahre hatte ich geraucht, zuletzt drei Schachteln am Tag. Ich hatte in den vielen Jahren über 65.000,– DM verraucht und meine Gesundheit enorm gefährdet. Meine Lunge war ein Teerlager und in meiner Luftröhre konnte man bestimmt den Teer abschaben.

Meine Klamotten, meine Büros und mein Auto, selbst unser Wohnhaus rochen und stanken nach diesem kalten Teer. Ekelhaft!

Selbst bei Autofahrten mit der Familie wurde geraucht. Wenn sich dann unsere kleinen Kinder beschwerten und über Augenschmerzen klagten, hieß es: „Stellt euch nicht so an!" Unverantwortlich! Grobe Verletzung von Anstand und Fürsorge, aber ich hielt es für vertretbar. Eine Sucht zerstört viel.

Als wir die Gangway betraten, warf ich alle Zigaretten, die ich am Körper hatte, in den Mülleimer. Ebenso die Feuerzeuge. Die Zigarettenstangen im Koffer würde ich dann in Singapur vernichten. Jetzt war ich frei und gehörte zu den Nichtrauchern.

War das denn wirklich so einfach? Nee!

Eine körperliche Abhängigkeit von Tabak entwickelt sich schnell, denn Nikotin greift direkt in den Stoffwechsel des Gehirns ein. Innerhalb kurzer Zeit gewöhnt sich der Körper an den Wirkstoff Nikotin. Es wird mit der Zeit mehr Nikotin benötigt, nicht weniger. Es ist nicht leicht, dem Körper Nikotin zu entziehen! „Entzugserscheinungen" ist ein einfaches Wort, mit schweren Inhalten.

Den Flug nach Singapur hatte ich gut überstanden. Ein starker Wille half mir auch noch durch die Nacht, aber dann verlangte mein Körper, was er seit über 36 Jahren regelmäßig und mit stetiger Steigerung bekommen hatte.

NIKOTIN!!!!!!!!!!!!!!!!!!!!!!!

Es begann ein grausamer Kampf. Mein Körper verlangte nach Nikotin, mein Wille nach Erlösung. Während des Tages war ich aufgebracht und nicht zu genießen. In der Nacht hatte ich starke Schmerzen am ganzen Körper und sehr unangenehmen Schüttelfrost. In meinem Koffer lagen noch die drei Zigarettenstangen. Jederzeit hätte ich mich also von den Qualen des Entzugs befreien können. Aber ich wollte gewinnen, einfach nur gewinnen!

Ich erlitt schwere Stunden, aber derjenige, der in diesen Tagen am meisten abbekam, war mein Sohn Andreas. Oft war Andreas davon überzeugt, dass ich ins Krankenhaus gehörte, und tatsächlich wurde ich in diesen Wochen in Australien in drei verschiedene Krankenhäuser eingeliefert.

In Melbourne, Alice Springs und Sydney lernte ich die Krankenhäuser kennen. Hier ein aufbauender Tropf, dort eine ruhige Nacht mit einem Schlafmittel und zuletzt einfach nichts. „Durchhalten und maulhalten!" war die Divise und die Medizin. Wenn ich den Kampf gewinnen wollte, musste ich einfach nur durchhalten.

Den Kampf wollte ich gewinnen und, du wunderst dich bestimmt nicht, wenn ich dir jetzt sage: „Ich habe tatsächlich diesen Kampf gewonnen!" Der Entzug war schmerzhaft für mich und alle Beteiligten, aber am Ende für mich und für alle siegreich gewonnen!

Viel Unterstützung und Geduld, Zuspruch und Hilfe habe ich in diesen Tagen von meinen Mitarbeitern und meinem Sohn Andreas erhalten! Euch allen sage ich heute noch von ganzem Herzen: „Danke", ganz einfach nur „Danke!".

Ja! – „Was du willst, das kannst du!" Ich habe es mir oftmals selbst bewiesen. Manchmal dauerte es länger, manchmal ging es schneller und manchmal geht es gar nicht, aber immer ging es nicht nach dem Verstand, sondern nach meinen Gefühlen und Sehnsüchten.

„Deine Sehnsüchte zeigen dir deine Ziele, dein Verstand den Weg dahin!"

Dem Tüchtigen gehört die Welt! Und unser Herrgott hat mehr Freude an deinem Erfolg als an deinem Untergang, deshalb sollte dein Vertrauen groß sein.

38

Ich habe in den frühen Jahren meines Lebens viel erlebt und oft gelitten. Traurigkeit gehörte zu meinem Alltag. Vieles habe ich mir gewünscht und nur weniges davon bekommen. Selten verspürte ich Lebenslust, einsam fühlte ich mich immer.

Mit bedingungsloser Treue hätte ich es belohnt, wenn jemand mich in früheren Jahren als „Freund" bezeichnet hätte. Ich war mir oft selber der größte Gegner, nur wusste ich es nicht.

Wie schlimm es auch immer war, mit niemandem auf der Welt möchte ich meine Kindheits- und Jugendjahre und alle Tage meines Lebens tauschen. Als ich sie durchlitt, habe ich sie verflucht, jetzt, nachdem ich sie überwunden habe, sind sie mir ein kostbares Gut, das ich niemals mehr missen möchte.

Mit meinen acht Geschwistern habe ich mich in jungen Jahren oft gestritten, schon lange haben wir uns in allem versöhnt. Auch sie wurden geschliffen und gehobelt. Zu besonderen Anlässen treffen wir uns alle, Harmonie bestimmt unser Verhältnis.

In einigen Monaten fliegen wir alle, meine Geschwister und ich, mit unseren Familien gemeinsam nach Südafrika, um dort die Schönheiten des Landes zu erleben und Urlaub zu machen. Wir werden diese großartige Reise sehr genießen. Die Freude darauf ist schon jetzt riesig groß.

Vor weit über dreißig Jahren saß ich zwangsweise in der geschlossenen Abteilung eines Landeskrankenhauses. Heute sitze ich auf Mauritius. Meine Kinder und ihre Partner/in erkunden und erobern im Indischen Ozean die schönsten Strände der Welt und tauchen in den Buchten mit den Delfinen. Sie besuchen die Wasserfälle und sind auf Shoppingtour im kleinen Hafen.

Die Hotelanlage, in der wir wohnen, ist traumhaft schön und sehr einladend. Die Insel ist traumhaft. Martin sagte gestern Abend zu mir: „Ich habe heute den schönsten Tag meines Lebens erlebt", und auch Andreas mit seiner Freundin und Elisabeth mit ihrem Freund sind sehr glücklich hier und genießen diese Trauminsel Mauritius.

Meine Frau sitzt im Schatten der Palmen und liest Bücher. Ich sitze in unserem klimatisierten Zimmer vor dem Panoramafenster mit Blick auf den Indischen Ozean und den Palmenstrand und schreibe die letzten Zeilen dieses Buches. Hätte ich damals im Landeskrankenhaus den Ärzten erzählt, wie mein Leben verlaufen wird, säße ich heute noch dort! Wer hätte da nicht an meinem Verstand gezweifelt?

Verfolge kontinuierlich deine Ziele. Über welchen Weg? Der Weg ist schon in dir angelegt, und instinktiv wirst du die richtigen Schritte tun. TUN wie **T**ag **u**nd **N**acht. Glaube es mir, es klappt. Du musst nur an dich glauben!

Lass dich nicht so viel ablenken und beneide nicht die anderen, es lohnt nicht hinterherzulaufen. Wenn du gerne ihre Aufmerksamkeit hättest, gehe einfach nur deinen Weg, sie werden auf dich aufmerksam werden.

Du wirst ihnen bald ein Beispiel sein, denn es gibt nicht viele Menschen, die ihren eigenen Weg gehen, die meisten laufen auf ausgetretenen Pfaden hinterher.

Je stiller du deine Ziele verfolgst, desto wahrscheinlicher ist es, dass du sie erreichst!

Stell dir mal vor, ich hätte von meiner Zukunft laut geträumt. Was meinst du wohl, wie viele Weise und Gerechte über mich hergefallen wären? Glaubst du, sie hätten mir geholfen, meinen Weg zu finden, und mir die Kraft geschenkt, ihn zu gehen?

Keine Selbstzweifel! Gehe deinen Weg! Wenn du eine grundsätzlich positive Einstellung zu deinen Mitmenschen hast, wird dein Weg sauber und nicht von Leichen gepflastert sein. Bemitleide dich nicht, wenn du den falschen Weg gegangen bist – kehre um!

Unser Leben, deines und meines, ist ein tolles Leben, und noch toller ist es, es zu bestehen. Ich bin davon begeistert! Ich wünsche auch dir diese Begeisterung und die Erkenntnis, wie toll das Leben tatsächlich ist.

Niemals möchte ich wieder jung sein, niemals einen Tag noch einmal erleben, aber ich möchte auch keine Stunde missen und keinen Tag aus meinem Leben streichen.

In der Zeit deiner Kindheit wirst du geliebt und geprägt. Alles wird dir beigebracht. Die Eltern liebkosen dich und legen dich auf ihren Bauch. Sie streicheln dir den Po und kraulen dir den Rücken. Sie bringen dir das Küssen bei und dann, einige Jahre später, in dem Alter, wo du endlich alles kannst, da darfst du's nicht. Stattdessen sollst du in der Schule lernen und fleißig sein – gerade jetzt, in einer Zeit, wo sich dir so viele Möglichkeiten des Lebens auftun, und du glaubst, dass du niemals wieder eine solche Chance bekommen wirst.

Was interessieren dich Mathe und Physik, Vokabeln und Englisch, wenn du verliebt bist und einen trockenen Hals und nasse Finger hast? Wer versteht dich, wenn du emotional auf Höhenflug oder Tiefgang bist? Wer kann da noch Vokabeln lernen? Du hast Recht, und wer könnte das nicht verstehen?

Dein Leben verändert sich. Früher wurdest du getragen, heute sollst du tragfähig sein. Früher hat man dich gelobt wenn du „Bäuerchen" gemacht hast, machst du es heute, tadeln sie dich. Früher war es toll, wenn deine Windeln voll waren, sie lobten dich wegen deiner hervorragenden Verdauung. Versuche es heute mal! Ob du wohl ein Lob bekommst?

Du bist gewachsen, und nur durch Veränderung wirst du erwachsen. Aber diese Schritte vollziehen sich nicht nur so, es gibt keinen nahtlosen Übergang. „Aus dem Knaben wurd' ein Mann" bedeutet: „Schmerzhafter Wandel!"

Trotzdem solltest du eines wissen: Wenn Geist und Seele eine Einheit bilden, dann kommt der Meister zu seinem Fach. Egal, ob du Gurkenverkäufer, Generalmanager, Handwerker oder Unternehmer werden möchtest.

Seele und Geist brauchen Platz, um zu gedeihen. Der Geist braucht Bildung und Herausforderung, um sich entfalten zu können. Gib deiner Intelligenz zumindest eine kurze Zeit für Bildung, den Rest des Tages schenke deinen Gefühlen.

Deine Seele gedeiht am besten, wenn auch der Kopf nicht ganz und gar ignoriert wird. Wenn du es im Laufe der vielen Jahre dann schaffst, deinen Geist und deine Seele miteinander zu verbinden, dann bist du der König deiner selbst!

Glaube mir, ich bin davon überzeugt, dass du die Jugendjahre nicht nur durchlebst, sondern auch viel durchleidest. Es sind die Jahre der unerfüllten Sehnsüchte, und die gilt es möglichst schadlos zu überstehen.

Eltern möchten dich davor bewahren, Opfer deiner Sehnsüchte zu werden, und geraten so in den Verdacht, auch noch zu deinen Gegnern zu gehören. Es wird oft einsam um dich herum.

Ich persönlich glaube, dass die meisten Eltern in Wirklichkeit die einzigen Menschen sind, die zu uns halten, egal, wie es auch mit uns laufen wird.

Denk daran, in den Stunden der Einsamkeit bist du auch für Negatives sehr empfänglich: „Im Sturm tut's jeder Hafen." Die seelische Not macht sehr kompromissbereit! Sei vorsichtig und pass auf dich auf. Die Zeit hilft und heilt! Vertraue auf dich und nicht auf die Sterne der Nacht, die schon vor Jahrmillionen untergegangen sind und nur noch nachleuchten.

Du bist einmalig. Keiner ist so wie du. Wenn du es für dich schaffst, dem treu zu sein, was in dir entsteht, dann kann dir keiner was. Natürlich gibt es schlaue Leute und schlauere als du, aber dich gibt es nur einmal.

Vertraue auf dein Können. Lass dir nicht einreden, dass du nichts taugst oder nichts kannst. „Keiner kann alles", das stimmt, aber genauso gilt: „Niemand kann nichts!"

Was du bist, kannst du geben, deine Echtheit ist dein Beitrag – nicht die Fähigkeit, andere nachzuahmen. Wenn du „Nein" sagst zu dem, was dich verführt, dann wirst du zu dem finden, was dir entspricht, und darin aufblühen!

Und wenn deine Schulnoten heute nicht die besten sind, dann solltest du eines wissen: Es gibt auch eine emotionale Intelligenz, die sich während deines Lebens entwickelt. Keiner, der schlechte Noten nach Hause trägt, ist für's Leben verloren. Der Geist kann von Augenblick zu Augenblick nur relativ wenige Impulse gleichzeitig aufnehmen; unbewusst aber können wir bis zu 11.000.000 (elf Millionen) Sinneseindrücke gleichzeitig aufnehmen! Und diese sind ganz wichtig für deine Intuitionen und die Bauchentscheidungen, die du triffst. Deine Gefühle sind dir sehr gute Ratgeber, schenke ihnen große Beachtung!

Ab einem gewissen Alter bist du selbst für dich verantwortlich. Der Staat hat Schulen gebaut und Lehrpersonen ausgebildet. Deine Eltern haben dich zur Schule gebracht. Für deine schulische Bildung ist also gesorgt worden.

Deine Charakterbildung läuft aber unter deiner eigenen Regie. Du bist für dich verantwortlich. Wenn du alles ausnutzt und nur das machst, was dir günstig erscheint, wirst du automatisch zum Opfer. Oft musst du dich zum Erfolg verpflichten! Denke daran: „Auch ein gutes Pferd springt nicht höher, als es muss!"

Setze dir eigene Ziele und zwinge dich, sie zu erreichen! „Von nichts kommt nichts!"

Das Leben ist eben oft schwer. In der Werbung sind alle Sachen leicht und locker, aber ob sie auf deine wirklichen Bedürfnisse abgestimmt sind, kannst du ehrlich bezweifeln! Es geht in der Werbung oft nicht um dein Wohl, sondern nur um dein Geld! Lass dich nicht täuschen!

Das Leben tut manchmal schon sehr weh, es ist nicht nur traumhaft schön. Immer wieder gibt es schöne Augenblicke und positive Überraschungen, und genauso gibt es traurige Augenblicke und Situationen, mit denen wir niemals gerechnet haben. Dieses Chaos nennt sich „Leben".

Ich glaube, dass es falsch ist, sich mit anderen zu vergleichen. Den anderen nehmen wir von außen wahr, uns selbst von innen. Die anderen haben sich gekleidet und gestylt und tragen jetzt ein prächtiges Äußeres zur Schau. Es ist unmöglich, das Äußere des anderen mit deinem Inneren in Vergleich zu setzen.

Zweifel und Hoffnung, Unruhe und Gelassenheit, Ängste und Sicherheiten, Chaos und Ordnung, Trauer und Freude, Enttäuschung und Erfolge, Schicksale und schöne Überraschungen, Verluste und Gewinne, Entbehrungen und Bereicherungen erleben auch die anderen Menschen.

Ob du so wirst, wie du sein möchtest, oder ob du eines Tages so bist wie die, die du schon heute verabscheust, entscheidest du allein. Zwinge dich, deinen Weg zu gehen, sei dabei hart zu dir selbst und milde zu den anderen! Du kannst auch ruhig mal ein Stück des Weges kriechen.

Auch wenn es nicht immer geradeaus geht, verfolge deinen Weg und verliere deine Ziele nicht aus den Augen!

Tröste dich, auch ein Umweg ist keine Katastrophe, sei dir sicher: „Wer nur geradeaus fährt, kommt nie zu Hause an!"

Und wenn du glaubst, auf der Schattenseite des Lebens geboren zu sein, dann freue dich; denn nur wer auf der Schattenseite des Lebens steht, hat in klaren Augenblicken sichtbar das Sonnenfeld des Lebens vor sich!

„Lass dich nicht unterkriegen, und denk daran, auf Wolke Sieben wachsen keine Blumen, die gedeihen am besten auf einem großen Misthaufen!"

Egal, wie es auch ist, lebe. Und wenn du stürzt, dann landest du nicht automatisch in der Tiefe. Stürze brechen auch Verkrustetes zu neuem Leben auf!

39

Damit wollte ich eigentlich mein Buch beenden, aber eines muss ich zum Abschluss doch noch sagen: Seit über dreißig Jahren besuchen wir Jahr für Jahr Italien und immer wieder auch Rom. Dem Heiligen Vater, Papst Johannes Paul II., der am 1. Mai 2011 von seinem Nachfolger Papst Benedikt XVI. selig gesprochen und am 27. April 2014, am Barmherzigkeitssonntag, zusammen mit einem seiner Vorgänger im Papstamt, Johannes XXIII., von Papst Franziskus heiliggesprochen wurde, durften wir oft in Privataudienzen begegnen. Jetzt verleiht mir – es macht mich sprachlos – Papst Benedikt XVI. den Gregoriusorden. Das ist eine der höchsten Auszeichnungen, die ein Laie vom Papst erhalten kann.

Manchmal kann ich es selbst kaum glauben: Vor über dreißig Jahren wurde ich eingesperrt, weil ich den damaligen Papst in den Vatikanischen Gärten suchte. Jetzt verleiht mir der heutige Papst den Gregoriusorden (Bild 32) und bestätigt mich dadurch auf außergewöhnliche Weise in meiner Arbeit!

Brief

In den Weihnachtstagen 2008 erhielt ich einen wunderbaren Brief. Ich habe mich über diesen Brief und den Inhalt dieses Briefes sehr, sehr gefreut!

23.12.2008

Lieber Hans,

ich hoffe, es macht Dir nichts aus, dass ich diesen Brief nicht von Hand schreiben kann. Leider bekomme ich, weil ich mir vor einiger Zeit die Hand gebrochen habe, immer noch ab und zu Schmerzen, wenn ich sie länger belaste.

Trotzdem wollte ich Dir jetzt unbedingt schreiben. Seit wir uns das letzte Mal gesehen haben, ist nämlich eine ganze Menge bei mir passiert. Dein Besuch ist ja schon fast ein halbes Jahr her.

Zum Glück musste ich meinen 18. Geburtstag nicht mehr in der geschlossenen Abteilung verbringen. Als ich kurz zuvor entlassen wurde, habe ich mich mit meinen Freunden getroffen und wir konnten meinen Geburtstag richtig feiern.

Auch wenn das sehr schön war und ich froh war, wieder draußen zu sein, war am Anfang doch nicht alles so leicht. Besonders abends musste ich oft grübeln, und manchmal fiel ich in schlechte Gewohnheiten zurück, mit dem Alkohol und so. Mit der Zeit habe ich das aber auch wieder in den Griff bekommen. Sogar in der Schule und mit den Noten läuft es jetzt richtig gut. Meine Eltern erkennen mich gar nicht wieder! Stell Dir vor, ich komme nicht nur mit meinen Mitschülern super zurecht, es ist auch richtig spannend, was wir jetzt lernen.

Seit Deinem letzten Besuch ist so viel passiert, dass ich jetzt richtig positiv in die Zukunft blicke. So als hätte ich immer ein bisschen Rückenwind von irgendwoher. Was Du mir damals gesagt hast, hat mir geholfen, das zu sehen. Alles, was ich jetzt erlebe, ist irgendwie ein Schritt in die richtige Richtung und bringt mich weiter. Mit Vollgas!

Ich hab Dir so viel zu verdanken und bin einfach nur froh, dass Du damals mit mir geredet hast, als ich nicht mehr weiterwusste. Dich anzurufen, war die einzig richtige Entscheidung. Danke, dass du mir damals und auch danach immer zugehört hast und mir Deine Lebenserfahrung mitgegeben hast. Ich bin froh, dass Du für mich da warst und ich nicht gesprungen bin.

Dabei hab ich es Dir am Anfang wahrscheinlich gar nicht so einfach gemacht, mich zu verstehen. Als wir in Italien miteinander geredet haben und ich Dir von meiner Situation zu Hause und in der Schule erzählt habe, hast Du wahrscheinlich gedacht, ich will mich nur wichtig machen und dass ich ja selbst für alles verantwortlich bin. Heute weiß ich aber, dass alles, was davor war, auch zu den Problemen danach geführt hat. Die Scheidung meiner Eltern hat mich ganz schön mitgenommen und als mein bester Freund dann weggezogen ist und es mit der Schule auch noch bergab ging, habe ich das alles nicht mehr auf die Reihe bekommen.

Deshalb war es richtig, dass ich das Camp dann abgebrochen habe.

Übrigens wollte ich Dir noch gratulieren. Ich habe gesehen, dass du wieder einmal einen Preis für Deine Arbeit bekommen hast. Du hast ihn Dir verdient! Später einmal will ich auch so viel erreichen wie Du. Erst einmal will ich studieren und dann auch etwas selbst aufbauen und Erfolg damit haben. So wie Du es zu mir gesagt hast, sind alle Erfahrungen, die ich jetzt mache, ein „Kapitel meines Lebens".

Ich hoffe, der Brief kommt noch pünktlich zu Weihnachten an. Ich wünsche Dir ein Frohes Fest und ein schönes neues Jahr! Auch viele Grüße an Deine Familie!

Vielleicht antwortest Du mir ja von Zuhause aus, damit ich dann auch Deine Privatadresse habe?

Liebe Grüße

Marvin

Ihr Lieben,

das Leben geht oftmals seltsame Wege. Was wissen wir schon von morgen? Im Augenblick ist alles gut und wir spüren nichts Zerstörendes. Und dann, von jetzt auf gleich, ist alles anders.

Der Tod und das Leben, die Enttäuschung, der Verzicht, die Träume und die Glückseligkeit, alles liegt dicht beieinander.

Die Dunkelheit der Nacht kommt planmäßig, der Schicksalsschlag ohne jede Ankündigung. Und egal, was es ist, wir müssen reagieren. Immer wieder sind wir

gefordert, im Guten wie im Bösen.
Wir werden nicht gefragt, ob wir
bereit sind, wir müssen handeln –
und unser Bestes geben. Und wir
sollten uns immer wieder daran
erinnern, wie kostbar das Leben
ist, wie kostbar all das ist, was
uns anvertraut ist und unser
Leben lebenswert macht.

Schau ich auf mein Leben zurück,
bin ich trotz allem sehr zufrieden
und zu meiner Zufriedenheit
gehört all das, was ich erreicht
habe. Zu ihr gehören aber
vor allem die Menschen, mit

denen ich verbunden bin: meine Familie, meine Mitarbeiter und nicht zuletzt auch ihr!

Mein Reiseunternehmen und meine Arbeit geben mir Kraft, vor allem unsere Jugendreisen geben mir Kraft. Ja, sie kosten auch viel Kraft, aber die Begegnung mit euch füllt bei mir meine Kraftquelle. Und durch dieses Geben und Nehmen werde ich immer wieder bereichert. Das ist wirklich einmalig!

Ich bin schon fast 70 Jahre und fühle mich doch oftmals viel, viel jünger. Es stimmt, manchmal fühle ich mich sogar älter als ich bin, aber durch mein tägliches Leben und den Umgang mit euch fühle ich mich des Öfteren jünger als ich bin, und sogar kraftvoller. Deshalb möchte ich jedem von euch sagen: „Danke, dass es dich gibt!"

Es freut mich, dass ich dir in diesem Buch aus meinem Leben und von meiner Lebenserfahrung erzählen durfte. Ich hoffe, dass ich dir durch manche Situation, die ich durchlebt habe, Mut machen kann und konnte.

Wichtig ist, dass wir den täglichen Kampf nicht aufgeben; aber manchmal müssen wir ihn auch unterbrechen, müssen innehalten und uns regenerieren. Das tue ich manchmal. Dann gammle ich durch den Tag, und am Abend, wenn ich auf den Tagesverlauf zurückschaue, stelle ich fest, dass ich nichts, aber auch wirklich gar nichts gemacht habe. Aber: Diese Gammel-Tage tun mir gut.

Ich glaube, jedem tut ein richtiger Gammel-Tag einfach nur gut! Also solltest du dir in

Zukunft ohne Schuldgefühle von Zeit zu Zeit einen Gammel-Tag gönnen! So fährst du runter und gleichzeitig kraftvoll wieder rauf! Ein kraftvolles Scheitern gibt es nicht!

Viele Menschen habe ich in meinem Leben kennengelernt, aber niemanden, der mit Mut seinen Weg gegangen und dann gescheitert ist. Niemanden! Glaube mir, es ist so! Natürlich: „Wollen" ist die Voraussetzung für alles!

Dir und deinen Lieben wünsche ich alles erdenklich Gute. Wenn du traurig bist, stelle dir ein starkes Gewitter vor. Der gewaltige Donner ist beeindruckend und nachhaltig, aber auch hier macht die Arbeit in Wirklichkeit der Blitz.

Egal was kommt, du hast den Blitz deines Lebens in dir. Lass ihn zu und vertraue auf ihn!

Hans

Nachwort

Professor Dr. Egon Spiegel

Liebe Leserin, lieber Leser,

wenn du ein Buch zur Hand nimmst und darin zu lesen beginnst und es erst dann wieder aus der Hand legst, wenn du es zu Ende gelesen hast, und wenn du dabei alles um dich herum vergisst und dich so in die Lektüre vertiefst, dass du Arbeiten, die du dringend zu erledigen hast, einfach verschiebst, dann ist dieses Buch ein *interessantes* Buch, ein *spannendes* Buch!

Und wenn dir der Autor eines Buches in seinem Buch einen Einblick in die persönlichen, ja die intimsten Bereiche seines Lebens gewährt und dich nicht nur teilnehmen lässt an den schönen Höhepunkten, sondern auch an den tragischen Abschnitten, an den schrecklichen Tiefpunkten seines Lebens, und dir beim Lesen Tränen der Anteilnahme in die Augen steigen, dann ist dieses Buch ein *existenzielles*, ein deine eigene Existenz zutiefst berührendes Buch.

Und wenn der Verfasser eines Buches sein Leben autobiografisch bis in oft feinste Details offenlegt und sich selbst und seine Umwelt dabei schonungsloser Kritik unterzieht und eigenes Fehlverhalten und das anderer rückhaltlos missbilligt und sich dadurch der Möglichkeit offener oder verdeckter Angriffe, Tratsch und übler

Nachrede aussetzt und sich damit verwundbar macht, dann ist ein solches Buch ein *authentisches* Buch, ein *ehrliches* Buch.

Und wenn der Autor einer Autobiografie das eigene Leben im großen Kontext zeitgeschichtlicher Entwicklungen, beispielsweise im Zusammenhang zahlreicher Begegnungen mit den beiden letzten Päpsten, insbesondere einer tiefen freundschaftlichen Verbundenheit mit dem verstorbenen polnischen Papst Johannes Paul II., betrachtet und beschreibt, dann ist ein solches Buch ein *historisches* Buch.

Und wenn in einem Buch eigene Lebenserfahrungen nicht nur immer wieder abgeglichen werden mit Weisheiten des Lebens, sondern aus leidvollen wie glücklichen Lebenserfahrungen neue Weisheiten kreiert werden, dann ist dieses Buch ein *philosophisches* Buch.

Und wenn in einem Buch Praxis (Lebenspraxis) für die Praxis (Lebenspraxis) reflektiert wird und wenn aus individuellen Erfahrungen (Lebenserfahrungen) allgemeine Schlüsse gezogen, Generalisierungen vorgenommen und theoretische Gesetzmäßigkeiten formuliert werden und so Praxis mit Theorie und Theorie mit Praxis verbunden werden, dann ist dieses Buch auch ein *wissenschaftliches* Buch.

Und wenn sich ein Buch vor allem an die Jugend richtet, insbesondere an Jugendliche, die an ihren Lebensumständen zu scheitern drohen, die unter ihren Lebensbedingungen leiden und geneigt sind, daran zu zer-

brechen, die dabei sind, sich von was auch immer kleinkriegen zu lassen, die sich hoffnungslos an den Rand ge-
drängt sehen, kein Land sehen und meinen, sich niemals
werden freischwimmen können, und wenn sich ein solches Buch gleichzeitig an Eltern richtet, um bei diesen
für Verständnis für die Situationen und Entwicklungen
ihrer Kinder zu werben, dann ist dieses Buch ein *psycho-
logisches* und *pädagogisches* Buch, dann ist ein solches
Buch ein *Ratgeber*.

Und wenn in einem Buch durch die ungeschminkte
Wiedergabe eines Lebens, das durch unzählige dichte
Begegnungen und Beziehungen geprägt ist, Zeugnis ab-
gelegt wird für eine Macht, die das Leben zusammenhält
und geheimnisvoll trägt, dann ist ein solches Buch ein
spirituelles, ein im tiefsten und eigentlichen Sinne *religiö-
ses* Buch.

Und wenn sich der Autor eines Buches in der Hektik
und Anspannung eines bestens funktionierenden Betrie-
bes eine Zäsur erlaubt, sich für einen Moment zurücklehnt und auf sein bisheriges Leben zurückschaut und
Bilanz zieht, dann ist dies im Falle des vorliegenden Buches nicht nur die vorläufige Abrechnung mit dem eigenen Leben, es ist auch der *Rechenschaftsbericht* eines
überaus erfolgreichen, ebenso intelligenten wie kreati-
ven, fleißigen wie ausdauernden, unbeugsamen wie ehr-
lichen, zielstrebigen wie umsichtigen, ökonomisch wie
sozial orientierten Unternehmers und in diesem Fall
eine filmreife *Erfolgsstory*, die *Dokumentation* eines Le-

bens, das alle Seiten, die dunklen und die hellen, die Sonnen- und die Schattenseiten, kennt und miteinander zu verbinden weiß, es ist die materialreiche Grundlage eines vielversprechenden *Drehbuches,* ja, wenn man nicht wüsste, dass es reine Biografie ist, ein *Roman,* wie er nicht besser geschrieben werden könnte.

Glaube mir, das vorliegende Buch ist dies alles zugleich, ein literarisches Juwel, verfasst von einem Mann, der weiß, dass der Schulabschluss nicht das Einzige und Letzte ist, der sein Potenzial und seine Chancen, gegen alle widrigen Umstände, nicht nur genutzt hat, sondern nutzt. Ein Mann, zu dessen Lebensweisheit die Einsicht gehört, dass Blumen auch und gerade auf einem Misthaufen wachsen können und selbst aus dem Boden eines größten sozialen und emotionalen Desasters die Blume eines lebenswerten, eines erfüllten Lebens, ja sogar die Blume eines wirtschaftlichen Erfolges zu wachsen vermag. Ein Mann, der durchdrungen ist von der Einsicht, dass es keinen Grund gibt, im Leben aufzugeben, und der getrieben ist, dieses vor allem Jugendlichen in Lebenslagen zu vermitteln, unter denen sie leiden, wenn nicht sogar – mit dem Ergebnis, schulisch oder beruflich, emotional oder sozial einzuknicken – unterzugehen drohen.

Vorliegendes Buch gibt Hoffnung, macht Mut, zeigt Wege, richtet auf. Hier bürgt ein Mann – mit dem gesamten Schatz seiner zu einem großen Teil leidvollen Erfahrungen – für Zuversicht und Vertrauen in das Leben aus einer Dynamik des Lebens, die er seinem eigenen abgeschaut hat. Deshalb hat sein Zeugnis auch diese Überzeugungskraft. Aber nicht nur deshalb.

Der hier so für das Leben eintritt, der hier so der Macht des Lebens das Wort redet, der hier so inspiriert ist von der Macht, die hinter allem Leben steht, der hat seinen Blick auf das Leben, dessen Dynamik und Chancen nicht zuletzt aus dem gewonnen, ohne das sein eigenes Leben rückblickend nicht vorstellbar wäre, ohne das er sein Leben vielleicht sogar verloren hätte: aus der Begegnung mit der Jugend.

Dem Mann, dem wir vorliegendes Buch verdanken, ist die organische Verknüpfung von Lebenssinn und Beruf, von Spaß und Engagement gelungen, weil er vom Sinn seines Tuns überzeugt war und ist, weil er eine Sinnlinie finden konnte und verfolgt, die er bis heute durchgehalten hat, weil er mit hohem Einsatz und persönlichem Risiko sich selbst – stets kritisch – treu geblieben ist. Was in seinem Leben heute hell aufstrahlt – wir gönnen ihm nicht nur seinen pädagogischen, sondern auch ökonomischen Erfolg von Herzen, er hat ihn redlich verdient –, ist das Ergebnis eines permanenten Ringens mit sich selbst und einer oft skeptischen bis feindseligen Umwelt.

Wenn er sich nun nicht selbstgefällig und selbstgerecht als der große Gewinner zurücklehnt, sondern sich – mit seinen Aufzeichnungen in diesem Buch – ins Gespräch mit den Jugendlichen und allen, die deren Leben teilen oder von diesem berührt sind, einzubringen versucht, dann setzt er auf diese Weise jenes Ringen, jenen Kampf, dem er sein Überleben und Leben verdankt, in die Zukunft hinein fort.

Eigentlich sollte er Bankkaufmann werden, Hans Höffmann, dem wir das vorliegende Vermächtnis verdanken: ein Leben lang Bankkaufmann. Wäre er es geworden, er wäre wahrscheinlich auch in diesem Berufsfeld nach oben durchgestartet oder – wir wollen es uns nicht vorstellen – an der lähmenden Normalität eines wohlgeordneten Berufsalltags krank geworden. Vielleicht hätte ihn aber das eine oder andere Jugendlager, dann freilich als eine Art Hobby, über Wasser gehalten. Und – stellen wir es uns doch einmal vor – wäre ihm auch noch eine durch nichts getrübte, „normale" Kindheit und Jugendzeit vergönnt gewesen, wir würden hier nicht in dieser Weise von ihm reden, und du würdest dich wahrscheinlich kaum für seinen Lebensweg interessieren. Warum sollte er auch ein Buch über sein Leben schreiben? Und würdest du es, stammte es aus der Feder eines „ganz normalen" Hans Höffmann, lesen?

Bekanntlich sind es gerade die Geschundenen, die vom Leben Hin- und Hergeworfenen, die für andere die entscheidenden Entdeckungen machen. Hans Höffmann ist einer von diesen, einer von denen, die unglaublich dicht gelebt haben und leben und darin und daraus für andere Menschen Erfahrungen machen.

Mit der Verleihung des Gregoriusordens hat Papst Benedikt XVI. das bisherige Lebenswerk von Hans

Höffmann mit einer der höchsten Auszeichnungen, die Laien in der Kirche zuteilwerden können, gewürdigt. Diese ebenso unerwartete wie verdiente Ehrung wird Hans Höffmann anspornen, sein Werk im Sinne der Ehrung fortzusetzen.

Dank dir, lieber Hans Höffmann, dem Philanthrop und Kosmopolit, dem Menschenfreund und Weltbürger, dass du uns – durch das vorliegende Buch – an deinem Leben und Wirken teilhaben lässt.

Bilddokumente

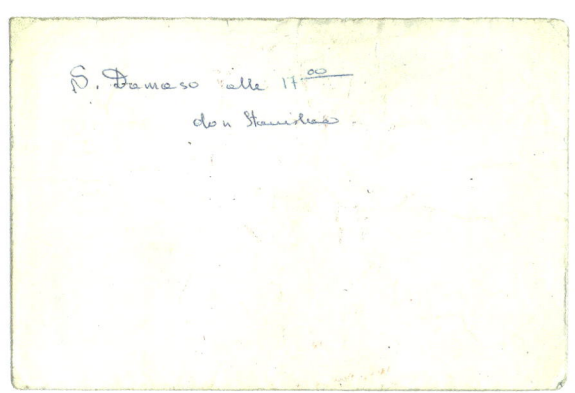

1.   Don Stanislaw, der langjährige päpstliche Privatsekretär von Johannes Paul II., lädt mich ein, am Nachmittag den Hl. Vater zu treffen. Zur Sicherheit lasse ich mir diesen wichtigen Termin auf der Rückseite eines Briefumschlags von Don Stanislaw (Dziwisz) notieren.

2.   Der Segensgruß eines Heiligen Papstes. – Zusammen
mit einem Rosenkranz erhielt ich am Nachmittag des
23. Januar 1980 vom Heiligen Vater Papst Johannes Paul II.
eine persönlich signierte Portraitfotografie mit Segensgruß
(cum benedictione), Unterschrift und Datum.

3. Tochter Elisabeth hat für den Hl. Vater ein Bild gemalt und Sohn Martin bringt seinem Freund als Gastgeschenk eine volle Chips-Tüte mit.

4. Immer wieder empfängt Johannes Paul II. verschiedene Jugendgruppen unseres Sommerferienlagers.

5. Manchmal fällt es mir schwer, mich verständlich zu machen, aber der Papst als Freund der Jugend hat viel Geduld.

6.   Papst Johannes Paul II. segnet alle Rosenkränze, nach
der Begegnung erhalten alle Jugendlichen einen vom Papst
geweihten Ringrosenkranz.

7.   Als Geschenk haben wir heute einen Oldenburger
Landschinken für Johannes Paul II. mitgebracht.

8. „Ganz dein" der Wahlspruch des Papstes – ein süßer
Gruß aus der Lagerküche!

9. Für Überraschungen immer aufgeschlossen.

10.	Jugendliche unserer Gruppe führen dem Heiligen Vater ein kleines Theaterstück vor. Der Papst zeigt sich wie immer sehr interessiert.

11.   Unser Küchenteam hat für den Hl. Vater einen Kuchen
gebacken.

12.　Alle Mädchen und Jungen erhalten nach der privaten Begegnung mit Papst Johannes Paul II. zur Erinnerung einen Rosenkranz.

13. Im Gespräch mit dem späteren Heiligen: Papst Johannes Paul II. – Ich konnte solche Momente im Augenblick des Geschehens nie begreifen.

14. Junge Ungarn erleben gemeinsam mit ihren Brief-
freunden aus Deutschland 1993 das Sommerferienlager in
Italien. Zusammen besuchen wir den Heiligen Vater Papst
Johannes Paul II. in Castel Gandolfo. Zum Auftakt dieser
außergewöhnlichen Begegnung singen die ungarischen
Jugendlichen die Nationalhymne ihres Landes.

15. Johannes Paul II. und Hans Höffmann haben sich
immer viel zu erzählen.

16.   Aus heutiger Sicht für mich unfassbar – Freunde treffen und unterhalten sich.

17. Seine Exzellenz Dr. Jean-Claude Périsset, Aposto-
lischer Nuntius (2007–2013) in der Bundesrepublik
Deutschland mit Sitz in Berlin, ist Gast bei uns im Reiseunternehmen in Vechta und bestaunt die vielen Erinnerungs-
stücke von Johannes Paul II. Er ist begeistert – wir auch!

18.   Der Botschafter des Vatikans trägt sich bei uns ins Gästebuch ein. Johannes Paul II. hat uns diese außergewöhnliche Begegnung ermöglicht. In SEINEM Händedruck vom 23. Januar 1980 ist alles gelegen.

19.   Der langjährige Privatsekretär von Papst Johannes
Paul II., damals nur als „Don Stanislaw" gerufen, und heu-
tige Kardinal von Krakau ist zu Besuch bei uns in Vechta.
Im Hintergrund sehen wir Bischof Heinrich und Pfarrer
Paul Horst.

20. Da staunt Stanislaw Kardinal Dziwisz nicht schlecht. Vieles ist in den 25 Jahren der Freundschaft mit Johannes Paul II. zusammengekommen und hat unter vielem anderen hier einen würdigen Platz gefunden: im „Kleinen Außenmuseum des Vatikans".

21.   Stanislaw Kardinal Dziwisz trägt sich bei uns in das Gästebuch ein. Mit dabei sind (von links) der Vechtaer Bürgermeister Helmut Gels mit Amtskette, Hans Höff-mann, Bischof Heinrich Timmerevers und das Ehepaar Stephanie und Andreas Höffmann.

22.   Kardinal Dziwisz beim Eintrag in unser Gästebuch.

23.   Auch in das goldene Buch unserer Stadt Vechta hat
Seine Eminenz der hochwürdigste Herr Stanislaw Kardinal
Dziwisz und frühere päpstliche Privatsekretär von Johannes
Paul II. einen Segensgruß für die ganze Stadt eingetragen.

24.   Kardinal Dziwisz überreicht Hans Höffmann eine
Blutreliquie von Johannes Paul II.

25.   Von links: Hans Höffmann, Bürgermeister Helmut
Gels, Kardinal Dziwisz und Bischof Heinrich Timmerevers
im Saal von Höffmann Reisen Vechta.

26.   Andreas und Hans Höffmann als Ministranten bei
Papst Franziskus.

PREFETTURA DELLA CASA PONTIFICIA

Permesso personale per partecipare all'Udienza del Santo Padre
che avrà luogo in Vaticano, nell'*Aula Paolo VI*, mercoledì 23
gennaio 1980, alle *ore 11*.

Ingresso: A

№ 929

A

All'Aula si accede da Piazza S. Pietro - Colonnato di sinistra.

Il biglietto è del tutto gratuito.

27.   Durch diese Audienzkarte erhielt ich am 23. Januar
1980 Einlass zur Generalaudienz in der Audienzhalle
Paul VI. – Hier taten sich mir ungeahnte Wege auf. Ich
entschied mich für den, der weniger betreten war, und mein
Leben veränderte sich. Die Begegnungen mit Seiner Hei-
ligkeit Papst Johannes Paul II. prägten ab jetzt mein Leben!

28.   Seine Exzellenz Erzbischof Dr. Emery Kabongo setzte sich im Sommer 1982 in Castel Gandolfo als zweiter Sekretär des Heiligen Vaters Papst Johannes Paul II. erfolgreich für eine persönliche Begegnung der vielen Jugendlichen unseres Feriencamps mit Johannes Paul II. ein. – Eine bis heute dauernde Freundschaft beginnt.

29.   Andreas Höffmann hat dem Heiligen Vater ein
Erfrischungsgetränk mitgebracht.

Herrn
Hans Höffmann GmbH
Kamps Rieden 3 - 5

49377 Vechta

Sehr geehrter Herr Höffmann,

für Ihr Schreiben vom 30. März 1999 und Ihr Angebot, die Schirmherrschaft für die diesjährige große Fahrt nach Griechenland mit 6.500 Jugendlichen zu übernehmen, danke ich Ihnen.

Gerne übernehme ich dieses Ehrenamt. Den jungen Menschen, die mit Ihnen auf die große Reise gehen, übermittle ich auf diesem Wege herzliche Grüße und wünsche ihnen erlebnisreiche Ferien. Sie werden in Griechenland aufgeschlossenen und freundlichen Menschen begegnen. Gleichzeitig haben Sie die Möglichkeit, sich mit einem modernen Staat der Europäischen Gemeinschaft und dem antiken Griechenland, in dem viele Wurzeln unserer abendländischen Kultur zu finden sind, auseinanderzusetzen. Ich ermuntere Sie, die Chance der Begegnung und des Lernens, die eine solche Reise bietet, zu nutzen. Europa wird nur dann auf Dauer Bestand haben, wenn sich die Menschen mit gegenseitigem Verständnis begegnen und gegenüber dem Fremden tolerant sind.

Ich wünsche Ihnen allen ein spannendes Ferienlager, viel Freude und eine gesunde Heimkehr.

Mit freundlichen Grüßen

30.   Bundeskanzler Gerhard Schröder als Schirmherr im Jahr 1999.

31. Auf den Stufen des Capitols in Washington DC.

BENEDICTVS XVI PONT. MAX.

PRECIBVS NOBIS ADHIBITIS LIBENTI ANIMO CONCEDENTES, E QVIBVS TE ACCEPIMVS DE ECCLESIAE REIQVE CATHOLICAE
BONO ATQVE INCREMENTO BENE MERITVM ESSE, VT PATENS GRATAE NOSTRAE VOLVNTATIS TESTIMONIVM PROMAMVS, TE

Joannem Höffmann
e Dioecesi Monasteriensi

EQVITEM ORDINIS SANCTI GREGORII MAGNI E CLASSE CIVILI ELIGIMVS, FACIMVS AC
RENVNTIAMVS, TIBIQVE FACVLTATEM TRIBVIMVS PRIVILEGIIS OMNIBVS VTENDI, QVAE CVM HAC DIGNITATE SVNT CONIVNCTA.

DATVM ROMAE, APVD S. PETRVM, DIE IX mensis Septembris, anno MMXI

32. Zum Ritter geschlagen durch Papst Benedikt XVI. –
Ich erhalte den Gregoriusorden.